中级经济师

必刷题

金融专业

优路教育中级经济师考试研究中心 编

知识与实务

图书在版编目(CIP)数据

中级经济师必刷题.金融专业知识与实务／优路教育中级经济师考试研究中心编. — 上海：立信会计出版社，2023.12(2024.12 重印)

ISBN 978-7-5429-7560-7

Ⅰ.①中… Ⅱ.①优… Ⅲ.①金融－资格考试－习题集 Ⅳ.①F0-44

中国国家版本馆 CIP 数据核字(2023)第 244551 号

责任编辑　　毕芸芸
助理编辑　　胡蒙娜

中级经济师必刷题.金融专业知识与实务

Zhongji Jingjishi Bishuati. Jinrong Zhuanye Zhishi yu Shiwu

出版发行	立信会计出版社
地　　址	上海市中山西路 2230 号　　邮政编码　200235
电　　话	(021)64411389　　传　真　(021)64411325
网　　址	www.lixinaph.com　　电子邮箱　lixinaph2019@126.com
网上书店	http://lixin.jd.com　　http://lxkjcbs.tmall.com
经　　销	各地新华书店
印　　刷	郑州市毛庄印刷有限公司
开　　本	787 毫米×1092 毫米　　1/16
印　　张	11.75
字　　数	279 千字
版　　次	2023 年 12 月第 1 版
印　　次	2024 年 12 月第 2 次
书　　号	ISBN 978-7-5429-7560-7/F
定　　价	48.80 元

如有印订差错，请与本社联系调换

东方欲晓,莫道君行早。踏遍青山人未老,风景这边独好。

随着经济专业技术资格证书含金量的不断提高,越来越多在职人士开始选择报考经济专业技术资格考试(以下简称"经济师考试")。经济师考试是促进经济专业技术人员不断提高自身业务能力,更好地服务社会经济发展的一门职称考试,分初、中、高三级。其中,中级经济师考试共考两门,分别是"经济基础知识"和"专业知识与实务";"专业知识与实务"又分为工商管理、金融、人力资源管理、财政税收等10个专业。经济师考试内容较为广泛,考查知识点比较细致,需要备考人员认真对待,扎实备考。

"工欲善其事,必先利其器",为了使广大备考人员掌握相关知识点,全面分析和总结命题思路和做题方法,优路教育整合自身优势资源,组织优路教育一线授课讲师编写了这套"中级经济师必刷题"。

刷题有两大好处:一是及时复习知识点,二是锻炼解题思维。刷题是检验知识掌握程度的必要方法,而好的题目既能让人对知识点理解得更为透彻,也能让人将零散的知识点串联起来形成体系,抓住"准绳",纲举目张。"中级经济师必刷题"作为中级经济师考试的配套习题册,可以帮助备考人员把学到的知识转化为解题的能力,再将解题的能力转化为应对考试的技巧。

本套书有以下两大特点。

1.结构合理,科学备考

本书开篇设"应试指导",分别从考试政策、题型介绍、内容介绍等角度对考试进行分析,并给出备考建议。每章专设"考情概述""要点速览",分别从宏观、微观角度分析本章考情和主要考点;而后是必刷题,即"考点必刷""基础必刷""提升必刷"等。

2.精选好题,力求突破

每章根据题目特征和难易,将题目分为"考点必刷""基础必刷""提升必刷",专业知识与实务还特设"综合必刷",各类必刷体现不同层次的备考要求。

- 考点必刷:明晰核心考点,掌握重点难点。
- 基础必刷:清除知识盲区,简单题不丢分。
- 提升必刷:突破知识瓶颈,实现能力提升。
- 综合必刷:厘清考点脉络,打通知识体系。

本书的宗旨为:精选好题,百里挑一;刷遍好题,助力通关。为了说明命题点,破解疑难点,本书根据题目精心编写了解析。同时,本书还特设"要点透析"栏目,意在帮助考生理解记忆重难点知识。

编 者

编者寄语：

很多人对"题海战术"很反感，其实对这个量的把控可以根据自己对知识的理解和能力来决定。从某种意义上讲，不盲目地"刷题"对学习是有好处的。考高分虽然需要一定的刷题量来支撑，但绝不是搞"题海战术"，也不是盲目地做题，而是有针对性地做题、做好题。正确地刷题能够帮助我们查缺补漏，找到知识盲点，不断地完善自身的知识框架。

最后，希望大家在"刷题"中了解、掌握、巩固知识点，"刷"出自信，"刷"出好成绩，并最终顺利通过考试。

目录 CONTENTS

Never give up
永不放弃

应试指导 ··· （001）

（正文）（答案）

第1章 金融学基础

考点必刷 ··· （003）
基础必刷 ··· （007）（134）
提升必刷 ··· （010）（136）
综合必刷 ··· （013）（138）

第2章 金融体系

考点必刷 ··· （016）
基础必刷 ··· （019）（139）
提升必刷 ··· （022）（141）

第3章 商业银行

考点必刷 ··· （025）
基础必刷 ··· （030）（142）
提升必刷 ··· （035）（145）
综合必刷 ··· （037）（146）

第4章 保险公司

考点必刷 ··· （039）
基础必刷 ··· （040）（147）
提升必刷 ··· （042）（148）

第5章 证券公司与基金管理公司

考点必刷 ··· （045）
基础必刷 ··· （049）（150）
提升必刷 ··· （054）（153）
综合必刷 ··· （056）（155）

第6章 信托公司与金融租赁公司

考点必刷 ··· （058）
基础必刷 ··· （063）（156）
提升必刷 ··· （066）（158）
综合必刷 ··· （069）（160）

第 7 章　金融市场与金融工具

考点必刷 ……………………………………………………………………（070）
基础必刷 ……………………………………………………………………（074）（160）
提升必刷 ……………………………………………………………………（078）（162）
综合必刷 ……………………………………………………………………（080）（163）

第 8 章　金融资产定价

考点必刷 ……………………………………………………………………（081）
基础必刷 ……………………………………………………………………（084）（164）
提升必刷 ……………………………………………………………………（086）（165）
综合必刷 ……………………………………………………………………（088）（166）

第 9 章　中央银行与金融调控

考点必刷 ……………………………………………………………………（091）
基础必刷 ……………………………………………………………………（094）（167）
提升必刷 ……………………………………………………………………（097）（169）
综合必刷 ……………………………………………………………………（098）（170）

第 10 章　货币供求与货币均衡

考点必刷 ……………………………………………………………………（101）
基础必刷 ……………………………………………………………………（105）（171）
提升必刷 ……………………………………………………………………（109）（173）
综合必刷 ……………………………………………………………………（111）（174）

第 11 章　开放经济均衡

考点必刷 ……………………………………………………………………（115）
基础必刷 ……………………………………………………………………（117）（176）
提升必刷 ……………………………………………………………………（119）（177）
综合必刷 ……………………………………………………………………（121）（178）

第 12 章　风险管理与金融监管

考点必刷 ……………………………………………………………………（123）
基础必刷 ……………………………………………………………………（127）（179）
提升必刷 ……………………………………………………………………（129）（180）
综合必刷 ……………………………………………………………………（131）（181）

应试指导

🎯 考试政策

中级经济师考试共考两门,分别是"经济基础知识"和"专业知识与实务","专业知识与实务"又分为工商管理、金融、人力资源管理、财政税收等10个专业。

中级经济师考试均采用电子化考试方式,应试人员作答试题需要通过计算机操作来完成。各科考试时长为1.5个小时。考试成绩实行两年为一个周期的滚动管理方法,应试人员须在连续的两个考试年度内通过全部应试科目,方可取得相应级别的经济专业技术资格证书。

📋 题型介绍

"金融专业知识与实务"科目考试题型包括单项选择题、多项选择题、案例分析题,共100道小题,全部为客观题,满分为140分,达到84分及以上视为合格通过。

题型	题量与分值	题型特点
单项选择题	1′×60=60′	4选1,不选、错选均不得分。难度较小,主要考查基本概念和计算
多项选择题	2′×20=40′	5选多,有2个或2个以上选项符合题意,至少有1个错项。错选本题不得分;少选,所选的每个选项得0.5分。难度较单项选择题大,注意寻找和破解"题眼"
案例分析题	2′×20=40′	4选1或多,有1~3个选项符合题意,至少有1个错项。多选、错选,该题不得分;少选,所选的每个选项得0.5分

📖 内容介绍

"金融专业知识与实务"科目知识点分章共12章,具体内容见下表。

章序	章名	平均分值	重要程度	内容
1	金融学基础	11	★★☆	利率与货币的时间价值、利率决定理论与利率结构、国际货币体系与汇率制度、汇率决定理论与汇率变动
2	金融体系	12	★★☆	金融体系结构、金融机构体系、金融市场体系、中国金融改革与发展
3	商业银行	13	★★☆	商业银行经营与管理概述、商业银行公司治理、商业银行经营、商业银行管理
4	保险公司	6	★☆☆	保险经营原则、保险营销、保险承保、保险分保、保险理赔、保险资金运用
5	证券公司与基金管理公司	19	★★★	证券公司的主要业务、证券投资基金概述、基金管理公司的经营与管理

(续表)

章序	章名	平均分值	重要程度	内容
6	信托公司与金融租赁公司	7	★☆☆	信托公司经营与管理、租赁概述、金融租赁公司经营与管理
7	金融市场与金融工具	9	★★☆	货币市场及其工具、资本市场及其工具、外汇市场及其工具、金融衍生品市场及其工具
8	金融资产定价	17	★★★	收益与风险、资产定价模型、证券估值、金融衍生品定价
9	中央银行与金融调控	17	★★★	中央银行概述、货币政策、宏观审慎政策
10	货币供求与货币均衡	13	★★☆	货币需求、货币供给、货币均衡、通货膨胀与通货紧缩
11	开放经济均衡	18	★★★	国际收支及其平衡、国际储备政策、国际资本流动、开放经济条件下的内外均衡
12	风险管理与金融监管	9	★★★	金融风险管理、金融脆弱性与金融危机、金融监管概述、银行监管的国际规则、我国金融监管框架和内容

如上表所示,第5章、第8章、第9章、第11章、第12章是考试中非常重要的章节,考生务必在理解的基础上牢记相关考点;第1章、第2章、第3章、第7章、第10章是考试中比较重要的章节,考生最好能掌握每个考点,其中第1章、第3章、第9章考查案例分析题的概率较高;第4章、第6章作为一般重要章节,考生可在理解基础上记忆。

备考建议

(1)持之以恒,步步为营。考生应合理制订自己的学习计划,有规律地学习,避免"前期打鸡血,后期睡不醒"的学习状态,务必"均衡"学习。

(2)利用要点速览,建立知识体系。"金融专业知识与实务"科目考点内容较多,且知识点琐碎,考生在每一章学习结束时,可以利用本书中的要点速览框架理清思路,有能力的考生也可以试着自己整理知识框架。

(3)必要做题,归纳总结。做题的目的是掌握知识,所以要有针对性地做题、做好题。考生可借助错题笔记,总结学习中的薄弱点,提高自身学习能力,最终顺利通过考试。

第1章 金融学基础

考情概述

本章内容理论知识较多,主要涉及有关利率和汇率的相关知识,需重点关注的内容包括单利与复利、现值与终值、利率决定理论与利率结构、汇率与汇率制度、汇率变动的影响因素。本章重点和难点多,要以理解为主。考题比较灵活,要特别注意案例分析题。

近3年考试分值分布如下。

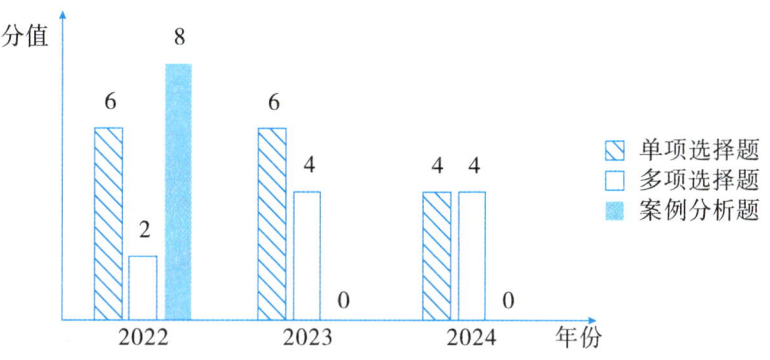

要点速览

序号	要点总览	要点清单
1	利率与货币的时间价值	1.单利与复利 2.现值与终值
2	利率决定理论与利率结构	3.三种利率决定理论 4.利率的风险结构 5.利率的期限结构
3	国际货币体系与汇率制度	6.国际金本位制 7.布雷顿森林体系 8.牙买加体系 9.汇率
4	汇率决定理论与汇率变动	10.汇率变动的影响因素 11.汇率变动的经济影响

考点必刷

考点 1 单利与复利 ★★

[典题·2022] 某投资者存入银行10 000元,年利率为4%,复利计息,半年计息一次,则存款一年所得利息为( )元。

A.404　　　　　　B.10 404　　　　　　C.400　　　　　　D.10 400

〖答案〗A 按一年算 m 次利息的复利计算,第 n 年末的利息额 $I = FVn - P = P\left[\left(1+\dfrac{r}{m}\right)^{nm} - 1\right] = 10\,000 \times \left[\left(1+\dfrac{4\%}{2}\right)^{1\times 2} - 1\right] = 404(元)$。故选 A。

🚀 要点透析

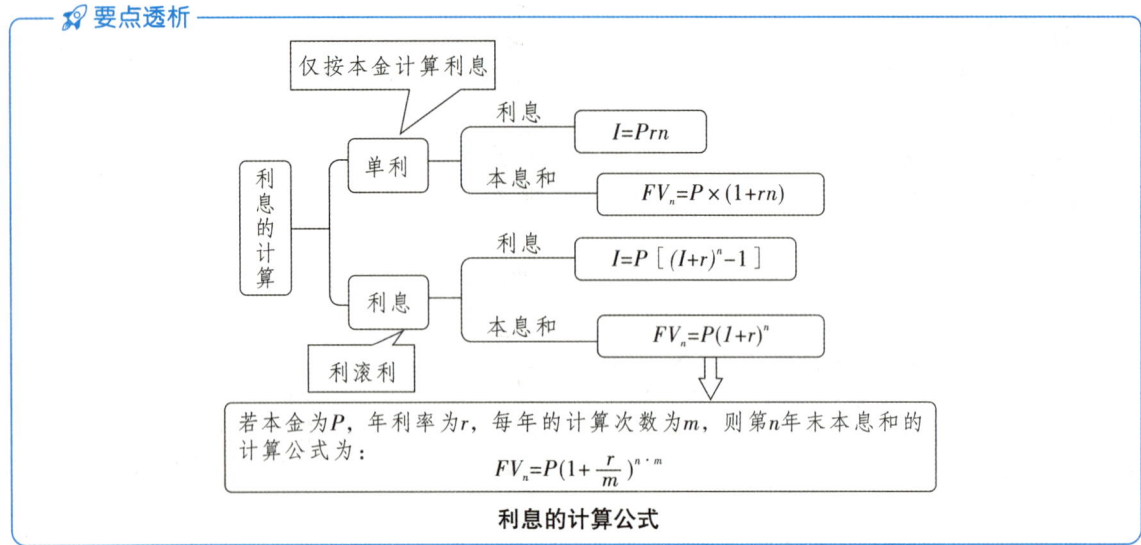

利息的计算公式

考点 2 现值与终值 ★★

[典题·2023] 假设某借款人借款 5 万元,约定年利率为 4.8%,借款期限为 6 个月,按单利计算,该借款人到期应付利息为(　　)元。

A.1 200　　　　　B.1 400　　　　　C.800　　　　　D.1 000

〖答案〗A 因为年利率为 4.8%,6 个月的利率 =4.8%/2=2.4%。该借款人到期应付利息 =50 000×2.4%=1 200(元)。故选 A。

考点 3 三种利率决定理论 ★★★

[典题·2022] 根据凯恩斯的货币需求理论,投机性货币需求总量主要(　　)。

A.与利率水平负相关　　　　　　　　B.与利率水平正相关
C.与边际消费倾向正相关　　　　　　D.与边际消费倾向负相关

〖答案〗A 凯恩斯认为,人们的货币需求行为是由交易动机、预防动机和投机动机三种动机决定的。其中,**交易动机和预防动机形成的交易需求与收入呈正相关关系,与利率无关。投机动机形成的投机需求与利率呈负相关关系**。故选 A。

🚀 要点透析

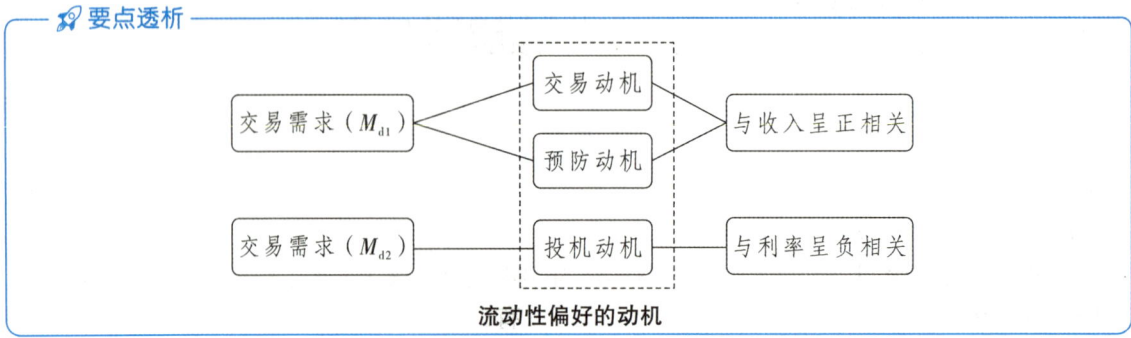

流动性偏好的动机

考点 4 利率的风险结构 ★★★

[典题·2020] 利率决定理论中,到期期限相同的债券,导致其利率不同的因素主要有( )。

A.增值税 B.违约风险
C.债券流动性 D.手续费
E.所得税

答案 BCE 债券的到期期限相同但利率却不相同的现象称为利率的风险结构。到期期限相同的债券利率不同,由三个原因引起,即违约风险、债券的流动性和所得税。故选 BCE。

要点透析

利率不同的影响因素		
违约风险	含义:债务人无法依约付息或偿还本金	
	违约风险排序:政府债券<高信用等级公司债券<低信用等级公司债券	
	结论:违约风险大→利率高	
债券的流动性	由于交易费用、偿还期限、可否转换等方面的差异,变现所需要的时间或成本不同,流动性也就不同	
	结论:期限长→流动性差→风险大→利率高	
所得税	免税→利率低	

考点 5 利率的期限结构 ★★

[典题·2020] 关于预期理论对利率的期限结构解释的说法,正确的是( )。

A.随着时间的推移,不同到期期限的债券利率有反向运动的趋势
B.如果短期利率较低,收益率曲线倾向于向下倾斜
C.随着时间的推移,不同到期期限的债券利率有同向运动的趋势
D.如果短期利率较高,收益率曲线倾向于向上倾斜

答案 C 选项 A 错误、选项 C 正确,随着时间的推移,不同到期期限的债券利率有同向运动的趋势。选项 BD 错误,如果短期利率较低,收益率曲线倾向于向上倾斜;如果短期利率较高,收益率曲线倾向于向下倾斜。故选 C。

考点 6 国际金本位制 ★

[典题·2023] 关于 20 世纪初国际金本位制崩溃原因的说法,正确的是( )。

A.黄金在国际间自由流动
B.各国实行固定汇率制度
C.各国允许以汇票为支付手段的非现金结算
D.绝大部分黄金为少数强国占有

答案 D 在国际金本位制下,实行固定汇率制度,世界经济在这一时期得到较快发展但随着资本主义矛盾的深化,绝大部分黄金为少数强国占有,这就大大削弱了其他国家货币制度的基础,破坏国际货币体系稳定性的因素日益增长。故选 D。

考点 7 布雷顿森林体系 ★

[典题·2023] 当一国国际收支持续盈余,并且该国货币在国际货币基金组织的库存下降到其份额的75%以下时,国际货币基金组织可将该货币宣布为( )。

A.软币　　　　　B.库存货币　　　　　C.关键货币　　　　　D.稀缺货币

答案 D　布雷顿森林体系制定了稀缺货币条款:当一国国际收支持续盈余,并且该国货币在国际货币基金组织的库存下降到其份额的75%以下时,国际货币基金组织可将该货币宣布为稀缺货币。故选D。

考点 8 牙买加体系 ★

[典题·2020] 关于牙买加协议内容的说法,错误的是( )。

A.国际货币基金组织各成员国的基金份额被压缩
B.特别提款权作用进一步增强
C.国际货币基金组织各成员国可以自主决定汇率制度
D.国际货币基金组织成员没有以黄金清偿债务义务

答案 A　牙买加协议规定:扩大发展中国家的资金融通且增加各成员的基金份额。各成员所缴纳的基本份额都有所增加。故选A。

考点 9 汇率 ★★

[典题·2023] 将汇率分为名义汇率、实际汇率和有效汇率的依据是( )。

A.外汇交易的支付通知方式　　　　　B.中央银行的外汇管理策略
C.汇率制度的性质　　　　　D.衡量货币价值的需要

答案 D　根据衡量货币价值的需要,汇率可以分为名义汇率、实际汇率和有效汇率。故选D。

🚀 要点透析

(1)根据汇率的制定方法,汇率可以分为基本汇率与套算汇率。
(2)根据商业银行在外汇买卖中所处的地位,汇率可以分为买入汇率与卖出汇率。
(3)根据外汇交易的交割期限,汇率可以分为即期汇率与远期汇率。
(4)根据汇率形成的机制,汇率可以分为官方汇率与市场汇率。
(5)根据商业银行报出汇率的时间,汇率可以分为开盘汇率与收盘汇率。
(6)根据外汇交易的支付通知方式,汇率可以分为电汇汇率、信汇汇率与票汇汇率。
(7)根据汇率制度的性质,汇率可以分为固定汇率与浮动汇率。
(8)根据衡量货币价值的需要,汇率可以分为名义汇率、实际汇率和有效汇率。

考点 10 汇率变动的影响因素 ★★★

[典题·2021] 若其他条件不变,关于物价、国民收入、利率等因素对国际收支影响的说法,正确的是( )。

A.利率水平相对下降,则会刺激资本流出　　　　　B.一国物价水平上升,则会限制进口
C.国民收入相对下降,则会刺激进口　　　　　D.国民收入相对增长,则会刺激出口

扫码看题

答案 A　选项A正确,**利率水平相对下降,则会刺激资本流出,阻碍资本流入**。选项B错误,如果一国与其他国家相比,物价水平相对上涨,则会限制出口,刺激进口。选项CD错误,国民收入相对增长,则会扩大进口。故选A。

第1章 金融学基础

> 要点透析

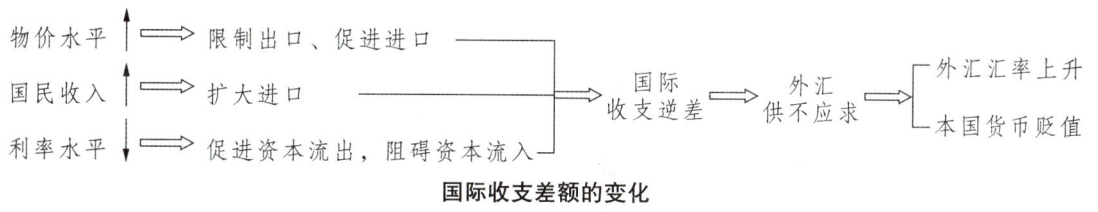

国际收支差额的变化

考点 11 汇率变动的经济影响 ★★

[典题·2024] 一国货币贬值能否改善其贸易收支状况,主要取决于是否满足( )。

A.马歇尔-勒纳条件　　　　B.特里芬难题
C.汇率超调模型　　　　　　D.菲利普斯曲线

答案 A　综合考虑进出口两方面的影响,一国货币贬值能否改善贸易收支条件,需要看是否满足进出口商品需求价格弹性之和的绝对值大于1,这就是著名的"马歇尔-勒纳条件"。故选A。

基础必刷

| 答案见 P134

一、单项选择题

1. 根据凯恩斯的货币需求理论,利率上升带来的影响是( )。
   A.交易性货币需求减少
   B.消费性货币需求增加
   C.预防性货币需求增加
   D.投机性的货币需求减少

2. 不论借贷期限的长短,仅按本金计算利息,上期本金产生的利息不计入下期本金计算利息的计息方式为( )。
   A.复利　　　　　　B.连续复利
   C.单利　　　　　　D.等额本息

3. 古典利率理论认为,利率取决于( )。
   A.储蓄和投资的相互作用
   B.公众的流动性偏好
   C.储蓄和可贷资金的需求
   D.中央银行的货币政策

4. 按照利率的真实水平不同,利率可以分为( )。
   A.固定利率和名义利率
   B.实际利率和名义利率
   C.固定利率和浮动利率
   D.年利率、月利率和日利率

5. 下列关于利率期限结构的分割市场理论的说法中,错误的是( )。
   A.到期期限不同的每种债券的利率取决于该债券的供给与需求
   B.典型的收益率曲线通常向上倾斜
   C.无法解释不同期限的债券倾向于同向运动的原因
   D.假定不同到期期限的债券是完全替代品

6. 在"流动性陷阱"区间,只能依靠( )。
   A.紧缩的货币政策　　B.财政政策
   C.货币政策　　　　　D.扩张的货币政策

7. 根据绝对购买力平价理论,汇率的决定基础是( )。
   A.利率平价　　　　B.黄金输送点
   C.铸币平价　　　　D.物价水平之比

8. 某机构投资者计划进行为期2年的投资,预计第二年收回的现金流为100万元,如果按复利每年计息一次,年利率为5%,则第二年收回的现金流现值为( )万元。
   A.104　　　　　　　B.95
   C.90.70　　　　　　D.94

9. 利率期限结构理论中,认为长期债券的利率等于长期债券到期日之前各时间段内人们所预期的短期利率的平均值的理论是( )。
   A.预期理论
   B.分割市场理论
   C.流动性溢价理论
   D.流动性偏好理论

10. 国际金本位制所实行的汇率制度属于( )。
    A.人为的可调整的固定汇率制度
    B.人为的不可调整的固定汇率制度
    C.自发形成的固定汇率制度
    D.固定汇率制度和浮动汇率制度并存

11. 出于宏观调控的需要,各国政府会对外汇市场进行干预,将汇率波动限制在特定范围内。当外汇汇率( )幅度超出政策目标范围时,货币当局会向市场投放外汇,收购本币。
    A.上涨   B.下降
    C.波动   D.无法判断

12. 凯恩斯把货币供应量的增加并未带来利率的相应降低,而只是引起人们手持现金增加的现象叫( )。
    A.资产泡沫   B.货币紧缩
    C.流动性陷阱   D.货币膨胀

13. 关于债券违约风险的说法,正确的是( )。
    A.公司债券的违约风险通常低于政府债券违约风险
    B.债券期限越长,违约风险越低
    C.地方政府债券的违约风险通常低于中央政府债券的违约风险
    D.违约风险不同是导致到期期限相同的债券利率不同的重要原因

14. 汇率的直接标价法又可称为( )。
    A.应收标价法   B.应付标价法
    C.买入标价法   D.卖出标价法

15. 流动性溢价理论认为,长期债券的利率应等于( )。
    A.长期债券到期前预期短期利率的平均值与流动性溢价之和
    B.长期债券到期前预期短期利率的平均值与流动性溢价之差
    C.长期债券到期前预期短期利率的平均值与流动性溢价之商
    D.长期债券到期前预期短期利率的平均值与流动性溢价之积

16. 流动性偏好理论认为,当流动性陷阱发生后,货币需求曲线是一条( )的直线。
    A.平行于横轴   B.垂直于横轴
    C.向左上方倾斜 D.向右上方倾斜

17. 把未来的一笔支付或支付流折算为现在的价值指的是( )。
    A.现值   B.终值
    C.本金和   D.利息和

18. 可贷资金理论认为利率的决定取决于( )。
    A.商品市场均衡
    B.外汇市场均衡
    C.商品市场和货币市场的共同均衡
    D.货币市场均衡

19. 利率期限结构理论中的预期理论认为( )。
    A.长期利率一定高于短期利率
    B.长期利率一定低于短期利率
    C.长期利率的波动大于短期利率的波动
    D.长期利率的波动小于短期利率的波动

20. 以下关于流动性陷阱的说法,错误的是( )。
    A.流动性陷阱可以用来解释扩张性货币政策的有效性问题
    B.发生流动性陷阱时无论央行怎样增加货币供给,利率都不可能下降
    C.流动性陷阱时只有财政政策是有效的
    D.发生流动性陷阱时投机需求非常小

21. 在流动性陷阱区间,只能依靠( )。
    A.紧缩性货币政策
    B.财政政策
    C.货币政策
    D.扩张性货币政策

22. 国际金本位制产生于( )。
    A.17世纪中后期   B.18世纪中后期
    C.19世纪中后期   D.20世纪中后期

23. 某人在银行存入10万元,期限为两年,年利率为6%,每半年支付一次利息,如果按复利计算,两年后的本利和是( )万元。
    A.11.20   B.10.23
    C.10.26   D.11.26

24. 按照外汇交易的交割期限,汇率可以分为即期汇率与( )。
    A.开盘汇率   B.中间汇率
    C.远期汇率   D.收盘汇率

25. 古典学派认为利率是某些经济变量的函数,即( )。
    A.货币供给增加,利率水平上升
    B.储蓄增加,利率水平上升
    C.货币需求增加,利率水平上升
    D.投资增加,利率水平上升

26. 预期理论认为,长期债券的利率等于长期债券到期日之前各时间段内人们所预期的短期利率的平均值。按照该理论,( )。
    A.长期利率一定大于短期利率
    B.长期利率一定小于短期利率
    C.长期利率的波动大于短期利率的波动
    D.长期利率的波动小于短期利率的波动

27. 关于国际金本位制的说法,错误的是( )。
    A.汇率单纯由货币的含金量决定
    B.货币供应量取决于黄金供应量
    C.汇率制度是自发形成的固定汇率制度
    D.国际收支失衡存在自动调节机制

28. 一般来说,流动性差的债券的特点是( )。
    A.风险相对较大、利率相对较高
    B.风险相对较大、利率相对较低
    C.风险相对较小、利率相对较高
    D.风险相对较小、利率相对较低

29. 小王于2016年1月1日购买了一款期限1年、到期一次性支付本息的银行理财产品,初始投资2万元。该产品按复利每季度计息一次,年利率为8%,则到期后小王一共能获得本息( )元。
    A.20 400.00   B.21 600.00
    C.21 648.64   D.27 209.78

30. 以下因素中容易导致一国倾向采取固定汇率制度的因素是( )。
    A.经济开放程度低
    B.进出口商品地域分布多样化
    C.同国际金融市场联系密切
    D.经济规模小

二、多项选择题

1. 按利率的决定方式不同,利率可分为( )。
    A.固定利率   B.名义利率
    C.真实利率   D.浮动利率
    E.实际利率

2. 关于现值与贴现率、计息次数的说法,正确的有( )。
    A.每年的计息次数越多,现值越小
    B.每年的计息次数越多,现值越大
    C.贴现率越高,现值越小
    D.贴现率越高,现值越大
    E.随着计息间隔的缩短,现值以递减的速度减小

3. 目前,解释利率期限结构的理论主要有( )。
    A.预期理论
    B.分割市场理论
    C.流动性溢价理论
    D.古典利率理论
    E.可贷资金理论

4. 根据流动性偏好理论,如果不存在流动性陷阱,则下列说法正确的有( )。
    A.收入增加,交易动机形成的货币需求增加
    B.收入增加,投机动机形成的货币需求减少
    C.利率下降,投机动机形成的货币需求增加
    D.利率上升,交易动机形成的货币需求减少
    E.利率下降,预防动机形成的货币需求增加

5. 下列存款种类中,实行单利计息的是( )。
    A.整存整取   B.定活两便

C.定期存款　　　　D.整存零取

E.活期储蓄存款

6.流动性偏好的动机包括(　　)。

A.投资动机　　　　B.交易动机

C.预防动机　　　　D.价值动机

E.投机动机

7.影响债券利率风险结构的因素有(　　)。

A.违约风险　　　　B.汇率水平

C.流动性　　　　　D.所得税

E.操作风险

8.一般采用间接标价法的国家有(　　)。

A.美国　　　　　　B.新加坡

C.英国　　　　　　D.中国

E.法国

9.在国际货币体系中,现行牙买加体系的内容有(　　)。

A.国际间资本的自由流动

B.浮动汇率合法化

C.黄金非货币化

D.扩大特别提款权的作用

E.扩大对发展中国家的融资

10.以下关于利率风险结构相关内容的说法中,正确的有(　　)。

A.一般来说,债券违约风险越大,其利率越高

B.流动性差的债券,风险相对较大,利率定得就高一些

C.在同等条件下,具有免税特征的债券利率要低

D.期限越长的债券,流动性越强

E.政府债券的违约风险最低

11.布雷顿森林体系的特征包括(　　)。

A.实行以美元为中心的、可调整的固定汇率制度

B.美国以外的国家需要承担本国货币与美元汇率保持稳定的义务

C.由于美元与黄金挂钩,取得了等同于黄金的地位,成为最主要的国际储备货币

D.黄金非货币化

E.国际货币基金组织作为一个新兴机构成为国际货币体系的核心

12.能够解释不同期限的债券利率表现出同向运动的趋势的理论有(　　)。

A.期限优先理论　　B.流动性偏好理论

C.分割市场理论　　D.预期理论

E.流动性溢价理论

13.汇率变动的影响因素有(　　)。

A.物价水平的相对变动

B.国际收支差额的变化

C.政府干预汇率

D.市场预期的变化

E.再贷款利率的变动

14.可以导致外汇汇率下跌的因素有(　　)。

A.物价水平下降

B.利率水平下降

C.国民收入相对萎缩

D.人们预期未来本币升值

E.国际收支顺差

15.按计算利率的期限单位可划分为(　　)。

A.日利率　　　　　B.周利率

C.月利率　　　　　D.季利率

E.年利率

提升必刷

|答案见 P136

一、单项选择题

1.当本币贬值以后,以外币计价的本国出口商品与劳务的价格下降,而以本币计价的本国进口商品与劳务的价格上涨,从而刺激出口,限制进口,(　　)经常项目收入,(　　)经常项目支出。

A.增加、增加　　　B.增加、减少

C.减少、增加　　　D.减少、减少

2. 交易动机和预防动机形成的交易需求与收入（　　），投机动机形成的投机需求与利率（　　）。
   A.正相关；正相关　　B.正相关；负相关
   C.负相关；负相关　　D.负相关；正相关

3. 当前国际货币体系属于（　　）。
   A.国际金本位制　　B.布雷顿森林体系
   C.固定汇率体系　　D.牙买加体系

4. 假设张某在银行存款,三年后欲收到300元本息,年利率为8%,如果按一季度计息一次,则其现在要在银行存入（　　）元。
   A.236.55　　B.235.98
   C.217.20　　D.241.96

5. 根据古典利率理论,利率决定于储蓄与投资的相互作用。储蓄为利率的（　　）,投资为利率的（　　）。
   A.递增函数；递增函数
   B.递增函数；递减函数
   C.递减函数；递增函数
   D.递减函数；递减函数

6. 期限优先理论的假设条件是（　　）。
   A.在未来不同的时间段内,短期利率的预期值是不同的
   B.不同到期期限的债券可以相互替代
   C.不同到期期限的债券无法相互替代
   D.投资者对某种到期期限的债券有特别的偏好

7. 布雷顿森林体系下的汇率制度是（　　）。
   A.以黄金为中心的固定汇率制度
   B.以美元为中心的固定汇率制度
   C.以黄金为中心的浮动汇率制度
   D.以美元为中心的浮动汇率制度

8. 根据衡量货币价值的需要,汇率可以划分为（　　）。
   A.即期汇率与远期汇率
   B.官方汇率与市场汇率
   C.名义汇率、实际汇率和有效汇率
   D.买入汇率与卖出汇率

9. 以汇率形成机制为标准,汇率可分为（　　）。
   A.基本汇率与套算汇率
   B.双边汇率与多边汇率
   C.官方汇率与市场汇率
   D.即期汇率与远期汇率

10. 关于牙买加体系的特征,说法错误的是（　　）。
    A.美元是唯一国际储备货币
    B.黄金不再是各国货币平价的基础
    C.牙买加体系认可浮动汇率制度与固定汇率制度的暂时并存
    D.面对国际收支失衡,各国的调节机制更加灵活多样

11. 本币贬值以后,以外币计价的出口商品与劳务的价格下降,以本币计价的进口商品与劳务的价格上涨,从而（　　）。
    A.刺激出口和进口,减少经常项目逆差
    B.限制出口和进口,增加经常项目逆差
    C.刺激出口,限制进口,减少经常项目逆差
    D.限制出口,刺激进口,增加经常项目顺差

12. 关于预期理论观点的说法,错误的是（　　）。
    A.长期利率的波动大于短期利率的波动
    B.如果短期利率较低,收益率曲线倾向于向上倾斜
    C.随着时间的推移,不同到期期限的债券利率具有同向运动的趋势
    D.长期债券的利率等于长期债券到期日之前各时间段内人们所预期的短期利率的平均值

13. 某投资者用10 000元进行投资,年利率为4%,按复利每半年计算一次利息,则1年后该投资者的本息和为（　　）元。
    A.10 400　　B.10 800
    C.10 404　　D.10 808

14. 根据汇率制度的性质,汇率可以划分为（　　）。
    A.固定汇率与浮动汇率
    B.即期汇率与远期汇率

C.买入汇率与卖出汇率

D.基本汇率与套算汇率

15. 目前,我国和世界上绝大多数国家和地区采用的外汇标价方法是(　　)。

A.直接标价法　　　B.间接标价法

C.应收标价法　　　D.单式标价法

16. 如果一国的物价水平与其他国家的物价水平相比相对上涨,即该国相对通货膨胀,则该国货币对其他国家货币(　　)。

A.贬值　　　　　　B.升值

C.不变　　　　　　D.无法判断

17. 根据购买力平价理论,决定汇率长期趋势的主导因素是(　　)。

A.国际收支　　　　B.相对利率

C.相对通货膨胀率　D.心理预期

18. 假定未来3年当中,1年期债券的利率分别是2%、3%和4%,1～3年期债券的流动性溢价分别为0、0.25%和0.5%,则3年期债券利率为(　　)。

A.3.5%　　　　　　B.5.5%

C.6%　　　　　　　D.6.5%

二、多项选择题

1. 货币时间价值的影响因素有(　　)。

A.利率　　　　　　B.汇率

C.通货膨胀率　　　D.风险

E.投资机会

2. 下列利率期限结构理论观点中,属于分割市场理论观点的有(　　)。

A.不同到期期限的债券根本无法相互替代是该理论的假设条件

B.不同期限的债券市场是完全独立和分割开来的市场

C.到期期限不同的每种债券的利率取决于该债券的流动性

D.到期期限不同的每种债券的利率取决于该债券的供给与需求

E.收益率曲线不同的形状可由不同到期期限的债券的供求因素解释

3. 关于古典利率理论、流动性偏好理论和可贷资金理论,下列说法正确的有(　　)。

A.古典学派认为,利率决定于储蓄与投资的相互作用

B.凯恩斯认为,利率决定于货币供给和货币需求数量,货币需求的变动取决于公众的流动性偏好

C.在"流动性陷阱"区间,货币政策和财政政策都是完全无效的

D.可贷资金理论认为,利率由可贷资金市场的供求决定,任何使可贷资金的供给曲线或需求曲线移动的因素都将改变均衡利率水平

E.可贷资金理论认为利率的决定取决于商品市场和货币市场的共同均衡

4. 关于利率的期限结构,下列说法正确的有(　　)。

A.目前,解释利率期限结构的主要理论有预期理论、分割市场理论和流动性溢价理论

B.根据预期理论,典型的收益率曲线应当是向上倾斜的

C.分割市场理论不可以解释收益率曲线通常向上倾斜的原因

D.流动性溢价理论认为,长期债券的利率应当等于两项之和,第一项是长期债券到期之前预期短期利率的平均值;第二项是随债券供求状况变动而变动的流动性溢价

E.预期理论、流动性溢价理论和期限优先理论都能够解释不同期限的债券利率表现出同向运动的趋势

5. 国际货币体系的核心内容包括(　　)。

A.汇率制度的确定

B.规定国际收支的调节方式

C.外债的确定

D.国际储备资产的确定

E.黄金平价的确定

6. 下列关于国际金本位制的说法,正确的

有( )。

A.国际金本位制下黄金的国际流动受到限制

B.国际金本位制下黄金是主要的国际储备资产,铸币平价构成各国货币的中心汇率

C.国际金本位制下国际收支不均衡的调节,存在"物价—现金流动机制"的自动调节机制,这一机制是英国经济学家大卫·休谟提出来的

D.国际金本位制下实行固定汇率制度,国际金铸币本位制是典型的国际金本位制

E.国际金本位制下市场汇率单纯由货币的含金量决定

7.汇率制度构成的主要内容包括( )。

A.确定合理汇率的原则和依据

B.确定维持和调整汇率的原则和办法

C.管理汇率所参考的法律、法令等规章制度

D.影响汇率的因素

E.确定进行汇率管理和维持的金融机构

8.一国一般倾向于实行固定汇率制或钉住汇率制的情况有( )。

A.经济开放程度高

B.经济规模小

C.进出口集中在某几种商品或某一国家

D.国内通货膨胀率与其他主要国家不一致

E.经济开放程度低

9.下列表述中属于购买力平价理论局限的有( )。

A.忽略了外汇交易成本

B.只考虑经常账户,忽略了资本流动

C.主要考虑非贸易品,忽视了贸易品

D.该理论未得到实证的支持

E.假设自由贸易,未考虑贸易成本

10.货币主义汇率决定理论的弹性说表明( )。

A.汇率的变动与本国货币供应量变化成正比

B.在其他因素不变时,当本国货币供应量增速高于外国货币供应量增速时,外汇汇率将会上升,本币将会贬值

C.汇率的变动与外国国民收入的变化成反比

D.在其他因素不变时,当本国国民收入水平增速高于外国国民收入水平增速时,外汇汇率将会下降,本币将会升值

E.汇率的变动与本国利率水平变化成正比

综合必刷

| 答案见 P138

(一)

李先生计划投资某火锅品牌,需要一次性投资 200 000 元,李先生目前可用流动资金为 100 000 元,因而拟向银行申请贷款 100 000 元,贷款期限为 5 年。他分别向甲、乙、丙三家银行进行了贷款咨询,三家银行给出的贷款年利率均为 5%,且均为到期还本付息。利息计算方式分别为:甲银行采用单利计算,乙银行按年计算复利,丙银行按半年计算复利。

根据以上资料,回答下列问题:

1.若李先生从甲银行贷款,则到期应付利息为( )元。

A.5 000   B.12 500   C.15 000   D.25 000

2.若李先生从乙银行贷款,则到期时的本息和应为( )元。

A.123 024.16   B.124 902.16   C.126 284.16   D.127 628.16

3.若李先生从丙银行贷款,则到期时的本息和应为( )元。

A.124 670.46   B.128 008.46   C.130 034.6   D.130 180.46

4.如果银行贷款按复利计算,李先生对该笔贷款的评估结果是( )。
 A.每年的计息次数越少,最终应付的本息金额越小
 B.随着计息间隔的缩短,本息和以递减的速度增加
 C.每年的计息次数越少,最终应付的利息金额越大
 D.随着计息间隔的缩短,本息和以递增的速度减少

(二)

在金本位制度下,1英镑的含金量是113.0016格令,1美元的含金量是23.22格令,把黄金从美国送到英国的运输费用是0.02美元,第二次世界大战后,IMF规定的一英镑的含金量是3.58134格令,1美元的含金量是0.888671格令。后来在金块本位制和金汇兑本位制下,金平价表现为法定平价。

根据以上资料,回答下列问题:

1.英镑和美元的铸币平价是( )。
 A.4.8565　　　　B.4.8666　　　　C.4.8767　　　　D.4.8868
2.本案例中美国对英国的黄金输出点是( )。
 A.4.8466　　　　B.4.8866　　　　C.4.8871　　　　D.4.9277
3.第二次世界大战后,英镑和美元之间的铸币平价是( )。
 A.1.34　　　　B.2.69　　　　C.3.11　　　　D.4.03
4.铸币平价和法定平价均产生于( )。
 A.固定汇率制度　　　　　　　　B.浮动汇率制度
 C.爬行钉住汇率制度　　　　　　D.联系汇率制度

(三)

人民币汇率形成机制改革坚持主动性、可控性、渐进性的原则,2005年7月21日,人民币汇率形成机制改革启动,开始实行以市场供求为基础、参考一篮子货币进行调节、有管理的浮动汇率制度。自汇率形成机制改革以来,人民币汇率弹性逐步扩大,并形成双向波动的格局。

根据以上资料,回答下列问题:

1.以下因素中支持选择较大弹性汇率制度的是( )。
 A.经济开放程度高　　　　　　　B.进出口商品地域分布分散化
 C.同国际金融市场联系密切　　　D.GDP高速增长
2.在此次人民币汇率形成机制改革中,人民币汇率中间价的形成参考上一交易日的( ),人民币对其他货币的买卖价格围绕中间价在一定幅度内浮动。
 A.收盘价　　　B.开盘价　　　C.最高价　　　D.最低价
3.在此次人民币汇率形成机制改革中,增加外汇交易品种,扩大外汇交易主体,改进人民币汇率中间价形成机制,引入( ),人民币汇率弹性和市场化水平进一步提高。
 A.双向交易模式　B.集合竞价制度　C.询价模式　　D.做市商制度
4.导致人民币升值的因素有( )。
 A.国际收支持续双顺差　　　　　B.我国的通货膨胀率高于美国
 C.提高本国利率水平　　　　　　D.外汇储备下降

(四)

某投资者拟进行一项两年期的投资,现在购买该资产的价格是80元,两年后到期时可按照100元的价格出售。如果按照复利计息,有三种计算利息的方式,分别是每年计息一次、每半年计息一次和连续复利计息。

根据以上资料,回答下列问题:

1.如果每年计息一次,则该投资的年利率是(　　)。
   A.11.10%　　　　　B.11.30%　　　　　C.11.50%　　　　　D.11.80%

2.如果每半年计息一次,则该投资的年利率是(　　)。
   A.11.27%　　　　　B.11.47%　　　　　C.11.67%　　　　　D.11.87%

3.如果按照连续复利计息,则该投资的年利率是(　　)。
   A.11.06%　　　　　B.11.16%　　　　　C.11.26%　　　　　D.11.36%

4.在收益固定的情况下,按照背景材料进行计算,结论正确的是(　　)。
   A.随着计息间隔的缩短,年利率呈下降趋势
   B.随着计息间隔的缩短,年利率呈上升趋势
   C.如果追求高利率,投资者会选择按年复利计息
   D.如果追求高利率,投资者会选择按连续复利计息

第2章 金融体系

考情概述

本章概念性知识点较多,需要理解金融体系结构,掌握金融机构体系、金融市场体系的构成要素。从近几年考试情况来看,本章主要考查单项选择题和多项选择题,案例分析题考查概率较低。

要点速览

序号	要点总览	要点清单
1	金融体系结构	1.金融机构的五种功能 2.金融市场的分类 3.金融工具的性质 4.金融基础设施体系
2	金融机构体系	5.金融机构体系的一般构成
3	金融市场体系	6.金融市场体系的构成要素

考点必刷

考点 1 金融机构的五种功能 ★★

[典题·2020] 金融机构通过负债业务和资产业务,为资金供求双方提供服务,这一操作体现出金融机构的职能是(　　)。

A.促进资金融通职能　　　　　　B.支付结算职能
C.降低交易成本职能　　　　　　D.减少信息成本职能

[答案] A　金融机构通过负债业务和资产业务,为资金供求双方提供服务,这一操作体现出金融机构促进资金融通的职能。故选A。

要点透析

项目		内容
含义	狭义	(1)金融活动的中介机构。 (2)在间接融资中,专门从事货币、信贷活动。 (3)主要是中央银行和商业银行等
	广义	(1)所有从事金融活动的机构。 (2)既包括直接融资领域中的金融机构,也包括间接融资领域中的金融机构,以及各种提供金融服务的机构

(续表)

项目	内容
职能	(1)促进资金的融通。 (2)为支付结算提供便利。 ①提供办理账户资金转移、代理客户支付和兑付现款等服务。 ②发挥支付中介的作用。 (3)降低交易的成本和风险。 (4)促进信息成本减少。 ①逆向选择:交易之前的信息不对称所导致。 ②道德风险:交易之后的信息不对称所导致。 (5)反映和调节经济活动

考点 2 金融市场的分类 ★

[典题·2023] ( )是指以银行等信用中介机构为媒介来进行资金融通的市场。

A.直接融资市场　　B.间接融资市场　　C.货币市场　　D.资本市场

【答案】 B　间接融资市场是指以银行等信用中介机构为媒介来进行资金融通的市场。故选 B。

考点 3 金融工具的性质 ★★★

[典题·2022] 一般而言,金融工具的性质包括( )。

A.风险性　　　　　　　　　　B.安全性
C.期限性　　　　　　　　　　D.流动性
E.收益性

扫码看题

【答案】 ACDE　金融工具的性质包括期限性、流动性、收益性和风险性。故选 ACDE。

🚀 要点透析

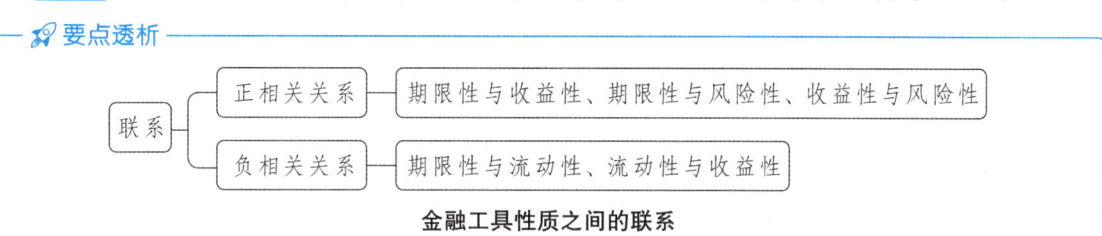

金融工具性质之间的联系

考点 4 金融基础设施体系 ★

[典题·2022] 关于金融基础设施的说法,错误的是( )。

A.金融产品的发行创设与流通转让离不开金融基础设施的支持

B.金融基础设施能有效提高交易效率、降低参与成本

C.金融基础设施不包括为各类金融活动提供基础性公共服务

D.金融基础设施是金融市场稳定高效运行的基础性保障

【答案】 C　选项 C 说法错误,金融市场基础设施是指为各类金融活动提供基础性公共服务的系统及制度安排。故选 C。

金融专业知识与实务

考点 5 金融机构体系的一般构成 ★★★

[典题·2021] 下列机构中,不属于存款类金融机构的是(　　)。
A.投资银行　　　　B.商业银行　　　　C.储蓄银行　　　　D.信用合作社

【答案】A　存款类金融机构是吸收个人或机构存款,并发放贷款的金融机构,主要包括:商业银行、储蓄银行、信用合作社和财务公司等。选项 A 错误,"投资银行"属于投资性金融机构。故选 A。

要点透析

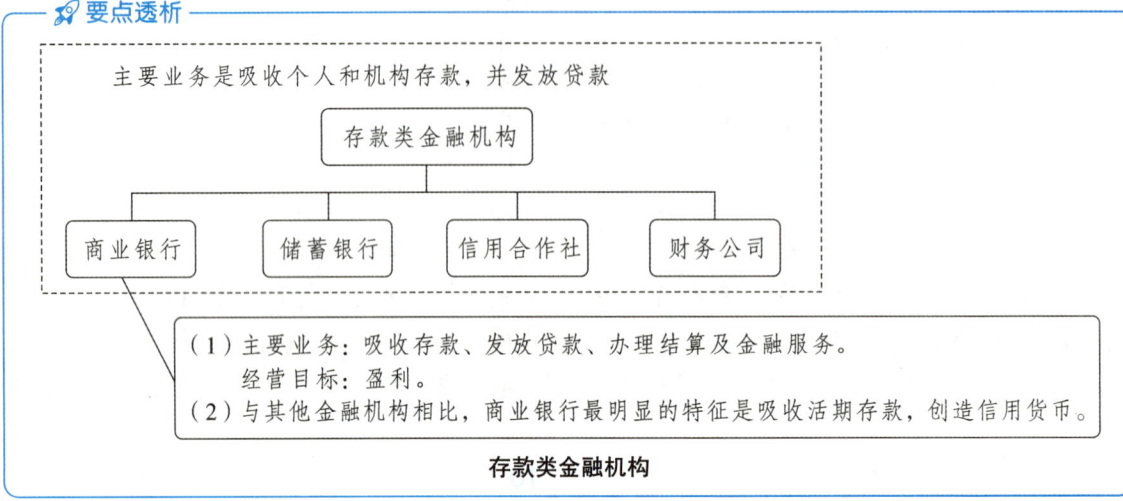

存款类金融机构

考点 6 金融市场体系的构成要素 ★

[典题·2020] 下列属于金融市场构成要素的有(　　)。
A.金融市场主体　　　　　　　　B.金融市场价格
C.金融市场客体　　　　　　　　D.金融市场中介
E.金融市场类型

【答案】ABC　金融市场有三个基本的构成要素包括金融市场主体、金融市场客体和金融市场价格。金融市场主体和金融市场客体是构成金融市场最基本的要素,是金融市场形成的基础。故选 ABC。

要点透析

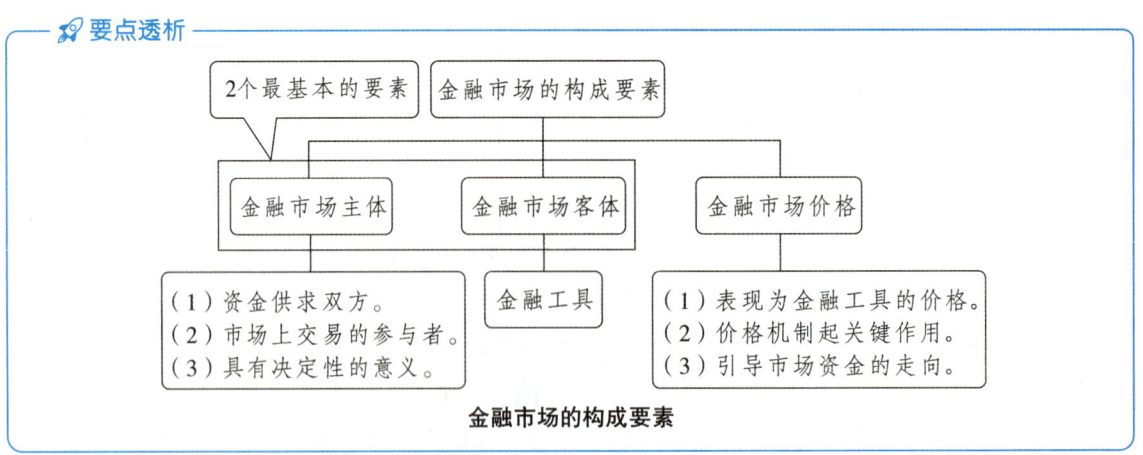

金融市场的构成要素

第2章 金融体系

基础必刷

| 答案见 P139

一、单项选择题

1. 下列不属于金融工具性质的是( )。
   A.期限性　　　　B.流动性
   C.收益性　　　　D.安全性

2. 下列关于契约性金融机构的说法,表述错误的是( )。
   A.资金来源可靠稳定
   B.资金运用主要是投资
   C.资金的流动性较强
   D.类型有保险公司和养老基金

3. 在金融市场中,既是重要的资金供给者和需求者,又是金融衍生品市场上重要的套期保值主体的是( )。
   A.家庭　　　　B.企业
   C.中央银行　　D.政府

4. 在金融工具的性质中,呈负相关关系的是( )。
   A.期限性与收益性
   B.期限性与风险性
   C.期限性与流动性
   D.收益性与风险性

5. 众多买主和卖主公开竞价形成金融资产的交易价格的市场是指( )。
   A.议价市场　　B.公开市场
   C.即期市场　　D.远期市场

6. 债权凭证是依法发行,约定一定期限内还本付息的有价证券。它反映了证券发行人与持有人之间的( )。
   A.所有权关系　　B.债权债务关系
   C.隶属关系　　　D.物权关系

7. 金融机构可以利用各种金融风险合约的有效组合,以最低成本在不同参与者之间重新分配风险,达到管理风险的目的,这体现了金融机构( )的功能。
   A.促进资金融通
   B.降低交易成本和风险
   C.减少信息成本
   D.便利支付结算

8. 政策性金融机构与商业性金融机构的最显著不同在于( )。
   A.是否以营利为目的
   B.是否执行国家金融政策
   C.是否自主经营
   D.是否政府出资

9. 金融机构由于具有规模经济的优势、专业技术以及风险分担机制,因而能够有效地降低( )。
   A.核算成本　　B.管理风险
   C.信息成本　　D.交易成本

10. 存款类金融机构是吸收个人或机构存款,并发放贷款的金融机构。下列金融机构中,属于存款类金融机构的是( )。
    A.养老基金　　B.投资银行
    C.保险公司　　D.信用合作社

11. 投资银行与商业银行不同,其资金来源主要依靠( )。
    A.吸收存款　　　B.国家拨款
    C.发行股票和债券　D.员工集资

12. 关于证券投资基金的说法,错误的是( )。
    A.证券投资基金通过向投资者发行股份或受益凭证募集资金
    B.证券投资基金的优势是组合投资和风险集中
    C.证券投资基金可采用分红方式向投资者分配收益
    D.投资者可通过买卖证券投资基金份额获得投资收益

13. 下列金融机构中,属于契约型金融机构的是( )。
    A.金融公司

B.共同基金
C.货币市场基金
D.养老基金

14. 中国邮政储蓄银行、中国农业发展银行、国家开发银行分别属于( )。
   A.契约型金融机构、政策性银行、开发性金融机构
   B.商业银行、政策性银行、开发性金融机构
   C.存款类金融机构、商业银行、开发性金融机构
   D.政策性银行、政策性银行、政策性银行

15. ( )是指中央银行或政府发行的具有固定名义价值的票据和铸币,通常指用于流通使用的纸币和硬币。
   A.货币   B.特别提款权
   C.通货   D.贷款

16. 专门从事不良资产承接、管理和处置的金融机构是( )。
   A.信托公司   B.保险公司
   C.金融租赁公司 D.金融资产管理公司

17. 下列金融工具中,属于金融衍生工具的是( )。
   A.开放式基金   B.商业票据
   C.封闭式基金   D.股指期货

18. 下列金融机构不以营利为目的的是( )。
   A.中国工商银行
   B.招商银行
   C.银河证券
   D.中国农业发展银行

19. 间接金融机构通过负债业务和资产业务,为资金供求双方提供服务,这一操作体现出金融机构的功能是( )。
   A.促进资金融通 B.便利支付结算
   C.降低交易成本 D.减少信息成本

20. 通过向投资者发行股份或受益凭证募集资金,再以适度分散的组合方式投资于各类金融产品,为投资者以分红的方式分配收益,并从中谋取自身利润的金融机构是( )。

   A.商业银行   B.投资基金
   C.保险公司   D.投资银行

21. 金融机构通过一定的技术手段和设计流程,为客户之间完成货币收付或清偿因交易引起的债权债务关系提供服务,实现货币资金转移,体现了金融机构的( )功能。
   A.促进资金融通 B.便利支付结算
   C.降低交易成本 D.减少信息成本

22. 金融工具在金融市场上能转化为现金的能力是指金融工具的( )。
   A.期限性   B.流动性
   C.收益性   D.风险性

23. 关于金融基础设施的说法,错误的是( )。
   A.金融基础设施能有效提高交易效率、降低参与成本、防范系统性风险
   B.广义的金融基础设施是指以中央银行为主体的支付清算系统
   C.金融基础设施是金融市场稳健高效运行的基础性保障
   D.金融产品的发行创设与流通转让离不开金融基础设施的支持

24. 在金融交易中时常会发生逆向选择,其原因是( )。
   A.金融交易之前的信息不对称
   B.金融交易之后的信息不对称
   C.金融交易之前的交易成本
   D.金融交易之后的交易成本

25. 金融调控的主体是( )。
   A.中央银行   B.政策性金融机构
   C.商业银行   D.政府

26. 下列金融工具中,不属于基础金融工具的是( )。
   A.商业票据   B.股票
   C.企业债券   D.股指期货

27. 与其他金融机构相比,商业银行的一个最明显特征是( )。
   A.以盈利为目的
   B.提供金融服务

C.吸收活期存款、创造信用货币

D.执行国家金融政策

二、多项选择题

1. 关于金融市场的含义,下列说法正确的有( )。
   A.金融市场是进行金融资产交易的场所
   B.金融市场都是有形的
   C.金融市场反映了金融资产的供给者与需求者之间的供求关系
   D.金融市场包含金融资产交易过程中所产生的各种运行机制
   E.金融市场包含的运行机制有价格机制、供求机制、竞争机制、风险机制等

2. 金融工具的收益性具体包括( )。
   A.股息收益 B.利息收益
   C.佣金   D.价差收益
   E.补贴

3. 金融工具的风险一般来源于( )。
   A.信用风险 B.声誉风险
   C.操作风险 D.政策风险
   E.市场风险

4. 议价市场的特点有( )。
   A.在议价市场上,买卖双方通过协商形成金融资产交易价格
   B.该市场没有固定场所,相对分散
   C.金融资产在到期偿还之前可以自由交易
   D.一般在有组织的证券交易所内进行
   E.是众多买主和卖主公开竞价形成金融资产的交易价格的市场

5. 金融市场构成要素包括( )。
   A.金融市场主体 B.金融市场价格
   C.金融市场客体 D.基金市场
   E.股票市场

6. 下列各个选项中,属于金融机构的职能的有( )。
   A.促进资金融通
   B.反映和调节经济活动
   C.减少信息成本
   D.制定金融政策
   E.降低交易成本和风险

7. 金融调控的职能有( )。
   A.维护经济稳定
   B.控制通货膨胀
   C.增加政府财政收入
   D.应对外部冲击
   E.促进就业

8. 我国金融基础设施统筹监管范围包括( )。
   A.金融资产登记托管系统
   B.清算结算系统
   C.基础征信系统
   D.重要支付系统
   E.交易管理系统

9. 资本市场工具是指期限在一年以上、代表债权或股权关系的金融工具,包括( )。
   A.中长期国债   B.银行承兑汇票
   C.企业债券   D.股票
   E.短期政府债券

10. 货币市场主要包括( )。
    A.商业票据市场 B.银行承兑汇票市场
    C.同业拆借市场 D.公司债券市场
    E.证券投资基金市场

11. 关于投资银行的说法,正确的有( )。
    A.投资银行的主要资金来源是商业银行贷款
    B.投资银行的资金来源主要依靠发行自己的股票和债券
    C.投资银行在大多数国家可以吸收活期存款
    D.投资银行的基本特征是业务具有单一性
    E.投资银行的主要业务是对公司股票和债券进行直接投资

12. 契约型金融机构包括( )。
    A.保险公司   B.养老基金
    C.投资银行   D.投资基金
    E.储蓄银行

13. 投资基金的优势有( )。
   A.分散风险　　　　B.专家理财　　　　C.规模经济　　　　D.社会效益
   E.投资组合

提升必刷

| 答案见 P141

一、单项选择题

1. 下列有关金融机构分类的说法中,错误的是( )。
   A.商业银行是典型的间接金融机构,证券公司等属于直接金融机构
   B.金融机构按业务特征不同可以分为政策性金融机构和商业性金融机构
   C.金融机构按融资方式不同,可分为直接金融机构和间接金融机构
   D.金融机构按资金来源方式不同可以分为存款类金融机构、契约型储蓄机构和投资性中介机构

2. 金融市场的首要功能是( )。
   A.资金融通　　　　B.价格发现
   C.提供流动性　　　D.风险管理

3. 下列关于我国金融资产登记托管系统、清算结算系统以及中央对手方方面的说法,错误的是( )。
   A.中央国债登记结算有限责任公司、上海清算所、中国证券登记结算有限责任公司等是我国负责债券、股票等证券集中登记托管的金融机构
   B.我国形成了以大额支付系统、小额支付系统、人民币跨境支付系统、全国支票影像交换系统等为核心的清算结算系统
   C.中央国债登记结算有限责任公司在交易所债券质押式回购中充当中央对手方
   D.中国金融期货交易所、上海期货交易所、郑州商品交易所和大连商品交易所则在相应的期货交易中充当中央对手方

4. 下列有关农业政策性金融机构的说法中,错误的是( )。
   A.农业政策性金融机构是专门向农业提供中长期低息贷款,以配合贯彻国家农业扶持和保护政策的金融机构
   B.农业部门对资金的需求具有季节性强、单笔资金需求数额小、期限短、利息负担能力低等特征
   C.经营农业信贷具有风险大、期限长、收益低等特点
   D.有的国家政府对农业政策性金融机构的某些贷款给予利息补贴和税收优待

5. 世界银行集团由世界银行、国际开发协会和国际金融公司组成,向成员国提供金融服务和技术援助,本质上属于( )。
   A.金融监管机构　　　B.契约型金融机构
   C.存款类金融机构　　D.开发性金融机构

6. 2022年,党的二十大对我国金融改革提出了明确的战略定位,强调了金融改革的三项内容不包括( )。
   A.建设现代中央银行制度
   B.加强和完善现代金融监管,强化金融稳定保障体系
   C.健全资本市场功能
   D.提高间接融资比重

7. 中国人民银行创设常备借贷便利(SLF),通过( )发挥利率走廊上限功能。
   A.上海银行间同业拆放利率(Shibor)
   B.中期借贷便利(MLF)利率
   C.常备借贷便利(SLF)利率
   D.贷款市场报价利率(LPR)

8. 在金融交易中时常会发生道德风险,其原因是( )。
   A.金融交易之前的信息不对称
   B.金融交易之后的信息不对称
   C.金融交易之前的交易成本
   D.金融交易之后的交易成本

9.( )是专门吸收居民储蓄存款,将资金主要投资于政府债券和公司股票、债券等金融工具,并为居民提供其他金融服务的金融机构。
A.商业银行　　　　B.储蓄银行
C.信用合作社　　　D.政策性银行

10.第二次世界大战后,在西方国家契约性金融机构中迅速发展起来的金融形式是( )。
A.衍生交易　　　　B.养老基金
C.投资基金　　　　D.证券交易

11.在所有金融机构中,历史最悠久、资本最雄厚、体系最庞大、业务范围最广、掌握金融资源最多的金融机构是( )。
A.投资银行　　　　B.储蓄银行
C.商业银行　　　　D.开发银行

二、多项选择题

1.区域性开发银行包括( )。
A.亚洲开发银行
B.非洲开发银行
C.美洲开发银行
D.国际复兴开发银行
E.国际金融公司

2.下列关于金融调控的说法,正确的有( )。
A.金融调控是国家宏观调控体系中重要的一种调控手段
B.金融调控的任务是保持社会总需求与社会总供给之间的平衡,减缓经济周期波动影响,防范区域性、系统性风险
C.金融调控的主体主要是银行
D.金融调控以货币政策和宏观审慎政策为双支柱
E.金融调控必须依法进行

3.关于开发性金融机构,下列说法正确的有( )。
A.开发银行分为国际性开发银行、区域性开发银行和本国性开发银行三种
B.开发性投资具有投资量大、时间长、见效快、风险较大的特点
C.世界银行集团由国际复兴开发银行、国际开发协会、国际金融公司、多边投资担保机构和国际投资争端解决中心等组成
D.1951年成立的日本开发银行属于区域性开发银行
E.亚洲开发银行是面向亚洲及太平洋地区,旨在促进该地区经济发展的政府间多边开发银行机构

4.下列属于吸收个人和机构存款,并发放贷款的存款类金融机构的有( )。
A.银行业协会　　　B.信托公司
C.商业银行　　　　D.信用合作社
E.储蓄银行

5.下列关于我国开发性金融机构和政策性银行的说法,正确的有( )。
A.国家开发银行为我国的开发性金融机构,其应当紧紧围绕服务国家经济重大中长期发展战略
B.开发性金融的投资周期更长、风险更高,项目选择没有自主性
C.政策性金融以政策性融资为主,主要服务外贸、"三农"等领域,中国进出口银行、中国农业发展银行为我国的政策性银行
D.中国进出口银行应当重点支持外经贸发展、对外开放、国际合作、"走出去"等领域
E.中国农业发展银行应当主要服务维护国家粮食安全、脱贫攻坚、实施乡村振兴战略、促进农业农村现代化、改善农村基础设施建设等领域,在农村金融体系中发挥主体和骨干作用

6.我国大型银行的特点有( )。
A.均为全国性金融机构
B.均为我国系统重要性银行
C.均为全球系统重要性银行
D.均为A股上市公司
E.均在香港联交所上市

7.下列各项中,属于我国影子银行的有( )。

A.新型网络金融公司
B.融资性担保公司
C.村镇银行
D.第三方理财机构
E.小额贷款公司

8.在推进利率市场化改革的过程中,存在的问题和挑战有( )。
A.存在存贷款基准利率和市场利率并存的"利率双轨"问题
B.银行内部的利率传导机制不畅
C.存款利率管制放开后存款利率存在上行压力
D.央行政策利率体系不够清晰
E.贷款利率管制放开后贷款利率存在上行压力

9.当前我国普惠金融重点服务对象包括( )。
A.小微企业
B.农民
C.城镇低收入人群
D.大学生
E.老人

10.关于养老金融的说法,正确的有( )。
A.基本养老金分为城镇职工基本养老保险和城乡居民基本养老保险两类,由国家强制实施
B.职业养老金包含企业年金与职业年金
C.养老金金融和养老产业金融是养老金融的两种主要业态
D.养老金融具有非盈利性和普惠性双重属性
E.我国的养老金来源及相应的制度体系由三个支柱构成,第一个支柱是基本养老金,第二个支柱是职业养老金,第三个支柱是个人养老金

第3章 商业银行

考情概述

本章属于比较重要的章节,知识点主要涉及商业银行的两大方面,一是业务;二是管理。考生需要理解商业银行"三性"原则,掌握商业银行的各项业务、各项管理。考生在学习本章时,相关联的知识点可通过对比进行记忆。

近3年考试分值分布如下。

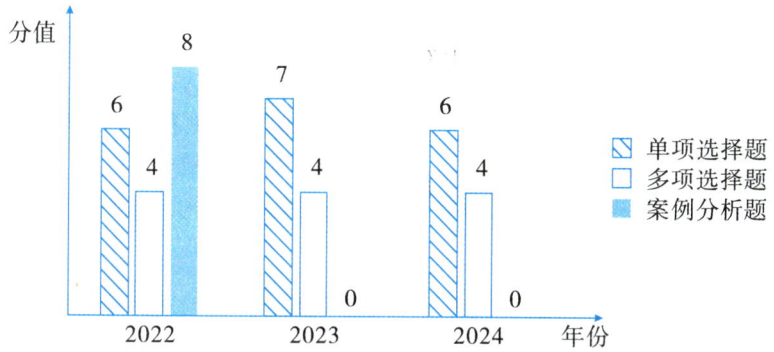

要点速览

序号	要点总览	要点清单
1	商业银行经营与管理概述	1.商业银行"三性"原则
2	商业银行经营	2.负债业务 3.贷款业务 4.中间业务和表外业务
3	商业银行管理	5.商业银行资产负债管理理论 6.商业银行资产负债管理的基本原理 7.商业银行资产负债管理的内容 8.资产负债管理的方法 9.监管资本要求 10.商业银行财务管理的主要内容 11.运营管理

考点必刷

考点 1 商业银行"三性"原则 ★★

[典题·2021] 商业银行安全性、流动性、效益性的关系是( )。
A.相互矛盾　　　B.对立统一　　　C.相互独立　　　D.同一关系

[答案] B　商业银行经营管理的基本要求决定了商业银行在经营过程中必须遵循安全性、流

动性和效益性三个原则。从本质上来说,"三性"原则是对立统一的,它们共同保证了商业银行正常有效的经营活动。"三性"之间也存在着矛盾:安全性、流动性二者都与效益性成反比。故选 B。

🚀 要点透析

"三性"原则的关系

"三性"原则是对立统一的,它们共同保证了商业银行正常有效的经营活动。
(1)安全性是前提,流动性是条件,效益性是目的。
(2)安全性和流动性的提高必然削弱效益性:要提高效益性,安全性和流动性就会受到影响(安全性与流动性成正比、安全性与效益性成反比、流动性与效益性成反比)。
(3)指导思想:设法在互有冲突的经营原则之间寻求平衡,在保证资金的安全和流动的前提下,追求尽可能多的效益。

考点 2 负债业务 ★★

[典题·2021] 影响商业银行存款经营的因素不包括( )。
A.存款创造的调控　　　　　　B.支付机制的创新
C.政府的监管措施　　　　　　D.LPR 报价机制

【答案】 D　影响存款经营的因素主要有以下三个方面:支付机制的创新、存款创造的调控和政府的监管措施。故选 D。

考点 3 贷款业务 ★

[典题·2020] 商业银行运用"5C"标准对客户进行信用调查时,需要考虑的因素有( )。
A.成本(cost)　　　　　　　　B.品格(character)
B.经营环境(condition)　　　　D.担保品(collateral)
E.资本(capital)

【答案】 BCDE　选项 A 错误,属于商业银行采用的"4C"营销策略。选项 BCDE 正确,对客户进行信用调查通常采用信用的 5C 标准为:品格(character)、偿还能力(capacity)、资本(capital)、经营环境(condition)、担保品(collateral)。故选 BCDE。

考点 4 中间业务和表外业务 ★★★

[典题·2022] 关于商业银行表外业务和中间业务的说法,错误的是( )。
A.表外业务和中间业务均不构成表内资产和负债
B.中间业务在商业银行营业收入中的占比持续下降
C.相比于传统业务而言,中间业务不承担或不直接承担市场风险
D.表外业务可能影响商业银行当期损益

【答案】 B　相对传统业务而言,中间业务不承担或不直接承担市场风险且种类多、范围广,在商业银行营业收入中所占的比重日益上升。故选 B。

🚀 要点透析

中间业务和表外业务的对比

项目	中间业务	表外业务
构成	收取服务费和代客买卖业务,如理财、咨询顾问、基金和债券的代理买卖、代客买卖资金产品、代理收费、托管和支付结算等业务	担保承诺、代理投融资服务

第3章　商业银行

(续表)

项目	中间业务	表外业务
特点	(1)不运用或不直接运用银行的自有资金。 (2)不承担或不直接承担市场风险。 (3)以接受客户委托为前提,为客户办理业务。 (4)以收取服务费(手续费、管理费等)、赚取价差的方式获得收益。 (5)种类多、范围广,在商业银行营业收入中所占的比重日益上升	(1)不计入资产负债表内。 (2)不形成现实资产负债。 (3)可能引起损益变动,改变银行资产报酬率
相同点	两者均不构成表内资产和负债	

考点 5　商业银行资产负债管理理论　★

[典题·2020] 与负债管理理论相比,商业银行资产管理理论的主要不足是(　　)。

A.过于关注效益性　　　　　　　　B.过于偏重流动性

C.过于强调经营者的进取精神　　　D.在安全性方面没有突破性进展

答案 B　资产管理理论过于偏重安全性与流动性,不利于鼓励银行家的进取精神,在效益方面没有突破性进展。故选 B。

考点 6　商业银行资产负债管理的基本原理　★★★

[典题·2020] 按照速度对称原理,下列情况中,属于商业银行资产运用不足的是(　　)。

A.银行资产和负债的平均到期日分别为 350 天和 300 天

B.银行资产和负债的平均到期日分别为 300 天和 350 天

C.银行需要重新定价的资产和负债分别是 350 亿元和 300 亿元

D.银行需要重新定价的资产和负债分别是 300 亿元和 350 亿元

答案 B　平均流动率=资产的平均到期日/负债的平均到期日,如果平均流动率小于1,表示资产运用不足。选项 B 的平均流动率(300/350)小于1,资产运用不足。选项 A 的平均流动率(350/300)大于1,资产运用过度。故选 B。

要点透析

资产负债管理的基本原理

项目	内容
规模对称原理	一种建立在合理效益增长基础上的动态平衡
结构对称原理	结构对称原理与规模对称原理一样,是一种动态资产结构与负债结构的相互对称和相互平衡
速度对称原理	平均流动率=资产的平均到期日/负债的平均到期日 如果平均流动率大于1,表示资产运用过度;如果平均流动率小于1,表示资产运用不足
目标互补原理	商业银行经营目标中的安全性、流动性和效益性三方面的均衡不是绝对的平衡,而是可以互相补充的
利率管理原理	差额管理和利率敏感性资产与负债管理

(续表)

项目	内容
比例管理原理	(1)比例管理通过各类比例指标体系约束资金运营。 (2)比例指标一般分为三类:安全性指标、流动性指标和效益性指标。据此对资产和负债实行综合管理、分类控制

考点 7 商业银行资产负债管理的内容 ★★

[典题·2021] 商业银行资产管理内容不包括( )。

A.债券投资管理　　　　　　　　B.贷款管理
C.现金资产管理　　　　　　　　D.存款管理

【答案】D 商业银行资产管理主要由贷款管理、债券投资管理和现金资产管理三部分组成。选项D正确,存款管理属于商业银行负债管理。故选D。

要点透析

资产负债管理的内容

项目	组成	要点
资产管理	贷款管理	贷款是商业银行最主要的资产和最主要的资金运用,其主要内容有:贷款风险管理,贷款利率管理,贷款期限结构管理,信用贷款和抵押贷款比例管理关联交易等
	债券投资管理	债券投资是商业银行平衡银行流动性和效益性的重要工具
	现金资产管理	(1)库存现金。 (2)存放中央银行款项,即存款准备金(包括法定存款准备金和超额准备金)。 (3)存放同业及其他金融机构款项
负债管理	存款管理	存款是银行最主要的资金来源,其主要内容有:对吸收存款方式的管理、存款利率管理和存款保险管理
	借入款管理	(1)短期借款(1年或1年以下)包括同业拆借、证券回购和向中央银行借款等 (2)长期借款(1年以上)包括普通金融债券、次级金融债券、混合资本债券和可转换债券等

考点 8 资产负债管理的方法 ★★★

[典题·2023] 假设某银行需重新定价的资产大于负债,则该银行在利率下行周期将面临( )。

A.利差双向变动　　B.利差不变　　　　C.利差增大　　　　D.利差减小

【答案】D 以利率敏感性缺口为例,如果某一时期内到期或需重新定价的资产大于负债,则为正缺口,反之则为负缺口。在利率上升的环境中,保持正缺口对商业银行是有利的,因为资产收益的增长要快于资金成本的增加,利差自然就会增加;而在利率下降的环境中,正缺口会减少利差,对商业银行是不利的。负缺口的情况正好与此相反。故选D。

第3章 商业银行

🚀 要点透析

<table>
<tr><th colspan="5">利差走势</th></tr>
<tr><th>缺口</th><th>利率</th><th>资产</th><th>负债</th><th>利差</th></tr>
<tr><td rowspan="2">正缺口</td><td>上升</td><td>上升</td><td>上升</td><td>上升</td></tr>
<tr><td>下降</td><td>下降</td><td>下降</td><td>下降</td></tr>
<tr><td rowspan="2">负缺口</td><td>上升</td><td>上升</td><td>上升</td><td>下降</td></tr>
<tr><td>下降</td><td>下降</td><td>下降</td><td>上升</td></tr>
</table>

考点 9 ▶ 监管资本要求 ★★★

[典题·2023] 商业银行风险加权资产包括信用风险加权资产、市场风险加权资产和（　　）。

A.集中度风险加权资产　　　　　　B.国别风险加权资产
C.流动性风险加权资产　　　　　　D.操作风险加权资产

扫码看题

【答案】D　根据《商业银行资本管理办法》,我国商业银行资本充足率的计算公式中的商业银行风险加权资产包括信用风险加权资产、市场风险加权资产和操作风险加权资产。故选D。

🚀 要点透析

<table>
<tr><th colspan="2">资本充足率的计算及监管要求</th></tr>
<tr><th>核心要点</th><th>内容</th></tr>
<tr><td>资本充足率</td><td>资本净额与风险加权资产之间的比率</td></tr>
<tr><td>风险加权资产</td><td>信用风险加权资产、市场风险加权资产、操作风险加权资产</td></tr>
<tr><td>资本充足率的计算</td><td>(1)核心一级资本充足率=(核心一级资本-对应资本扣除项)/风险加权资产×100%。
(2)一级资本充足率=(一级资本-对应资本扣除项)/风险加权资产×100%。
(3)资本充足率=(总资本-对应资本扣除项)/风险加权资产×100%</td></tr>
<tr><td>资本扣除项</td><td>商誉、其他无形资产(土地使用权除外)、由经营亏损引起的净递延税资产、损失准备缺口、资产证券化销售利得、确定受益类的养老金资产净额、直接或间接持有本银行的股票等</td></tr>
</table>

考点 10 ▶ 商业银行财务管理的主要内容 ★

[典题·2023] 关于商业银行利润分配的说法,正确的是（　　）。

A.法定盈余公积金可用于转增资本金
B.提取法定盈余公积金最高至注册资本的40%
C.弥补以前年度亏损后依法缴纳所得税
D.向投资者分配利润后,如有剩余,可提取公益金

【答案】A　选项B错误,提取法定盈余公积金最高至注册资本的50%。选项C错误,要先纳税再补亏。选项D错误,应先提取公益金再分配利润。故选A。

金融专业知识与实务

🚀 **要点透析**

税后利润的分配顺序:
① 抵补已缴纳的、在成本和营业外支出中无法列支的有关惩罚性或赞助性支出 ⇒ ② 弥补以前年度亏损 ⇒ ③ 按照税后净利润的10%提取法定盈余公积金,法定盈余公积金已达注册资本的50%时可不再提取 ⇒ ④ 提取公益金。主要用于职工集体福利设施的支出 ⇒ ⑤ 向投资者分配利润

考点 11 运营管理 ★★

[典题·2020] 与传统运营模式相比,在有效的信息技术支持下的商业银行新型业务运营模式的主要变化有( )。

A. 运营效率有效提升
B. 成本大幅降低
C. 前台业务从服务营销型向会计核算型转变
D. 业务处理集约化
E. 前中后台紧密结合

答案 ABD 选项 C 错误,前台的营业网点从会计核算型向服务营销型转变。选项 E 错误,新的业务运营模式的核心是前中后台分离,前中后台紧密结合是传统业务运营模式的优点。故选 ABD。

🚀 **要点透析**

传统的业务运营模式与新型的业务运营模式的比较

项目	传统的业务运营模式	新型的业务运营模式
核心	以业务前中后台一体为核心	以前台与中后台分离为核心
网点类型	会计核算型	服务营销型
优缺点	(1) 前中后台紧密结合,业务处理快捷等。 (2) 单人业务量不饱满,人工成本高	(1) 前台营业网点业务操作规范化、工序化。 (2) 实现业务集约化处理。 (3) 实现运营效率提升。 (4) 可以降低成本

基础必刷

| 答案见 P142

一、单项选择题

1. 商业银行存款经营的影响因素不包括( )。
   A. 呆账核销政策
   B. 支付机制的创新
   C. 存款创造的调控
   D. 政府的监管措施

2. 下列原理中,不属于商业银行资产负债管理的基本原理的是( )。
   A. 规模对称原理
   B. 比例管理原理
   C. 结构对称原理
   D. 风险定价原理

3. 商业银行的新型业务运营模式区别于传统业

务运营模式的核心点是( )。

A.集中核算

B.业务外包

C.前台与中后台分离

D.设综合业务窗口

4. 为了测算遇到小概率事件等极端不利的情况下可能发生的损失,商业银行通常采用的流动性风险分析是对流动性进行( )。

A.久期分析　　B.压力测试

C.缺口分析　　D.敏感性分析

5. 下列业务中,不属于商业银行中间业务的是( )。

A.理财业务　　B.咨询顾问

C.支付结算　　D.存放同业

6. 商业银行经过内部审核确认后,动用准备金将无法收回或长期难收回的贷款或投资从账面上冲销的行为,称为( )。

A.坏账损失　　B.坏账确认

C.核销　　D.抵销

7. 商业银行最主要的资产和最主要的资金运用是( )。

A.存款　　B.贷款

C.理财产品　　D.借入款

8. 在资产负债管理中,商业银行衡量利率变动影响全行经济价值的分析方法是( )。

A.久期分析　　B.缺口分析

C.外汇敞口分析　　D.情景模拟分析

9. 商业银行在选择贷款客户时,最重要的是要关注客户的( )。

A.财务状况　　B.资信状况

C.市场地位　　D.投资项目优劣

10. 从保护存款人的利益和提高商业银行体系安全性的角度看,商业银行资本的核心功能是( )。

A.扩大业务范围

B.提高银行的市场竞争力

C.吸收损失

D.满足监管要求

11. 利率敏感性缺口分析中,如果某一时期内到期或需重新定价的资产小于负债,则为( )。

A.正缺口　　B.负缺口

C.零缺口　　D.无缺口

12. 根据我国监管资本的要求,盈余公积属于( )。

A.核心一级资本　　B.其他一级资本

C.二级资本　　D.附属资本

13. 商业银行最主要的资金来源是( )。

A.注册资本

B.发行股票

C.借入资金

D.投资者直接投入

14. ( )认为,在商业银行经营管理中,不能偏重资产和负债的某一方,高效的商业银行应该是资产和负债管理双方并重的。

A.资产管理理论

B.负债管理理论

C.资产负债管理理论

D.预期收入理论

15. 根据缺口分析法,若商业银行在未来一段时期内需要重新定价的资产大于负债,则在利率下降的情况下,该银行的利差收益会( )。

A.不变　　B.扩大

C.减小　　D.不确定

16. 关于商业银行公司治理的一般原则,下列说法错误的是( )。

A.商业银行的公司治理应更多地关注利益相关者的利益

B.商业银行本身的安全和稳健也应该是银行公司治理的目标

C.商业银行在治理机制的选择上要偏重内部治理,外部治理放在次要的位置

D.商业银行在治理机制的选择上要偏重外部治理,内部治理放在次要的位置

17. 《巴塞尔新资本协议》中,风险加权资产的计算公式为( )。
   A.信用风险加权资产+市场风险资本
   B.信用风险加权资产+市场风险资本+操作风险资本
   C.(信用风险加权资产+市场风险资本+操作风险资本)×12.5
   D.信用风险加权资产+(市场风险资本+操作风险资本)×12.5

18. 关于商业银行财务管理的说法,错误的是( )。
   A.商业银行财务管理的主要职能包括财务报告职能、财务监控职能和价值创造职能
   B.财务报告是商业银行财务管理的基本职能,财务报告是一种事后管理
   C.企业是多边契约关系的总和,企业财务管理目标应与各利益相关方的作用密不可分
   D.实现企业利润最大化是商业银行财务管理的目标

19. 作为金融中介机构,商业银行的经营对象是( )。
   A.内控和风险   B.信贷和风险
   C.货币和信用   D.资产和负债

20. 经济资本是商业银行为了应对未来一定时期内的非预期损失而应该持有的资本金,其管理内容不包括( )。
   A.经济资本的计量   B.经济资本的并表
   C.经济资本的评价   D.经济资本的分配

21. 关于商业银行业务运营模式的最新发展和未来发展,下列说法错误的是( )。
   A.在"互联网+"的浪潮下,商业银行利用互联网或移动终端,实现资产端、交易端、支付端、资金端等业务的互联互通
   B.互联网与金融的融合,本质上属于互联网,改变了金融风险隐蔽性、传染性和突发性的特点
   C.在财富管理领域,理财产品在网销售、理财顾问智能评测的技术创新步伐不断加快
   D.商业银行数字化转型的根本动机,是以数据流动的自动化来化解复杂环境的不确定性

22. 商业银行在经营活动中必须保持足够的清偿能力,经得起重大风险和损失,这体现了商业银行经营的( )。
   A.效益性原则   B.安全性原则
   C.流动性原则   D.灵活性原则

23. 下列内容中,属于商业银行中间业务特点的是( )。
   A.运用银行自有资金
   B.以收取服务费的方式获得收益
   C.赚取利差收入
   D.留存管理现金

24. 存款经营的衍生服务是( )。
   A.成本管理   B.市场营销
   C.借入款管理   D.现金管理

25. 商业银行的管理是指对其所开展的各项业务活动的( )。
   A.组织和控制   B.组织和营销
   C.控制和监督   D.计划和组织

26. 利润分配的时候,按照税后净利润的( )提取法定盈余公积金。
   A.5%   B.8%
   C.10%   D.15%

27. 规模对称原理是指商业银行资产运用的规模必须与负债来源的规模相平衡。这是一种建立在合理效益增长基础上的( )。
   A.静态平衡   B.动态平衡
   C.统一平衡   D.绝对平衡

28. 下列选项中,不属于商业银行特点的是( )。
   A.募集公众资金、高负债经营
   B.通过经营风险、提供金融服务获取利润
   C.严格监管
   D.非特许性

二、多项选择题

1. 商业银行的特点主要体现为( )。
   A.募集公众资金、高负债经营
   B.非盈利性
   C.严格监管
   D.非特许性
   E.通过经营风险、提供金融服务获取利润

2. 与传统的运营模式相比,在信息技术支持下的商业银行新型业务运营模式的主要变化有( )。
   A.运营效率有效提升
   B.成本大幅降低
   C.前台业务从服务营销型向会计核算型转变
   D.业务处理集约化
   E.前后台紧密结合

3. 目前,我国商业银行信贷管理一般实行( )相结合,以切实防范、控制和化解贷款业务风险。
   A.集中授权管理　　B.统一授信管理
   C.统一审贷　　　　D.统一审批
   E.贷款管理责任制

4. 在选择贷款客户时,银行信贷人员要想了解客户自身及项目,通常要完成的步骤包括( )。
   A.经济分析　　　　B.贷款面谈
   C.行业调查　　　　D.信用调查
   E.财务分析

5. 按照客户类型,商业银行经营的业务可以分为( )。
   A.资产管理业务
   B.公司金融业务
   C.零售金融和财富管理业务
   D.金融市场业务
   E.中间业务和表外业务

6. 商业银行的审慎经营规则包括的内容有( )。
   A.风险集中　　　　B.内部控制
   C.资本充足率　　　D.资产质量
   E.负债流动性

7. 商业银行在计算资本充足率时,需要从核心一级资本中全额扣除一些项目,下列属于扣除项目的有( )。
   A.贷款损失准备缺口
   B.资产证券化销售利得
   C.直接或间接持有本银行的股票
   D.超额贷款损失准备
   E.一般风险准备

8. 商业银行资产负债管理的基本原理有( )。
   A.结构对称原理　　B.收支对称原理
   C.规模对称原理　　D.利率管理原理
   E.目标互补原理

9. 存款管理是商业银行负债管理的重点,主要内容包括( )。
   A.对吸收存款方式的管理
   B.存款利率管理
   C.借入款管理
   D.存款保险管理
   E.现金资产管理

10. 根据巴塞尔银行监管委员会发布的一系列专题文件,一个稳健的银行公司治理应该包括( )。
    A.设立清晰的银行战略目标
    B.全行各岗位的权责界定明确并得到实施
    C.确立银行安全至上的理念
    D.确保董事会成员胜任其职并能独立工作
    E.充分发挥内部与外部审计人员的监控作用

11. 对客户的贷后管理的检查对象包括( )。
    A.借款人及其主要关联企业
    B.担保人以及抵(质)押物
    C.借款人的家庭成员
    D.担保人及其所有关联企业
    E.项目贷款对应的项目

12. 下列业务活动中,属于商业银行中间业务的有( )。
    A.代理收费
    B.咨询顾问

C.自营债券投资

D.基金和债券的代理买卖

E.托管及支付结算业务

13.商业银行采用(　　)等方式控制外汇敞口产生的汇率风险。

A.敞口限额管理

B.久期分析

C.缺口分析

D.资产负债币种结构管理

E.情景模拟分析

14.我国商业银行的现金资产主要包括(　　)。

A.债券投资

B.库存现金

C.存放中央银行款项

D.支付结算业务

E.存放同业及其他金融机构款项

15.下列有关商业银行资本的说法中,正确的有(　　)。

A.商业银行资本的核心功能是吸收损失

B.会计资本是根据会计准则反映在银行资产负债表上的资本,会计资本由实收资本、资本公积、盈余公积、未分配利润、一般准备、直接计入所有者权益的利得和损失、少数股东权益七部分组成

C.监管资本是银行监管当局为了满足监管要求,促进银行审慎经营,维持金融体系稳定而规定的商业银行必须持有的资本

D.经济资本又称风险资本,是指商业银行在一定的置信水平下,为了应对未来一定期限内的经济损失(预期损失)而应该持有的资本

E.经济资本是一种"虚拟"资本,它并不存在于资产负债表的某一个或几个科目中

16.下列业务中,属于商业银行中间业务或表外业务的有(　　)。

A.理财业务

B.抵押贷款业务

C.活期存款业务

D.托管和支付结算业务

E.咨询顾问业务

17.影响存款经营的因素主要有(　　)。

A.支付机制的创新

B.货币政策

C.汇率政策

D.存款创造的调控

E.政府的监管措施

18.资产管理理论形成的理论基础有(　　)。

A.生命周期理论

B.资产转移理论

C.乘数理论

D.预期收入理论

E.商业性贷款理论

19.商业银行的借入款包括短期借款和长期借款。其中,短期借款包括(　　)。

A.证券回购

B.同业拆借

C.发行可转换债券

D.中央银行借款

E.发行普通金融债券

20.商业银行的成本管理应遵循的原则包括(　　)。

A.成本最低化原则

B.全面成本管理原则

C.灵活变动管理原则

D.成本责任制原则

E.成本管理的科学化原则

21.下列有关商业银行财务管理的说法中,正确的有(　　)。

A.财务管理的核心是基于价值的管理

B.商业银行按照税后净利润的5%提取法定盈余公积金

C.公益金主要用于职工集体福利设施的支出

D.商业银行法定盈余公积弥补亏损和转增资本后的剩余部分不得低于注册资本的25%

E.现代商业银行绩效考核体系以经济增加值为核心业绩指标

22.按照业务性质,商业银行经营的业务可以分为( )。
A.负债业务　　　B.货币发行业务
C.资产业务　　　D.中间业务
E.表外业务

23.为满足商业银行流动性要求,商业银行要做到( )。
A.减少贷款和投资损失
B.合理安排资产规模和结构,提高资产质量
C.调整资产结构,维持流动性较好资产的适度比例
D.加强负债管理,注重从负债方面来满足银行经营的流动性要求
E.加强流动性管理,实现流动性管理目标

提升必刷

| 答案见 P145

一、单项选择题

1.在商业银行经营管理的三大原则中,被视为前提的是( )原则。
A.安全性　　　B.盈利性
C.效益性　　　D.流动性

2.在商业银行资产负债管理方法中,用来衡量银行资产与负债之间重新定价期限和现金流量到期期限匹配情况的方法是( )分析法。
A.敞口限额　　　B.久期
C.情景模拟　　　D.缺口

3.关于商业银行金融创新的说法,错误的是( )。
A.商业银行金融创新不得侵犯他人知识产权
B.商业银行金融创新应遵循合法合规原则
C.商业银行金融创新应当遵循公平竞争原则
D.商业银行可通过金融创新实现监管套利

4.商业银行的经营是对其开展的各种业务活动的( )。
A.组织和营销　　　B.调整与监督
C.控制与监督　　　D.计划与组织

5.商业银行衡量汇率变动对全行财务状况影响的方法是( )。
A.缺口分析
B.久期分析
C.外汇敞口与敏感性分析
D.情景模拟

6.下列关于商业银行业务运营模式的最新发展和未来发展的说法中,错误的是( )。
A.在"互联网+"的浪潮下,商业银行利用互联网或移动终端,实现资产端、交易端、支付端、资金端等业务的互联互通
B.互联网金融本质属于互联网,改变了金融风险隐蔽性、传染性、广泛性和突发性的特点
C.在财富管理领域,理财产品线上销售、理财顾问智能评测的技术创新步伐不断加快
D.商业银行数字化转型的根本动机,是以数据流动的自动化来化解复杂环境的不确定性

7.通常情况下,商业银行税后利润的分配顺序为( )。
A.向投资者分配利润→提取公益金→提取法定公积金→弥补以前年度亏损
B.弥补以前年度亏损→提取法定公积金→提取公益金→向投资者分配利润
C.提取公益金→弥补以前年度亏损→提取法定公积金→向投资者分配利润
D.提取法定公积金→向投资者分配利润→提取公益金→弥补以前年度亏损

8.根据我国现行规定,商业银行法定盈余公积弥补亏损和转增资本后的剩余部分不得低于

注册资本的( )。
A.25% B.50%
C.75% D.100%

9.在商业银行新型的业务运营模式下,中后台主要职责不包括( )。
A.产品营销 B.业务稽核监督
C.合规管理 D.财务核算

10.商业银行资本的核心功能是( )。
A.扩大业务范围
B.提高银行的市场竞争力
C.吸收损失
D.满足监管要求

11.公益金可以用于( )。
A.弥补以前年度亏损
B.职工集体福利设施
C.转增资本
D.发放现金股利或利润

二、多项选择题
1.我国商业银行债券投资的对象主要包括( )。
A.存款准备金 B.中央银行票据
C.资产支持证券 D.国债
E.证券投资基金

2.关于资产负债管理的方法,下列说法正确的有( )。
A.目前,国际银行业较为通行的资产负债管理方法主要包括风险计量方法、风险对冲方法和结构调节方法三种
B.风险计量和风险对冲方法主要面向利率、汇率和流动性等资产负债业务相关的市场风险、信用风险和操作风险等
C.风险计量方法包括缺口分析、敏感性分析、久期分析、计算风险价值、压力测试、情景分析等
D.风险对冲方法包括到期日对冲、重定价对冲、利率和汇率远期、互换、期权等
E.结构调节方法包括产品定价模型、内部资金转移定价、风险调整资本回报率等

3.关于缺口分析理论的说法,正确的有( )。
A.缺口分析主要用于利率敏感性缺口和流动性期限缺口分析
B.如果某一时期内到期或需重新定价的负债大于资产,则为正缺口
C.在利率上升的环境中,保持正缺口对商业银行有利
D.在利率下降的环境中,保持正缺口对商业银行有利
E.流动性期限缺口分析用于定期计算和监测同期限内到期的资产与负债差额

4.核心一级资本包括( )。
A.实收资本
B.一般风险准备
C.未分配利润
D.资本公积
E.其他一级资本工具及其溢价

5.商业银行的负债主要包括存款和借款,其中最主要的是存款,影响存款经营的主要因素有( )。
A.现金管理服务的提升
B.支付机制的创新
C.市场份额的拓展
D.存款创造的调控
E.政府的监管措施

6.根据我国商业银行资本充足率的计算公式,商业银行风险加权资产包括( )。
A.信用风险加权资产
B.市场风险加权资产
C.声誉风险加权资产
D.战略风险加权资产
E.操作风险加权资产

7.审慎经营规则又称审慎性经营规则,包括的内容有( )。
A.风险集中 B.内部控制
C.资本充足率 D.资产质量
E.负债流动性

8. 我国商业银行实行分业经营原则,除国家另有规定外,商业银行在中华人民共和国境内(　　)。
   A.不得从事信托投资业务
   B.不得从事证券经营业务
   C.不得向非自用不动产投资
   D.不得向银行金融机构投资
   E.不得向企业投资

9. 传统不良资产处置方式包括(　　)。
   A.清收
   B.不良贷款重组
   C.转让卖断
   D.不良资产证券化
   E.债转股

综合必刷

|答案见 P146

(一)

2016年底,A银行资产规模为600亿元,负债规模为700亿元,房地产贷款是该银行业务重要组成部分。资产平均到期日为300天,负债平均到期日为360天。

根据以上资料,回答下列问题:

1. 银行进行资产负债管理的理论依据为(　　)。
   A.规模对称原理
   B.汇率管理原理
   C.目标互补原理
   D.利率管理原理

2. 运用资产负债管理方法分析,A银行的资产运用情况属于(　　)。
   A.过度
   B.不足
   C.合适
   D.不确定

3. 分析2016年A银行的资产负债状况,在市场利率下降的环境中,该银行的利润差(　　)。
   A.减少
   B.先减后增
   C.增加
   D.先增后减

4. 2017年,房地产市场调控措施不断出台,A银行开始测算,如果房价大幅下跌,银行是否可以承受房价下跌造成的损失。这一测算方法是指(　　)。
   A.缺口分析
   B.久期分析
   C.敏感性分析
   D.流动性压力测试

(二)

某商业银行实收资本为160万元,盈余公积为55万元,资本公积为60万元,未分配利润为35万元,超额贷款损失准备为180万元,风险加权资产为10 000万元,贷款损失准备缺口为30万元。正常类贷款为900万元,关注类贷款为700万元,次级类贷款为50万元,可疑类贷款为70万元,损失类贷款为40万元。

根据以上资料,回答下列问题:

1. 该银行的核心一级资本为(　　)万元。
   A.310
   B.275
   C.160
   D.215

2. 该银行的核心一级资本充足率为(　　)。
   A.3.1%
   B.2.8%
   C.2.75%
   D.2.45%

3.该银行的不良贷款率为(   )。
   A.2.27%　　　　　　B.6.25%　　　　　　C.9.09%　　　　　　D.48.86%

4.该银行的资本充足率为(   )。
   A.2.8%　　　　　　　B.3.1%　　　　　　　C.4.6%　　　　　　D.4.9%

(三)

下表是我国某商业银行2019年年末的资产负债情况。

(单位:亿元)

序号	项目	年末收益
1	各项存款	25 000
2	各项贷款	15 000
3	债券投资	6 250
4	现金及存放中央银行款项	5 500
5	存放同业款项	1 125
6	发行普通金融债券	1 500
7	发行次级金融债券	150
8	向中央银行借款	250

根据以上资料,回答下列问题:

1.2019年年末,该商业银行的资产余额为(   )亿元。
   A.28 357　　　　　　B.27 250　　　　　　C.21 675　　　　　　D.27 875

2.2019年年末,该商业银行的现金资产余额为(   )亿元。
   A.6 625　　　　　　 B.6 875　　　　　　 C.5 500　　　　　　 D.7 125

3.2019年年末,该商业银行的短期借款余额为(   )亿元。
   A.150　　　　　　　 B.250　　　　　　　 C.400　　　　　　　 D.1375

4.关于该商业银行资产负债管理的说法,正确的有(   )。
   A.债券投资是主要的资金运用
   B.现金资产的流动性高于贷款,但盈利性低于债券
   C.借入款的偿还期限和金额需要集中,以便集中偿付
   D.借入款规模应适当控制,并以增加短期债券为主,以提高流动性

第4章 保险公司

考情概述

本章侧重考查基本概念、基础知识,考查偏记忆,难度不大,主要考查承保人的职能、再保险业务的安排方式和保险理赔的程序。个别涉及专业知识的考点,可以在理解的基础上适当做题以加深印象,熟悉知识点。

要点速览

序号	要点总览	要点清单
	保险公司	1.保险的定义和功能 2.承保人的职能 3.再保险业务的安排方式 4.保险理赔的程序 5.保险公司的资金运用特点

考点必刷

考点 1 保险的定义和功能 ★

[典题·2024] 在保险合同上签署自己的名字,对保险做出接受、部分接受或拒绝的人是( )。
A.投保人　　　B.保险人　　　C.承保人　　　D.被保险人

答案 C　选项A错误,投保人是指与保险人订立保险合同,并按照合同约定负有支付保险费义务的人。选项B错误,保险人是指与投保人订立保险合同,并按照合同约定承担赔偿或者给付保险金责任的保险公司。选项C正确,**承保人是指在保险合同上签署自己的名字,对风险做出接受、部分接受或拒绝等各种选择的人**。选项D错误,被保险人是指其财产或者人身受保险合同保障,享有保险金请求权的人。投保人可以为被保险人。故选C。

考点 2 承保人的职能 ★★

[典题·2024] 保险承保,对个人有利,对保险公司不利的是( )。
A.正向选择　　　B.逆向选择　　　C.单向选择　　　D.双向选择

答案 B　从投保人的角度来说,那些有很大可能遭受风险损失的人要比一般人更希望购买保险。例如,一个身体虚弱的人比一个身体健康的人对死亡保险的需求更为强烈。这对投保人个体来说是有利的选择,但对保险公司来说就是不利的选择,这种情况称为保险中的逆向选择。由于逆向选择的存在,保险人必须特别谨慎地对被保险人作出选择。故选B。

考点 3 再保险业务的安排方式 ★★★

[典题·2024] 再保险业务的安排方式不包括( )。
A.合同再保险　　　B.临时再保险　　　C.预约再保险　　　D.代理再保险

答案 D　在再保险经营实务中,有三种安排方式可供选择:①临时再保险;②合同

扫码看题

再保险;③预约再保险。故选 D。

> 🚀 要点透析

（1）临时再保险：对于保险业务的分出和分入，分出公司和分入公司均无义务约束的一种再保险安排方式。临时再保险一般适用于新开办的或不稳定的业务。

（2）合同再保险：分出公司和分入公司对于约定范围内的业务有义务约束，双方均无权选择的一种再保险安排方式。

（3）预约再保险：分出公司对合同约定的业务是否分出，可自由安排而无义务约束，而分入公司对合同约定的业务必须接受且无权选择的一种再保险安排方式。其对分出公司而言，具有临时再保险性质；对分入公司而言，具有合同再保险性质。

考点 4 ▶ 保险理赔的程序 ★★★

[典题·2024] 保险理赔的赔偿给付形式通常为(　　)。
A.货币　　　　　　B.证券　　　　　　C.基金　　　　　　D.贷款

答案 A　保险事故发生后，经调查属实并估算赔偿金额后，保险人应立即给付赔偿金。如果保险合同有约定期限，保险人应在约定期限内给付；如果保险合同没有约定期限，保险人也应尽快做出给付决定。**赔偿给付形式通常为货币**。故选 A。

考点 5 ▶ 保险公司的资金运用特点 ★

[典题·2024] 保险机构制定保险费率的主要依据包括(　　)。
A.以前年度的平均保险事故发生率　　B.以前年度平均费用率的统计数据
C.利率　　　　　　　　　　　　　　D.资产负债率
E.资金运用收益率的预测

答案 ABCE　保险费率是保险产品的价格。保险费率主要是依据以前年度的平均保险事故发生率、平均费用率的统计数据以及利率和资金运用收益率的预测来制定的。故选 ABCE。

基础必刷

| 答案见 P147

一、单项选择题

1. 保险的核心目的是(　　)。
   A.分散风险　　　　B.提供风险保障
   C.提供经济补偿　　D.融资功能

2. 核算各种资金的占有量、利用率、周转速度等指标的是(　　)。
   A.成本核算　　　　B.资金核算
   C.利润核算　　　　D.财务核算

3. 保险人在可保风险的范围内，应根据自己的承保能力，争取承保尽可能多的危险单位，称为(　　)。
   A.风险选择原则　　B.风险大量原则
   C.风险分散原则　　D.风险规避原则

4. 保险营销的最终目的是(　　)。
   A.挖掘保险需求
   B.为保险公司组织和争取保险业务
   C.保险商品的开发设计
   D.将合适的保险商品介绍给客户

5. 保险营销的主体包括(　　)。
   A.保险商品　　　　B.保险公司
   C.营销对象　　　　D.被保险人

6. 承保的总目标是(　　)。
   A.确定保险供给规模
   B.选择和保持能够使公司利润迅速增长的业务

C.确定保单条件

D.确定保险价格

7. 在一份保险合同即将期满时,投保人向保险人提出申请,要求延长该保险合同的期限,保险人根据投保人当时的实际情况,对原合同条款可能做出某些修改后继续对投保人承保的行为,称为( )。

A.承保 B.续保

C.分保 D.再保险

8. 保险人将自己承担的风险和责任向其他保险人进行保险的一种保险,称为( )。

A.承保 B.再保险

C.分包 D.理赔

9. 危险单位划分的关键是( )。

A.和保单份数相等同

B.与每次保险事故最大可能损失范围的估计联系起来考虑

C.危险单位的划分标准是一成不变的

D.危险单位的划分不需要非保险领域的专业知识

10. 对于保险业务的分出和分入,分出公司和分入公司均无义务约束的一种再保险安排方式是( )。

A.临时再保险 B.合同再保险

C.预约再保险 D.非比例再保险

11. 以下不属于查勘损失事实的内容的是( )。

A.确定损失状况 B.认定求偿权利

C.估计损失金额 D.赔付损失金额

12. ( )年,中国保险监督管理委员会发布《关于公布保险理赔(给付)程序进一步做好理赔服务工作的通知》,对保险公司做好理赔(给付)服务工作提出要求。

A.2006 B.2007

C.2008 D.2009

13. 保险公司的资金流动方向是( )。

A.收入与支出同时进行

B.支出在先,收入在后

C.收入在先,支出在后

D.需要垫付资金

14. 保险投资的主体是( )。

A.投保人 B.保险公司

C.被保险人 D.受益人

15. 在机动车辆保险中,对机动车辆每次事故规定免赔额,只有超过免赔额的部分才由保险人承担赔偿责任,属于( )。

A.控制保险金额

B.规定免赔额或免赔率

C.实行比例承保

D.保险理赔

16. ( )是保险经营活动中最基本的工作。

A.保险营销 B.承保

C.理赔 D.资金运用

17. 保险营销成功与否,最终取决于( )。

A.准投保人的投保情况

B.保险商品

C.保险公司

D.被保险人的综合情况

18. 假定一个被保险人将他的经常停车地点改在了一处生产有毒气体的实验室附近,那么承保人就可能需要提高他的保险费率,或者不接受该投保人的续保,以反映风险因素增加这一客观事实,这种情况体现了( )。

A.对风险的定期回顾

B.对风险的检查和分析

C.对该被保险人的重新归类

D.保险费率和损失率之间的取舍

19. 分出公司根据偿付能力所确定的自行承担的责任限额称为( )。

A.分保额 B.分保责任额

C.自留额 D.接受额

20. 购买或投资的土地、建筑物及其他依附于土地上的定着物等,以及主要价值依赖于上述资产价值变动的资产,称为( )。

A.流动性资产 B.权益类资产

C.固定收益类资产 D.不动产类资产

二、多项选择题

1. 保险的主要功能包括(   )。
   A.提供风险保障   B.分散风险
   C.提供经济补偿   D.融资功能
   E.提高竞争效率

2. 保险公司经济核算的主要内容包括(   )。
   A.成本核算   B.资金核算
   C.周期核算   D.利润核算
   E.范围核算

3. 承保后的风险分散原则以(   )为主要手段。
   A.控制保险金额   B.再保险
   C.共同保险   D.确定保险理赔范围
   E.实行比例承保

4. 承保人的职能包括(   )。
   A.确定保险供给规模   B.确定保险价格
   C.确定保单条件   D.承保分析
   E.确定承保能力

5. 承保信息的来源范围包括(   )。
   A.网络信息   B.中介人
   C.地区销售经理   D.消费者调查报告
   E.体检报告

6. 保险理赔的程序通常包括(   )。
   A.确定理赔责任   B.寻找免责条款
   C.确定损失原因   D.查勘损失事实
   E.损余处理和代位求偿

7. 保险资金的范围包括(   )。
   A.资本金   B.公积金
   C.未分配利润   D.各项准备金
   E.公益金

8. 关于自留额和分保额的计算,说法正确的有(   )。
   A.自留额与分保额只能用百分比表示
   B.自留额与分保额只能用绝对值表示
   C.自留额与分保额可以用百分比表示,也可以用绝对值表示
   D.自留额与分保额可以以保险金额为计算基础,也可以以赔款金额为计算基础
   E.自留额与分保额只能以保险金额为计算基础

9. 保险经营的基本原则包括(   )。
   A.保本微利原则   B.经济核算原则
   C.随行就市原则   D.风险分散原则
   E.薄利多销原则

10. 承保人面临的抉择包括(   )。
    A.接受投保
    B.拒绝投保
    C.接受投保,但要做出一些变动
    D.避免投保人的逆选择
    E.扩大业务量

提升必刷

答案见 P148

一、单项选择题

1. 对投保财产保险的建筑物应了解和检查其结构、使用情况以及坐落地点等,属于(   )。
   A.对人的选择   B.对物的选择
   C.承保时的风险分散   D.事后风险选择

2. (   )是保险公司迅速占领市场、提高市场竞争力的有效手段。
   A.薄利多销   B.随行就市
   C.事先风险选择   D.控制保险金额

3. 广义的保险营销是指(   )。
   A.保险市场营销   B.保险销售
   C.保险需求调研   D.保险促销策略

4. 保险营销的客体是指(   )。
   A.保险公司   B.保险商品
   C.营销对象   D.投保人

5. 关于保单的说法,正确的是(   )。
   A.非标准保单与标准保单区别较大
   B.各保险公司也可以根据自己的情况,使用

非标准保单

C.大多数被保险人都需要制作非标准保单

D.各保险公司需经批准才能使用非标准保单

6.再保险的产生是基于( )的需要。

A.营利

B.扩大业务

C.原保险人经营中分散风险

D.产业发展

7.关于非比例再保险,说法错误的是( )。

A.非比例再保险是以赔款为基础来确定再保险当事人双方责任的分保方式

B.当赔款超过一定额度或标准时,再保险人对超过部分的责任负责

C.分出公司和分入公司的保险责任和有关权益与保险金额之间没有固定的比例关系

D.非比例再保险与比例再保险相同,分出公司和分入公司的保险责任和有关权益与保险金额相挂钩

8.关于预约再保险的说法,不正确的是( )。

A.分出公司对合同约定的业务是否分出,可自由安排而无义务约束

B.分入公司对合同约定的业务必须接受且无权选择

C.对分出公司而言,具有临时再保险性质

D.对分入公司而言,具有临时再保险性质

9.关于确定理赔责任的说法,错误的是( )。

A.对保险标的已无保险利益的人,不能获得保险人的赔偿

B.对保险标的有保险利益,所能获得赔偿的数额以被保险人的利益为限

C.对财产保险而言,当保险人收到出险通知后,应当首先研究保单是否仍有效力

D.在人身保险中,保险利益不仅关系到哪些人能够成为投保人的问题,而且关系到哪些人享有赔偿请求权的问题

10.保险公司资金的来源大部分是( )。

A.资本金　　　　B.保险费收入

C.未分配利润　　D.公积金

11.在证券交易所或符合国家法律法规规定的金融资产交易场所公开上市交易的、代表企业股权或者其他剩余收益权的权属证明,以及主要价值依赖于上述资产价值变动的资产,称为( )。

A.上市权益类资产

B.未上市权益类资产

C.固定收益类资产

D.权益类资产

12.在农作物保险中,保险人通常按平均收获量的一定成数确定保险金额,如按正常年景平均收获量的60%承保,其余部分由被保险人自行承担责任,属于( )。

A.控制保险金额

B.规定免赔额或免赔率

C.实行比例承保

D.保险理赔

13.关于残余价值的处理,说法正确的是( )。

A.保险公司在完成全部赔付后,有权处理受损物资

B.保险公司不可将损余物资折价给被保险人

C.保险公司不能将残余价值充抵部分赔偿金

D.保险公司在赔付前,有权处理受损物资

14.在保险合同签订、保险费收取后即可基本确定资金流入量,但是未来资金的流出则具有不确定性,说明保险资金具有( )。

A.流入的确定性和流出的不确定性的特点

B.流入的确定性和流出的确定性的特点

C.流入的不确定性和流出的不确定性的特点

D.流入的不确定性和流出的确定性的特点

15.保险公司基于保险法律规定和保险公司自身资本实力及风险资产配备管理的要求,在某个业务领域或某笔业务所能承受的最大风险金额是( )。

A.承保能力　　　B.承保范围

C.理赔金额　　　D.保险费

二、多项选择题

1. 遵循风险大量原则的原因包括（　　）。
   A. 保险人只有承保尽可能多的危险单位，才能建立起雄厚的保险基金，以保证保险经济补偿职能的履行
   B. 保险经营以大数法则为基础，只有承保大量的危险单位，才能使风险发生的实际情形更接近预先计算的风险损失概率，以确保保险经营的稳定性
   C. 保险人承保的危险单位越多，保险费收入就越多，营业费用则相对较少
   D. 保险人承保的危险单位越多，保险费赔偿就越多，营业利润则相对较少
   E. 保险人只有承保尽可能多的危险单位，才能申请国家财政支持

2. 保险营销的特点包括（　　）。
   A. 保险营销的广泛性
   B. 保险营销的服务性
   C. 保险营销的专业性
   D. 保险营销的竞争性
   E. 保险营销的数字化

3. 保险营销工作中的基本要素包括（　　）。
   A. 保险公司　　　　B. 保险商品
   C. 保险　　　　　　D. 准投保人
   E. 被保险人

4. 保险公司提高承保能力和扩大保险供给的方法包括（　　）。
   A. 扩大销售队伍　　B. 合理配置业务
   C. 充分利用现有资源　D. 低成本融资
   E. 运用再保险

5. 保险公司的承保管理主要任务包括（　　）。
   A. 设立经营目标
   B. 告诉承保人怎样完成这些特定的目标
   C. 定期检查承保人的工作
   D. 制定并适时修改"承保指南"
   E. 编制阶段性目标

6. 关于再保险的特征，说法正确的有（　　）。
   A. 再保险可以不考虑原保险
   B. 再保险是保险人之间的一种业务经营活动
   C. 再保险合同是一种独立的合同
   D. 再保险合同不能独立于原保险合同
   E. 再保险的产生是基于原保险人营利的需要

7. 关于临时再保险的说法，正确的有（　　）。
   A. 这种再保险安排方式比较灵活
   B. 业务要逐笔安排，手续烦琐
   C. 增加了营业费用开支
   D. 一般适用于新开办的或不稳定的业务
   E. 分入公司接到要保书后，对分保的有关内容可以不进行审查

8. 关于保险理赔监管的要求，说法正确的是（　　）。
   A. 各保险公司应在公司外部网站上公布，并在各营业网点（包括代理网点）明显位置公示理赔（给付）服务的具体流程、所需材料清单、联系电话等
   B. 保险公司在为客户办理索赔（申请保险金）手续时，对所需材料应一次性向客户书面告知，并按不同类型的案件明确赔付时限
   C. 各保险公司要尽量简化理赔（给付）程序和所需材料，制定相关的服务承诺并及时予以公布
   D. 各保险公司应建立健全理赔（给付）服务的监督管理机制
   E. 各保险公司应指定两个部门为理赔（给付）服务的责任部门

9. 保险费率主要是依据（　　）来制定的。
   A. 保险条件
   B. 平均保险事故发生率
   C. 平均费用率
   D. 利率
   E. 资金运用收益率

10. 保险公司投资资产（不含独立账户资产）可分为（　　）。
    A. 固定资产　　　　B. 流动性资产
    C. 固定收益类资产　D. 权益类资产
    E. 不动产类资产

第5章　证券公司与基金管理公司

考情概述

本章知识点主要涉及证券和基金,出现案例题的概率较高,需要重点关注证券公司与商业银行经营机制的区别、证券公司的主要业务、证券投资基金等内容。考生在学习本章时,需要花费精力理解记忆。

近3年考试分值分布如下。

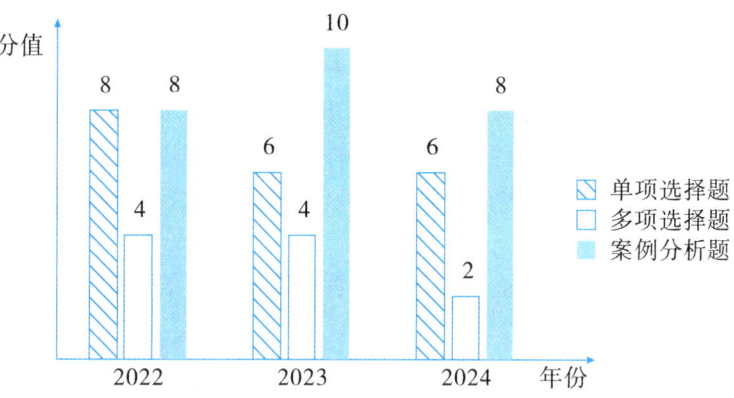

要点速览

序号	要点总览	要点清单
1	证券公司概述	1.证券公司的功能
2	证券公司主要业务	2.证券经纪业务 3.与证券交易、证券投资活动有关的财务顾问业务 4.证券的承销与保荐业务
3	证券投资基金概述	5.证券投资基金的参与主体 6.证券投资基金的类别 7.特殊类型基金
4	基金管理公司经营与管理	8.基金管理公司的职责 9.基金管理公司的主要业务 10.基金托管人概述

考点必刷

考点 1　证券公司的功能 ★

[典题·2020] 证券公司以客户拥有的证券作为抵押借钱给客户买股票,这体现的证券公司功能是(　　)。

A.流动性中介功能　　B.期限中介功能　　C.信息中介功能　　D.风险中介功能

【答案】A 在保证金交易中,证券公司可以以客户的证券作为抵押,贷款给客户购进股票,通过这些方式,证券公司为金融市场的交易者提供了流动性中介。故选A。

考点 2 ▶ 证券经纪业务 ★

[典题·2022] 在证券经纪业务中,业务关系的建立表现为(   )。

A.投资者开立客户交易结算资金第三方存管协议中的资金账户

B.开户和委托两个环节

C.投资者与证券公司签署风险揭示书

D.投资者与证券公司签订证券交易委托代理协议

【答案】B 在证券经纪业务中,业务关系的建立表现为开户和委托两个环节。资金账户的开立意味着客户与证券公司建立了经纪关系。经纪关系的建立只是确立了投资者和证券公司直接的代理关系,还没有形成实质上的委托关系。故选B。

考点 3 ▶ 与证券交易、证券投资活动有关的财务顾问业务 ★★★

[典题·2021] 狭义上,关于兼并与收购区别的说法,错误的是(   )。

A.兼并是通过资本市场对企业进行有关资本经营的代称,收购是通过资本市场对企业进行资产重组的代称

B.兼并后,兼并企业成为被兼并企业新的所有者和债权债务的承担者,而在收购中,收购企业是被收购企业的新股东

C.在兼并中,被兼并企业作为法人实体不复存在,而在收购中,被收购企业可仍以法人实体存在

D.兼并多发生在被兼并企业财务状态不佳、生产经营停滞之时,而收购一般发生在企业正常经营状态

【答案】A 选项A说法错误,兼并是一家企业对另一家企业的合并或吸收行为,至少一家企业法人资格消失;收购是企业控制权的转移,二者之间只形成控制与被控制关系,两者仍然是各自独立的企业法人。故选A。

要点透析

兼并与收购的区别

项目	兼并	收购
法人实体	被兼并企业作为法人实体不复存在	仍以法人实体存在
资产、债权、债务是否一同转换	兼并企业成为被兼并企业新的所有者和债权债务的承担者,是资产、债权、债务的一同转换	收购企业是被收购企业的新股东,以收购出资的股本为限承担被收购企业的风险
企业经营状态	多发生在被兼并企业财务状况不佳、生产经营停滞时	一般发生在企业正常生产经营状态,产权流动比较平和

考点 4 ▶ 证券的承销与保荐业务 ★★

[典题·2022] 现行《中华人民共和国证券法》明确规定,向不特定对象发行证券票面总值超过人民币5 000万元则(   )。

A.需要强制组建承销团

B.发行人应当聘请具有保荐资格的机构担任保荐机构
C.证券公司可以自行选择是否组建承销团
D.证券公司应按规定能够注册登记为保荐机构

答案 C 现行《中华人民共和国证券法》取消了旧版向不特定对象发行的证券票面总值超过人民币五千万元时需要强制组建承销团的规定,证券公司可以自行选择是否组建承销团。故选 C。

考点 5 ▶ 证券投资基金的参与主体 ★★

[典题·2019] 在我国金融市场中,基金托管人是取得基金托管资格的( )。
A.商业银行　　　B.信托公司　　　C.基金公司　　　D.证券公司

答案 A 在我国,基金托管人由依法设立并取得基金托管资格的商业银行或者其他金融机构担任。故选 A。

要点透析

基金当事人	
基金份额持有人	即基金投资者,是基金的出资人、基金资产的所有者和基金投资回报的受益人
基金管理人	基金产品的募集者和管理者
基金托管人	基金托管人的职责主要体现在基金资产保管,基金资金清算、会计复核以及对基金投资运作的监督等方面。在我国,基金托管人只能由依法设立并取得基金托管资格的商业银行或其他金融机构担任

考点 6 ▶ 证券投资基金的类别 ★★★

[典题·2020] 根据基金的运作方式的不同,证券投资基金可划分为( )。
A.公募基金和私募基金　　　　　　B.封闭式基金和开放式基金
C.偏股型基金和偏债型基金　　　　D.公司型基金和开放式基金

扫码看题

答案 B 根据运作方式的不同,基金可分为封闭式基金、开放式基金。故选 B。

要点透析

证券投资基金的分类		
分类依据	类型	
根据运作方式的不同划分	封闭式基金、开放式基金	
根据组织形式的不同划分	契约型基金、公司型基金	
根据投资对象的不同划分	股票基金、债券基金、货币市场基金、混合基金等	
根据投资目标的不同划分	增长型基金	以追求资本增值为基本目标,较少考虑当期收入的基金,主要以具有良好增长潜力的股票为投资对象
	收入型基金	以追求稳定的经常性收入为基本目标的基金,主要以大盘蓝筹股、公司债、政府债券等稳定收益证券为投资对象
	平衡型基金	既注重资本增值又注重当期收入的一类基金
根据募集方式的不同划分	公募基金、私募基金	

考点 7 特殊类型基金 ★

[典题·2022] 关于不动产信托投资基金(REITs)的说法,错误的是(　　)。

A.REITs 自 20 世纪 60 年代在美国推出以来,在许多国家已成为专门投资不动产的成熟金融产品

B.REITs 作为低风险的金融工具,具有流动性高,收益稳定,安全性强等特点,有利于丰富资本市场投资品种,拓宽社会资本投资渠道

C.REITs 既可以封闭运行,也可以上市交易流通

D.REITs 是一种以发行收益凭证的方式汇集特定多数投资者的资金,由专门投资机构进行房地产投资经营管理,并将投资综合收益按比例分配给投资者的一种信托基金

【答案】 B　REITs 作为中等收益、中等风险的金融工具,具有流动性高、收益稳定、安全性强等特点,有利于丰富资本市场投资品种,拓宽社会资本投资渠道。故选 B。

考点 8 基金管理公司的职责 ★★★

[典题·2020] 我国基金管理人的说法,正确的是(　　)。

A.基金管理人可以由财务公司总经理担任

B.基金管理人是基金存续期内基金的所有者

C.基金管理人可以参与基金收益分配

D.基金管理人可以由依法成立的基金管理公司担任

扫码看题

【答案】 D　选项 A 错误,在我国,基金管理人只能由依法设立的基金管理公司担任。选项 B 错误,基金投资者是基金存续期内基金的所有者。选项 C 错误,基金管理人不可以参与基金收益分配,只能按规定收取一定比例的管理费。故选 D。

考点 9 基金管理公司的主要业务 ★★

[典题·2020] 关于基金运营服务的说法,正确的是(　　)。

A.基金运营服务是基金管理公司最核心的一项业务

B.基金运营服务的内容包括基金募集和销售

C.基金运营服务的内容包括基金清算和信息披露

D.基金运营服务的内容包括基金注册登记和销售

【答案】 C　选项 A 错误,投资管理业务是基金管理公司最核心的一项业务。选项 B 错误,证券投资基金业务主要包括基金募集与销售、基金的投资管理和基金运营服务。选项 D 错误、选项 C 正确,基金运营服务是基金投资管理与市场营销工作的后台保障,通常包括基金注册登记、核算与估值、基金清算和信息披露等业务。故选 C。

考点 10 基金托管人概述 ★★

[典题·2021] 根据《中华人民共和国证券投资基金法》,基金托管人的职责有(　　)。

A.对基金财务会计报告,中期和年度基金报告出具意见

B.安全保管基金财产

C.按照基金合同的约定,根据基金管理人的投资指令,及时办理清算、交割事宜

D.按照规定监督基金管理人的投资运作并确保兑现收益

E.办理与基金财产管理业务活动有关的信息披露事项

【答案】 ABC　选项 D 错误,托管人有权监督基金管理人的投资运作,但不确保兑现收益。选项 E 错误,托管人应办理与基金托管业务活动有关的信息披露事项。故选 ABC。

第5章 证券公司与基金管理公司

基础必刷

| 答案见 P150

一、单项选择题

1. 关于混合基金的说法,正确的是( )。
   A. 混合基金的预期收益率低于债券基金
   B. 混合基金的风险高于股票基金
   C. 混合基金比较适合较为保守的投资者
   D. 混合基金主要以债券为投资对象

2. 下列主体中,不属于基金市场服务机构的是( )。
   A. 基金管理人   B. 基金投资者
   C. 基金托管人   D. 基金销售机构

3. 货币市场基金合计投资于现金、国债、中央银行票据、政策性金融债券占基金资产净值的比例合计不得低于( )。
   A. 5%   B. 10%
   C. 15%   D. 20%

4. 下列属于直接金融机构的是( )。
   A. 商业银行   B. 保险公司
   C. 证券公司   D. 财务公司

5. 关于证券公司办理经纪业务禁止行为的说法,错误的是( )。
   A. 证券公司不得允许他人以证券公司的名义直接参与证券的集中交易
   B. 证券公司的从业人员可以私下接受客户委托买卖证券,由所属的证券公司承担全部责任
   C. 证券公司不得对客户证券买卖的收益或者赔偿证券买卖的损失做出承诺
   D. 证券公司不得接受客户的全权委托而决定证券买卖、选择证券种类、决定买卖数量或者买卖价格

6. 下列选项中,满足合格投资者的基本条件的是( )。
   A. 吴先生具有3年投资经历,且家庭金融净资产为400万元人民币
   B. 郑先生家庭金融资产为300万元人民币
   C. 王先生近5年本人年均收入为30万元人民币
   D. 甲投资机构最近1年末净资产为500万元人民币

7. 关于基金费用的说法,错误的是( )。
   A. 申购费由基金投资者承担
   B. 基金管理费按照前一日基金资产净值的一定比例逐日计提,按月支付
   C. 我国管理的股票基金一般按照年管理费率1.5%的比例计提管理费
   D. 佣金由证券交易所按成交金额的一定比例向基金收取

8. 下列对基金管理公司专户业务的表述,错误的是( )。
   A. 基金管理公司应当加强资产管理计划的久期管理,不得设立不设存续期限的资产管理计划,封闭式资产管理计划的期限不得低于90天
   B. 固定收益类产品优先级与劣后级的比例不得超过3:1
   C. 基金管理公司应当确保集合资产管理计划开放退出期内,其资产组合中7个工作日可变现资产的价值,不低于该计划资产净值的20%
   D. 基金管理公司可以与投资者在资产管理合同中约定提取业绩报酬

9. 基金管理公司专户业务(即私募资产管理业务)中资产管理计划投资于非标准化资产的,接受单个合格投资者委托资金的金额不低于( )万元。
   A. 30   B. 40
   C. 50   D. 100

10. 在证券投资基金运作中,开放式基金的买卖价格以( )为基础。
    A. 投资基金规模   B. 二级市场供求关系
    C. 投资时间长短   D. 基金份额净值

11. 在商业银行理财产品中,商品及金融衍生品

类理财产品投资于商品及金融衍生品的比例不低于(　　)。
A.80%　　　　　　B.60%
C.40%　　　　　　D.20%

12.基金管理公司最核心的一项业务是(　　)。
A.基金运营服务　　B.投资咨询服务
C.基金募集销售　　D.投资管理业务

13.(　　)指在基金发行前就已经确定基金资本总额、发行数量和存续期限,在基金存续期内基金资本总额以及发行数量都保持固定不变的基金类型。
A.封闭式基金　　　B.开放式基金
C.公司型基金　　　D.契约型基金

14.下列关于公司型基金的说法中,错误的是(　　)。
A.是依据基金合同设立的基金
B.基金投资者是基金公司的股东
C.基金投资者享有股东权利
D.基金投资者按所持有的股份承担有限责任

15.仅投资于商业票据的投资基金是(　　)。
A.债券基金　　　　B.股票基金
C.混合基金　　　　D.货币市场基金

16.公募基金的特征不包括(　　)。
A.可以面向社会公众公开发售基金份额和宣传推广,基金募集对象不固定
B.投资金额要求低,适宜中小投资者参与
C.必须遵守基金法律和法规的约束,并接受监管部门的严格监管
D.投资金额要求高,适宜中小投资者参与

17.基金运作费不包括(　　)。
A.审计费　　　　　B.上市年费
C.分红手续费　　　D.基金销售服务费

18.在基金管理公司专户业务中,集合资产管理计划的建仓期自产品成立之日起不得超过(　　)个月。
A.3　　　　　　　B.9
C.6　　　　　　　D.12

19.证券研究报告不包括(　　)。
A.行业研究报告
B.投资策略报告
C.经济金融宏观形势报告
D.涉及证券及证券相关产品的价值分析报告

20.按照金融交易是否有固定场所,集合资产管理计划的投资者人数不得超过(　　)人。
A.200　　　　　　B.300
C.400　　　　　　D.500

21.假设某证券公司的注册资本为50亿元,则该公司股东的非货币财产出资总额不得超过(　　)亿元。
A.5　　　　　　　B.10
C.12.5　　　　　　D.15

22.关于证券公司股东的分类,说法错误的是(　　)。
A.控股股东是指持有证券公司50%以上股权的股东或者虽然持股比例不足50%,但其所享有的表决权足以对证券公司股东(大)会的决议产生重大影响的股东
B.主要股东是指持有证券公司10%以上股权的股东
C.证券公司股东包括三类
D.主要股东是指持有证券公司5%以上股权的股东

23.T集团持有A银行89%的股份,由于该银行大量贷款出现逾期,由此给T集团带来的风险是(　　)。
A.市场风险　　　　B.信用风险
C.法律风险　　　　D.流动性风险

24.证券投资咨询机构及其投资咨询人员可以从事(　　)。
A.代理投资人从事证券、期货买卖
B.向投资人承诺证券、期货投资收益
C.与投资人约定分享投资收益或者分担投资损失
D.接受投资人或者客户委托,提供证券投资咨询服务

25. 通货膨胀会吞噬固定收益所形成的购买力,债券基金的投资者面临的这种风险是( )。
   A.利率风险 B.通货膨胀风险
   C.信用风险 D.提前赎回风险
26. 货币市场基金不得投资的金融工具是( )。
   A.现金
   B.期限在1年以内的债券回购
   C.剩余期限在397天以内的债券
   D.可转换债券
27. 根据组织形式的不同,基金可分为不同的类型。按照此分类依据,我国的基金均为( )。
   A.公司型基金 B.契约型基金
   C.封闭式基金 D.开放式基金
28. 客户向证券公司借证券卖出为( )。
   A.融资交易 B.融券交易
   C.抵押 D.质押
29. ( )是指基金托管人为基金提供托管服务而向基金收取的费用。
   A.基金管理费 B.基金托管费
   C.信息披露费 D.基金转换费
30. 注册资本不低于( )人民币,净资本不低于( )人民币,并经中国证监会批准经营证券自营的证券公司才能从事证券自营业务。
   A.1亿元;1 000万元
   B.1亿元;5 000万元
   C.2亿元;3 000万元
   D.2亿元;5 000万元
31. 证券公司接受顾客委托,进行证券买卖,提高了交易效率,稳定了交易秩序,使交易活动得以顺利进行,这时投资银行扮演的角色是( )。
   A.证券经纪商 B.证券发行商
   C.证券交易商 D.证券做市商
32. 基金销售过程中发生的由基金投资者承担的费用,不包括( )。
   A.申购费 B.赎回费
   C.基金托管费 D.基金转换费

33. 广义的并购不包括( )。
   A.扩张 B.售出
   C.公司控制 D.证券存管
34. 关于证券经纪业务的说法,不正确的是( )。
   A.经纪关系的建立意味着投资者和证券公司形成了实质上的委托关系
   B.证券经纪业务收入来源主要是佣金
   C.证券公司不得对客户证券买卖的收益或者赔偿证券买卖的损失作出承诺
   D.柜台代理买卖证券业务是在代办股份转让系统进行交易
35. 关于证券投资基金的说法,错误的是( )。
   A.无须托管,方便灵活
   B.集合理财,专业管理
   C.组合投资,分散风险
   D.利益共享,风险共担

二、多项选择题
1. 证券公司申请融资融券业务资格,应当具备的条件有( )。
   A.具有证券经纪业务资格
   B.已建立完善的客户投诉处理机制,能够及时、妥善处理与客户之间的纠纷
   C.财务状况良好,最近1年各项风险控制指标持续符合规定
   D.有拟负责融资融券业务的高级管理人员和适当数量的专业人员
   E.公司治理健全,内部控制有效,能有效识别、控制和防范业务经营风险和内部管理风险
2. 股票基金与单一股票之间的不同点有( )。
   A.每一交易日股票基金只有一个价格
   B.股票基金份额净值会由于买卖数量或申购、赎回数量的多少而受到影响
   C.股票基金净值在每一交易日内始终处于变动之中
   D.股票基金的投资风险低于单一股票的投资风险

E.对股票基金份额净值高低进行合理与否的判断没有意义

3.契约型基金与公司型基金的区别包括（　　）。

　　A.法律主体资格不同

　　B.投资者的地位不同

　　C.基金营运依据不同

　　D.交易场所不同

　　E.份额限制不同

4.基金当事人包括（　　）。

　　A.基金监管机构　　B.基金份额持有人

　　C.基金管理人　　D.基金销售机构

　　E.基金托管人

5.我国基金的交易费包括（　　）。

　　A.佣金　　B.印花税

　　C.基金托管费　　D.过户费

　　E.经手费

6.按照承销过程中投资银行所承担的责任和风险的不同，股票承销方式一般包括（　　）。

　　A.分销　　B.代销

　　C.直销　　D.全额包销

　　E.余额包销

7.封闭式基金与开放式基金的主要区别有（　　）。

　　A.交易场所不同

　　B.期限不同

　　C.价格形成方式不同

　　D.激励约束机制与投资策略不同

　　E.基金营运依据不同

8.依据资产配置的不同将混合基金分为（　　）。

　　A.偏股型基金

　　B.偏债型基金

　　C.股债平衡型基金

　　D.灵活配置型基金

　　E.货币市场基金

9.不动产投资信托基金的特征有（　　）。

　　A.长期回报率较高

　　B.收益的大部分用于发放分红

　　C.收益主要来源于租金收入和房地产升值

　　D.收益主要来源于利息

　　E.短期回报率较高

10.关于债券与债券基金的说法，正确的有（　　）。

　　A.债券基金主要以债券为投资对象

　　B.债券基金的收益不如债券基金的利息固定

　　C.债券基金没有确定的到期日

　　D.债券基金通过分散投资可以有效避免单一债券可能面临的较高的信用风险

　　E.买入并持有到期的单个债券收益率比债券基金的收益率更难以预测

11.目前，在我国可申请从事基金销售的机构主要有（　　）。

　　A.证券公司

　　B.担保公司

　　C.商业银行

　　D.证券投资咨询机构

　　E.基金注册登记机构

12.证券投资顾问业务与发布证券研究报告的区别包括（　　）。

　　A.证券投资顾问业务基于特定客户的立场，遵循忠实客户利益的原则

　　B.证券分析师基于独立、客观的立场，对证券及相关产品价值进行研究分析

　　C.证券投资顾问业务根据与客户的合同约定，提供相关工作建议

　　D.发布证券研究报告主要服务于普通投资者

　　E.发布证券研究报告一般针对不特定客户发布

13.对冲基金的主要运作特点有（　　）。

　　A.投资策略高度公开

　　B.高杠杆操作

　　C.主要投资于金融衍生品市场，更多地呈现全球化特征

　　D.专门从事各种买空、卖空交易

　　E.操作手法单一

14. 货币市场基金可以投资的金融工具有( )。
    A. 现金
    B. 期限在1年以内的银行存款
    C. 同业存单
    D. 股票
    E. 可转换债券、可交换债券

15. 下列关于融资融券业务的说法中,正确的有( )。
    A. 融资融券交易分为融资交易和融券交易两类,客户向证券公司借资金买证券为融资交易,客户向证券公司借证券卖出为融券交易
    B. 证券公司开展融资融券业务无须批准,证券公司在向客户融资融券前,应当办理客户征信
    C. 证券公司经营融资融券业务,应当以自己的名义,在证券登记结算机构和商业银行分别开立相关账户
    D. 证券公司向客户融资融券,应当向客户收取一定比例的保证金,保证金可以证券充抵
    E. 证券公司应当逐月计算客户交存的担保物价值与其所欠债务的比例,当该比例低于约定的维持担保比例时,应当通知客户在约定的期限内补交担保物

16. 下列对证券公司经营机制和商业银行经营机制的表述中,正确的有( )。
    A. 在间接融资中,资金存款人和借款人之间直接发生权利和义务关系
    B. 证券公司作为直接融资的中介,仅充当中介人的角色
    C. 在直接融资中,证券公司只是收取佣金和服务费
    D. 在直接融资中,证券公司一般不承担投资者和融资者之间的权利和义务

E. 商业银行作为间接融资的中介,同时具有资金需求者和资金供给者双重身份

17. 证券公司的传统业务包括( )。
    A. 为发行新证券提供建议
    B. 承销新证券
    C. 为并购提供建议
    D. 为并购提供融资
    E. 证券自营

18. 下列选项对证券公司及其从业人员从事证券经纪业务活动的说法,正确的有( )。
    A. 证券公司办理经纪业务,可以接受客户的全权委托而决定证券买卖、选择证券种类、决定买卖数量或者买卖价格
    B. 证券公司办理经纪业务,不得允许他人以证券公司的名义直接参与证券的集中交易
    C. 证券公司办理经纪业务,不得对客户证券买卖的收益或者赔偿证券买卖的损失作出承诺
    D. 证券公司的从业人员不得私下接受客户委托买卖证券
    E. 证券公司的从业人员在证券交易活动中,执行所属的证券公司的指令或者利用职务违反交易规则的,由所属的证券公司及其从业人员分担全部责任

19. 企业并购是一项极其复杂的交易过程,其中会遇到诸如并购价格的确定、并购方案的设计、条件谈判、协议执行以及配套的融资安排、重组规划等问题。证券公司参与这项工作需要具有( )。
    A. 沟通协调能力
    B. 产业分析能力
    C. 敏锐的经济、社会与政治动向研判能力
    D. 丰富的金融知识和应变能力
    E. 正确的设计及执行投资计划的能力

提升必刷

| 答案见 P153

一、单项选择题

1. 证券投资基金中,契约型基金营运的依据是( )。
   A. 基金性质　　　　B. 公司章程
   C. 基金合同　　　　D. 股东大会

2. 根据中国证监会对基金类别的分类标准,基金资产( )以上投资于股票的为股票基金。
   A. 40%　　　　　　B. 50%
   C. 80%　　　　　　D. 70%

3. 证券公司申请中间介绍业务资格,要求申请日前( )各项风险控制指标符合规定标准。
   A. 2个月　　　　　B. 3个月
   C. 5个月　　　　　D. 6个月

4. 按照金融交易是否有固定场所,集合资产管理计划的投资者人数不少于( )人。
   A. 2　　　　　　　B. 3
   C. 5　　　　　　　D. 7

5. 与证券交易、证券投资活动有关的咨询、建议、策划业务是( )。
   A. 财务顾问业务　　B. 保荐业务
   C. 证券经纪业务　　D. 证券投资咨询业务

6. 在证券投资基金运作中,影响封闭式基金价格的主要因素是( )。
   A. 投资基金规模　　B. 二级市场供求关系
   C. 投资时间长短　　D. 上市公司质量

7. 基金的募集阶段,主体是( )。
   A. 基金份额持有人　B. 基金管理人
   C. 基金托管人　　　D. 基金投资咨询机构

8. 商品及金融衍生品类、混合类产品优先级与劣后级的比例不得超过( )。
   A. 1∶1　　　　　　B. 2∶1
   C. 1∶2　　　　　　D. 3∶1

9. 基金管理费率通常与基金规模成( ),与风险成( )。
   A. 正比;反比　　　B. 正比;正比
   C. 反比;正比　　　D. 反比;反比

10. 客户向证券公司借资金买证券为( )。
    A. 融资交易　　　　B. 融券交易
    C. 抵押　　　　　　D. 质押

11. 下列关于债券基金的利率风险的说法中,正确的是( )。
    A. 债券基金的平均到期日越长,债券基金的利率风险越高
    B. 债券基金的价值不受市场利率变动的影响
    C. 债券基金的到期日越长,其价值受市场利率的影响越小
    D. 如果市场利率下降,持有这种债券基金的资产净值也会下降

12. 基金投资收益在扣除由基金承担的费用后的盈余全部归( )所有。
    A. 基金投资者　　　B. 基金募集者
    C. 基金管理者　　　D. 基金发行人

13. 按照基金合同的约定,负责资金资产的投资运作,在有效控制风险的基础上为基金投资者争取最大的投资收益。这是( )的职责。
    A. 基金管理人　　　B. 基金托管人
    C. 基金设立者　　　D. 基金发行者

14. 关于契约型基金的说法,正确的是( )。
    A. 目前我国基金均为契约型基金
    B. 契约型基金依据公司章程设立
    C. 契约型基金具有独立法人地位
    D. 契约型基金依据基金公司章程运营

15. 证券公司将发行人的证券按照协议全部购入的证券承销方式是( )。
    A. 代销　　　　　　B. 全额包销

C.余额包销　　　　　D.直销

16.证券投资基金业务不包括(　　)。
　A.基金募集与销售　B.基金的投资管理
　C.基金运营服务　　D.专业理财业务

17.关于债券基金的说法,正确的是(　　)。
　A.债券基金不存在通货膨胀风险
　B.债券基金没有确定的到期日
　C.债券基金的收益比债券的利息固定
　D.债券基金主要以H股为投资对象

18.为客户提供各种票据、证券以及现金之间的互换机制,证券公司所发挥的作用是(　　)。
　A.期限中介　　　　B.风险中介
　C.信息中介　　　　D.流动性中介

19.在证券经纪业务中,作为证券公司业务收入的是(　　)。
　A.利息　　　　　　B.佣金
　C.手续费　　　　　D.管理费

20.证券公司与商业银行的本质差别在于(　　)。
　A.在交易中的地位和性质
　B.是否存在中介服务
　C.经营机制
　D.参与主体的多少

21.证券公司以自有资金参与股指期货、国债期货交易的,应当符合的要求,不包括(　　)。
　A.按照中国金融期货交易所有关规定申请交易编码
　B.对已被股指期货、国债期货合约占用的交易保证金按100%比例扣减净资本
　C.对已进行风险对冲的股指期货、国债期货分别按投资规模的5%计算风险资本准备
　D.对未进行风险对冲的股指期货、国债期货分别按投资规模的15%计算风险资本准备

22.证券发行完一段时间后,为了使该证券具备良好的流通性,证券公司常以(　　)身份买卖证券,以维持其承销的证券上市流通后的价格稳定。

A.证券经纪商　　　B.证券交易商
C.证券自营商　　　D.证券做市商

23.下列关于证券投资基金参与主体的说法中,不正确的是(　　)。
　A.基金市场的参与主体分为基金当事人、基金市场服务机构、基金监管机构和自律组织三大类
　B.基金监管机构、基金管理人与基金托管人是基金合同的当事人
　C.基金份额持有人即基金投资者,是基金的出资人、基金资产的所有者和基金投资回报的受益人
　D.封闭式基金、上市开放式基金和交易型开放式指数基金等需要通过证券交易所募集和交易,必须遵守证券交易所的规则

24.(　　)是指以追求资本增值为基本目标,较少考虑当期收入的基金,主要以具有良好增长潜力的股票为投资对象。
　A.混合型基金　　　B.增长型基金
　C.收入型基金　　　D.平衡型基金

25.关于我国的基金管理费、基金托管费及基金销售服务费,下列说法正确的是(　　)。
　A.均是按照当日基金资产净值的一定比例逐日计提
　B.均是按日支付
　C.基金每日需计提的管理费等于前一日的基金资产净值乘以年管理费率,再除以当年实际天数
　D.基金每日需计提的管理费等于前一日的基金资产净值乘以年管理费率,再除以360天

二、多项选择题
1.基金管理过程中发生的费用,主要包括(　　)。
　A.基金托管费　　　B.基金管理费
　C.信息披露费　　　D.基金转换费
　E.持有人大会费用

2.基金注册登记机构的业务范围是(　　)。
　A.代理发放红利

B.基金销售业务的确认、清算和结算

C.办理投资人基金账户的建立

D.管理基金份额注册登记

E.提供基金投资咨询建议

3.以下公募基金的说法中,正确的有(　　)。

A.可以面向社会公众公开发售基金份额

B.可以面向社会公众宣传推广

C.基金募集对象固定

D.投资金额要求低,适宜中小投资者参与

E.必须遵守基金法律和法规约束,并接受监管部门的严格监管

4.收入型基金的主要投资对象有(　　)。

A.大盘蓝筹股

B.公司债

C.具有良好增长潜力的股票

D.政府债券

E.金融衍生产品

5.根据我国法律法规的要求,基金资产托管业务或者托管人承担的职责主要包括(　　)。

A.基金募集　　　　B.财产保管

C.资金清算　　　　D.资产核算

E.投资运作监督

6.证券公司受期货公司委托从事中间介绍业务,应当提供的服务包括(　　)。

A.代期货公司、客户收付期货保证金

B.协助办理开户手续

C.用证券资金账户为客户存取、划转期货保证金

D.提供期货行情信息、交易设施

E.代理客户进行期货交易

7.下列中介功能中,属于证券公司媒介资金供求功能的有(　　)。

A.期限中介　　　　B.监管中介

C.风险中介　　　　D.信息中介

E.流动性中介

8.股票基金所面临的投资风险主要包括(　　)。

A.系统性风险　　　B.非系统性风险

C.测量风险　　　　D.法律风险

E.管理运作风险

9.我国REYs试点项目具有的特点有(　　)。

A.聚焦高耗能产业　B.聚焦重点区域

C.聚焦重点行业　　D.聚焦优质项目

E.聚焦前沿项目

10.下列关于企业并购的说法中,正确的有(　　)。

A.企业并购通常被称为兼并与收购

B.在狭义上,兼并与收购是两个概念,其区别主要表现在两者的法律后果不同

C.从广义看,并购主要有扩张、售出、公司控制、所有权结构变更等

D.兼并是一家企业对另一家企业的合并或吸收行为,两者仍然是各自独立的企业法人

E.收购是企业控制权的转移,收购企业与被收购企业至少有一家企业法人资格丧失

综合必刷

答案见 P155

(一)

2020年股票市场表现较好,投资者老张的朋友购买的基金普遍都获得了20%以上的收益。老张也希望购买基金来赚钱。他在某网站上看到A基金的介绍如下:基金净值为4.075元、起购金额1万元、交易日开放申购赎回、管理费率1.5%(每年)、托管费率0.25%(每年)、最高认购费率1.2%(前端)、最高申购费率1.5%(前端)、最高赎回费率1.5%(前端)、业绩比较基准60%×中证1 000指数收益率+40%×上证国债指数收益率。2020年债券基金、理财基金和货币基金收益一般不超过6%。

根据以上资料,回答下列问题:

1. 老张的朋友 2020 年购买的基金最可能为( )。
   A.股票型基金　　　　B.偏股型基金　　　　C.货币型基金　　　　D.纯债型基金
2. 老张如果购买 A 基金,他需一次性支付的费用有( )。
   A.认购费　　　　　　B.托管费　　　　　　C.管理费　　　　　　D.申购费
3. 最可能对 A 基金收取托管费的机构是( )。
   A.证券交易所　　　　　　　　　　　　　　B.基金销售机构
   C.商业银行　　　　　　　　　　　　　　　D.基金公司
4. 关于 A 基金的说法,正确的有( )。
   A.A 基金为私募基金　　　　　　　　　　　B.A 基金为封闭式基金
   C.A 基金是混合型基金　　　　　　　　　　D.A 基金不属于大盘蓝筹基金

（二）

小张和小李同在一家企业工作,小张今年 35 岁,有很强的财富规划欲望,属于典型的风险爱好者。对于理财他追求高收益高回报,也敢于承担风险。小李今年 33 岁,属于典型的风险厌恶者。对于理财,他追求稳妥、固定的收益回报,秉承安全第一的原则。二人最近都有打算要投资基金产品。

根据以上资料,回答下列问题:

1. 从投资目标来看,小张应该会考虑投资的基金产品是( )。
   A.增长型基金　　　　　　　　　　　　　　B.收入型基金
   C.货币市场基金　　　　　　　　　　　　　D.私募基金
2. 从投资目标来看,小李应该会考虑投资的基金产品是( )。
   A.增长型基金　　　　B.收入型基金　　　　C.股票基金　　　　　D.私募基金
3. 股票基金以追求长期的资本增值为目标,比较适合长期投资。小张也看中了股票基金的这一特性,欲考虑投资股票基金。那么,若小张真的投资股票基金,则他将面临的风险有( )。
   A.系统性风险　　　　B.经营风险　　　　　C.管理运作风险　　　D.通货膨胀风险
4. 根据投资对象的不同,小李应该考虑投资的基金产品是( )。
   A.股票基金　　　　　B.债券基金　　　　　C.货币市场基金　　　D.混合基金

第6章 信托公司与金融租赁公司

考情概述

本章知识点主要涉及信托与租赁。考生需要理解信托的功能、设立及管理、租金管理、融资租赁合同,掌握信托公司的经营与管理、金融租赁公司的经营与管理。考生可结合历年真题进行备考,对于概念性的考点,可结合生活常识进行理解记忆。

近3年考试分值分布如下。

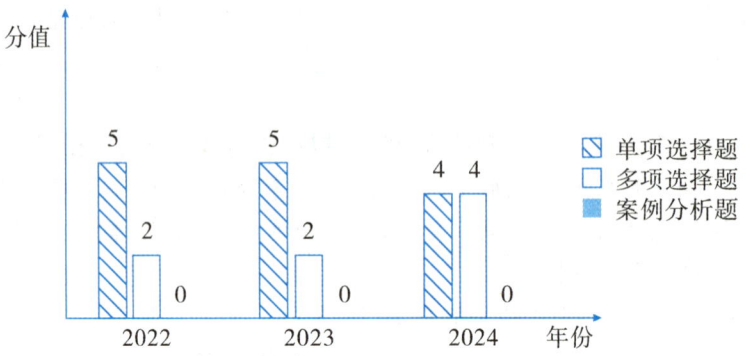

要点速览

序号	要点总览	要点清单
1	信托概述	1.信托的构成要素 2.信托的功能 3.信托的设立及管理
2	信托公司经营与管理	4.信托公司业务 5.信托公司管理 6.信托公司的风险控制
3	租赁概述	7.租金管理 8.融资租赁合同
4	金融租赁公司经营与管理	9.金融租赁公司的业务种类 10.金融租赁公司管理

考点必刷

考点 1　信托的构成要素　★★

[典题·2021] 信托当事人是指与信托有直接利害关系或权利义务关系的人,包括(　　)。
A.委托人　　　　　　　　　　　B.受益人
C.监督人　　　　　　　　　　　D.受托人
E.托管人

第6章 信托公司与金融租赁公司

答案 ABD 信托当事人是指与信托有直接利害关系或权利义务关系的人,包括委托人、受托人和受益人,他们是实施信托活动的主体。故选ABD。

要点透析

信托当事人	
委托人	(1)委托人是以一定目的将其财产以信托的方式,委托给受托人经营的人。 (2)委托人应当是具有完全民事行为能力的自然人、法人或者依法成立的其他组织
受托人	(1)受托人是接受信托财产,按约定的信托合同,对信托财产进行经营的人。 (2)受托人应当是具有完全民事行为能力的自然人、法人
受益人	(1)受益人是在信托中享有信托受益权的人。 (2)受益人可以是自然人,法人或者依法成立的其他组织

考点 2 信托的功能 ★

[典题·2020] 随着信托业的不断发展,信托的功能日益多元化。但其首要和基本功能依然是( )。
A.财产管理功能　　B.融通资金功能　　C.风险隔离功能　　D.社会投资功能

答案 A 信托是一种财产转移和管理制度,信托业的本质是财产管理。从信托业发展历程看,信托的功能体现为以财产管理功能为主,以融通资金、社会投资、风险隔离和社会公益服务等功能为辅。**财产管理功能是信托业首要和基本的功能**。故选A。

考点 3 信托的设立及管理 ★★★

[典题·2019] 信托财产管理中,信托财产事实上的处分是指( )。
A.消费　　　B.赠与信托财产　　　C.消费信托财产　　　D.转让信托财产

扫码看题

答案 C 信托财产管理中,信托财产事实上的处分,是指对信托财产进行消费(包括生产和生活的消费);信托财产法律上的处分,是指对信托财产进行转让。故选C。

要点透析

信托财产的处分		
类型	含义	构成
事实上的处分	对信托财产进行消费	包括生产和生活的消费
法律上的处分	对信托财产进行转让	(1)处分财产所有权的行为,如买卖、赠与。 (2)处分债权和其他财产权的行为,如转让债权、免除债务等。 (3)对财产权做出限制或设定负担的行为,如在某些财产上设立抵押、质押等

考点 4 信托公司业务 ★★

[典题·2020] 下列信托业务中,属于信托公司特别许可业务的是( )。
A.信贷资产证券化业务　　　　　B.证券投资信托业务
C.金融股权投资业务　　　　　　D.基础设施信托业务

答案 A 信托公司特别许可业务包括私人股权投资信托业务、信贷资产证券化业务、企业

059

年金信托业务等。故选 A。

要点透析

信托公司业务	
类型	构成
信托业务	(1)基础设施信托业务。 (2)房地产信托业务。 (3)证券投资信托业务
固有业务	(1)租赁。 (2)贷款。 (3)金融股权投资。 (4)金融产品投资
特别许可业务	(1)私人股权投资信托业务。 (2)信贷资产证券化业务。 (3)企业年金信托业务

考点 5 信托公司管理 ★★

[典题·2019] 某信托公司净资产为10亿元,根据我国《信托公司净资本管理办法》,该公司净资本应不少于( )亿元。

A.2　　　　B.3　　　　C.4　　　　D.5

[答案] C　根据《信托公司净资本管理办法》的规定,**信托公司净资本不得低于净资产的40%**。10×40%=4(亿元)。故选 C。

考点 6 信托公司的风险控制 ★★

[典题·2020] 某信托公司风险管理中,控制信托业务风险的核心是( )。

A.采取有效举措消灭风险　　　　B.建立全面风险管理体系
C.借助风险谋取最大收益　　　　D.通过套期实现风险对冲

[答案] B　信托公司控制信托业务风险的核心在于建立符合公司战略定位和发展方向的全面风险管理体系,包括风险管理的理念、架构、制度、流程、方法和工具等,具体内容包括:持续倡导全面风险管理理念、完善风险管理架构、健全风险管理制度和流程、丰富风险管理方法和工具等。故选 B。

考点 7 租金管理 ★★★

[典题·2020] 影响融资租赁每期租金的因素有( )。

A.设备买价　　　　　　　　B.利息
C.租赁手续费　　　　　　　D.租金支付方式
E.设备维修保养费

[答案] ABCD　融资租赁每期租金=设备原价及预计残值+资金成本(利息)+租赁手续费,此外,租金支付方式也是影响租金的重要因素。选项 E 错误,融资租赁中设备的维修保养由承租方负责,因此此部分费用不会暗含在租金中,不构成租金的影响因素。故选 ABCD。

第6章　信托公司与金融租赁公司

🚀 要点透析

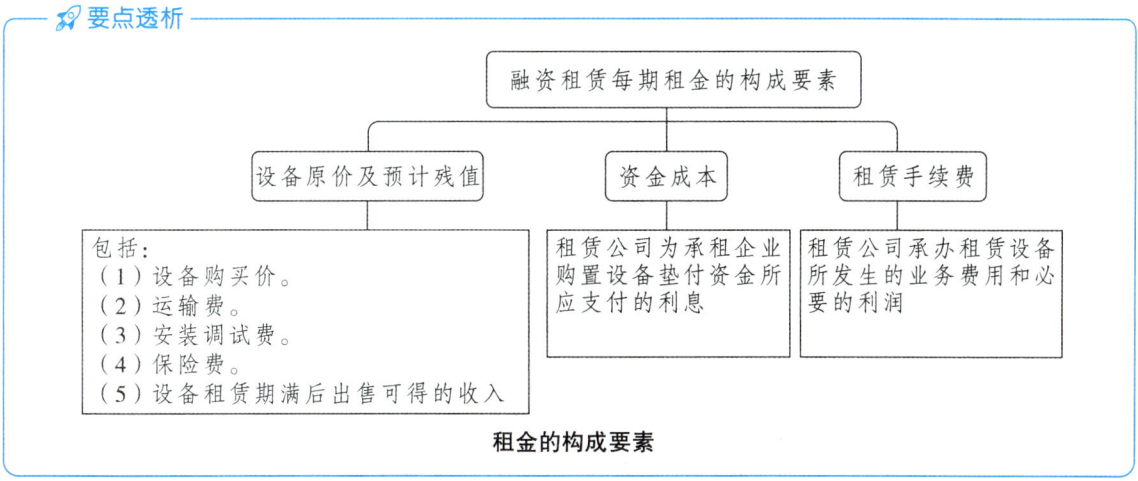

租金的构成要素

考点 8 ▶ 融资租赁合同 ★★

[典题·2017] 融资租赁合同中,出租人的义务包括(　　)。

A.及时支付货款　　　　　　　　B.收取货款
C.购买租赁物　　　　　　　　　D.租赁期满取得租赁物所有权
E.对租赁标的物及供货方的选择权

[答案] AC　选项AC正确,融资租赁合同中出租人的义务包括购买租赁物的义务、根据租赁合同及时支付货款、保证租期内承租人对租赁物的充分使用权。选项B错误,是出卖人的权利。选项DE错误,是承租人的权利。故选AC。

🚀 要点透析

合同三方当事人的权利义务规定		
出租人	义务	(1)购买租赁物的义务。 (2)根据合同及时支付货款。 (3)保证租期内承租人对租赁物的充分使用权
	权利	(1)在租期内享有租赁物的所有权。 (2)按合同规定收取租金的权利。 (3)合同期满,若承租人不续租或留购,有收回租赁资产的权利
承租人	义务	(1)依合同规定支付租金的义务。 (2)按照正常方式使用并负责租赁物的维护与保养的义务
	权利	(1)对租赁标的物及供货方有选择权。 (2)在租期内享有租赁物的使用权。 (3)租赁期满取得租赁物所有权的权利
供应商-出卖人	义务	(1)出卖人应当按照约定向承租人交付标的物。 (2)出卖人对租赁物的质量有保证责任。 (3)租赁物不符合合同约定条件,出卖人应按约定承担责任
	权利	收取货款

考点 9 金融租赁公司的业务种类 ★

[典题·2020] 金融租赁公司在开展租赁业务时,可以和其他机构分担风险的业务是( )。

A.转租赁　　　　B.直接租赁　　　　C.委托租赁　　　　D.杠杆租赁

【答案】D　公司同其他机构分担风险的融资租赁业务包括联合租赁和杠杆租赁两类。故选 D。

🚀 要点透析

<table>
<tr><th colspan="3">融资租赁业务的分类</th></tr>
<tr><th>分类</th><th>业务</th><th>概念</th></tr>
<tr><td rowspan="3">公司自担风险</td><td>直接租赁</td><td>以收取租金为条件,按照用户企业确认的具体要求,向该用户企业指定的出卖人购买固定资产,并出租给该用户企业使用</td></tr>
<tr><td>转租赁</td><td>以同一固定资产为租赁物的多层次的融资租赁</td></tr>
<tr><td>回租</td><td>出卖人和承租人是同一人的融资租赁</td></tr>
<tr><td rowspan="2">公司同其他机构分担风险</td><td>联合租赁</td><td>多家有融资租赁资质的金融租赁公司对同一个融资租赁项目提供租赁融资,并由其中一家租赁公司作为牵头人,所有合同都由牵头人出面订立</td></tr>
<tr><td>杠杆租赁</td><td>项目中大部分租赁融资由其他金融机构以银团贷款的形式提供,但是,这些金融机构对承办该融资租赁项目的租赁公司无追索权</td></tr>
<tr><td>公司不担风险</td><td>委托租赁</td><td>租赁公司以受托人的身份,以融资租赁方式运用和处分信托财产</td></tr>
</table>

考点 10 金融租赁公司管理 ★★★

[典题·2020] 2019 年末,我国某金融租赁公司的资本净额为 60 亿元。该公司若通过同业拆借市场融入资金,其最高拆入资金限额是( )亿元。

A.60　　　　　B.30　　　　　C.42　　　　　D.90

【答案】A　金融租赁公司同业拆入资金余额不得超过资本净额的 100%。故选 A。

🚀 要点透析

<table>
<tr><th colspan="2">金融租赁公司监管指标</th></tr>
<tr><th>监管指标</th><th>具体规定</th></tr>
<tr><td>资本充足率</td><td>金融租赁公司资本净额与风险加权资产的比例不得低于国务院银行业监督管理机构的最低监管要求</td></tr>
<tr><td>单一客户融资集中度</td><td>金融租赁公司对单一承租人的全部融资租赁业务余额不得超过资本净额的 30%</td></tr>
<tr><td>单一集团客户融资集中度</td><td>金融租赁公司对单一集团的全部融资租赁业务余额不得超过资本净额的 50%</td></tr>
<tr><td>单一客户关联度</td><td>金融租赁公司对一个关联方的全部融资租赁业务余额不得超过资本净额的 30%</td></tr>
<tr><td>全部关联度</td><td>金融租赁公司对全部关联方的全部融资租赁业务余额不得超过资本净额的 50%</td></tr>
<tr><td>单一股东关联度</td><td>对单一股东及其全部关联方的融资余额不得超过该股东在金融租赁公司的出资额且应同时满足《金融租赁公司管理办法》对单一客户关联度的规定</td></tr>
<tr><td>同业拆借比例</td><td>金融租赁公司同业拆入资金余额不得超过资本净额的 100%</td></tr>
</table>

第6章　信托公司与金融租赁公司

基础必刷

答案见 P156

一、单项选择题

1. 租赁是以商品形态与货币形态相结合的方式提供的信用活动,具有(　　)双重性质。
   A.信用和贸易　　　B.抵押和贸易
   C.借贷和抵押　　　D.融资和借贷

2. 根据《信托公司净资本管理办法》的规定,信托公司净资本不得低于各项风险资本之和的(　　)。
   A.50%　　　　　　B.70%
   C.100%　　　　　 D.150%

3. 发起人发起设立信托的前提条件是必须有(　　)。
   A.确定的信托收益
   B.巨额的信托财产
   C.固定的信托要件
   D.合法的信托目的

4. 下列不属于信托登记信息的是(　　)。
   A.信托产品名称　　B.信托目的
   C.受托人的报酬　　D.信托类别

5. 目前,我国融资租赁公司业务经营和监管规则的制定者是(　　)。
   A.银保监会　　　　B.发改委
   C.商务部　　　　　D.证监会

6. 根据我国《金融租赁公司管理办法》,金融租赁公司不能从事的业务是(　　)。
   A.固定收益类证券投资业务
   B.吸收非银行股东活期存款
   C.同业拆借
   D.向金融机构借款

7. 以下不属于信托产品管理方式的是(　　)。
   A.信托产品的现场检查
   B.受益人大会
   C.外派人员管理
   D.委托人大会

8. 下列不属于融资租赁合同特征的是(　　)。
   A.融资租赁合同是不可单方解除的合同
   B.融资租赁合同是诺成、要式合同
   C.融资租赁合同是双务、有偿合同
   D.融资租赁合同是单务、有偿合同

9. 信托业务风险控制的核心在于建立符合公司战略定位和发展方向的(　　)。
   A.全面风险管理体系
   B.风险管理制度和流程
   C.风险管理理念
   D.风险管理方法和工具

10. 根据《信托公司净资本管理办法》的规定,信托公司净资本不得低于人民币(　　)。
    A.5 000万元　　　 B.1亿元
    C.2亿元　　　　　 D.3亿元

11. 信托关系的核心是(　　)。
    A.信托财产　　　　B.资金安全
    C.信任和诚信　　　D.独立管理

12. 随着市场的发展,融资租赁的功能在不断增加,但其最基本的功能始终是(　　)。
    A.融资与投资
    B.产品促销与资产管理
    C.信用与贸易
    D.借贷和抵押

13. 融资租赁合同的订立一般由(　　)发起。
    A.出租人　　　　　B.承租人
    C.供应商　　　　　D.出卖人

14. 信托财产的管理方式不包括(　　)。
    A.信托产品的现场检查
    B.受益人大会
    C.维持信托终止时财产原状
    D.外派人员管理

15. 信托公司控制信托业务风险的核心在于建立( )。
 A.良好的公司治理机制
 B.全面风险管理体系
 C.信托业务风险控制策略
 D.完善的财务稽核机制

16. 2010年,《信托公司净资本管理办法》颁布,这标志着我国信托业的行业监管转变为( )。
 A.窗口指导　　　　B.行政调控
 C.市场调控　　　　D.计划调控

17. 建立信托行为的前提和基础是( )。
 A.委托　　　　　　B.资金
 C.信任　　　　　　D.股权

18. 信托区别于一般委托代理关系的重要特征是( )。
 A.委托人为了自己或其他第三人的利益管理或者处分信托财产
 B.受托人以受益人的名义管理或者处分信托财产
 C.受托人以自己的名义管理或者处分信托财产
 D.受托人按委托人的意愿为受益人的利益或者特定目的管理信托事务

19. 根据规定,信托公司固有业务不得参与( )。
 A.可转换公司债券(含分离式可转债申购)
 B.企业债
 C.封闭式证券投资基金
 D.股指期货交易

20. 在我国融资租赁实务中,租金的计算大多采用( )。
 A.附加率法　　　　B.成本回收法
 C.无形资产租赁　　D.等额年金法

21. 出租人因转让某种资产的使用权而获得的补偿和收益称为( )。
 A.资金成本　　　　B.租赁手续费
 C.租金　　　　　　D.资产价值

22. 信托设立最常见的方式是( )。
 A.仲裁　　　　　　B.信托合同
 C.遗嘱信托　　　　D.诉讼

23. 2010年,中国银监会发布了《信托公司净资本管理办法》,建立了以( )为核心的风险控制指标体系。
 A.净资产　　　　　B.净资本
 C.总资产　　　　　D.总资本

24. 关于融资租赁合同主要特征的说法,错误的是( )。
 A.融资租赁合同是一种双务、有偿合同
 B.融资租赁合同是一种诺成、要式合同
 C.融资租赁合同是投资租赁一体化合同
 D.融资租赁合同是不可单方解除的合同

25. 金融租赁公司的主营业务是( )。
 A.融资租赁业务
 B.固定收益类证券投资业务
 C.经济咨询业务
 D.租赁物变卖及处理业务

26. 以商品形态与货币形态相结合的方式提供的信用活动,具有信用和贸易双重性质,指的是( )。
 A.信托　　　　　　B.租赁
 C.基金　　　　　　D.信用

27. 下列业务中,不属于金融租赁公司自担风险的融资租赁业务是( )。
 A.直接租赁　　　　B.转租赁
 C.回租　　　　　　D.委托租赁

28. 信托登记的类型不包括的是( )。
 A.信托初始登记　　B.信托中止登记
 C.信托更正登记　　D.信托变更登记

29. 融资租赁业务中,以同一固定资产为租赁物的多层次的融资租赁业务指的是( )。
 A.直接租赁　　　　B.转租赁
 C.回租　　　　　　D.委托购买式租赁

第6章 信托公司与金融租赁公司

30. 根据《金融租赁公司管理办法》，在金融租赁公司的监管指标中，金融租赁公司对单一承租人的全部融资租赁业务余额不得超过资本净额的(   )。
    A.10%   B.20%
    C.30%   D.50%

31. 根据《信托公司管理办法》，我国信托公司的宗旨是(   )。
    A.受益人最大利益   B.受托人最大利益
    C.委托人最大权利   D.受托人最大权利

32. 信托公司对信托业务中后端集中运营服务的管理是(   )。
    A.信托产品的设立   B.信托产品的维护
    C.信托产品的管理   D.信托产品的监督

33. 提取信托赔偿准备金和计提资产损失准备金，此项内容属于(   )。
    A.信用风险管理策略
    B.市场风险管理策略
    C.操作风险管理策略
    D.合规与法律风险管理策略

二、多项选择题

1. 根据我国《金融租赁公司管理办法》，下列金融租赁公司的行为中，不符合监管要求的有(   )。
   A.对单一承租人的全部融资租赁业务余额为资本净额的40%
   B.对单一集团的全部融资租赁业务余额为资本净额的50%
   C.对一个关联方的全部融资租赁业务余额为资本净额的40%
   D.对全部关联方的全部融资租赁业务余额为资本净额的50%
   E.同业拆入资金余额为资本净额的100%

2. 以下属于信托特别许可业务的有(   )。
   A.基础设施信托业务
   B.房地产信托业务
   C.证券投资信托业务
   D.信贷资产证券化业务
   E.企业年金信托业务

3. 信托财产的独立性表现为(   )。
   A.信托财产的处分不受限制
   B.信托财产独立于受托人的固有财产
   C.信托财产独立于委托人未设立信托的其他财产
   D.信托财产独立于受益人的固有财产
   E.信托财产原则上不得强制执行

4. 融资租赁合同中，出租人的权利与义务包括(   )。
   A.对租赁标的物及供货方有选择权
   B.购买租赁物的义务
   C.在租期内享有租赁物的所有权
   D.根据租赁合同及时支付货款
   E.租赁期满取得租赁物所有权的权利

5. 从融资功能上看，信托公司融通资金体现了(   )的结合。
   A.融资与融券
   B.融资与融物
   C.直接融资与间接融资
   D.银行信用与商业信用
   E.政府信用与民间信用

6. 在管理运用或处分信托财产时，我国信托公司可以采取的方式有(   )。
   A.买入返售   B.投资
   C.租赁   D.贷款
   E.质押

7. 信托公司财务管理的内容主要包括(   )。
   A.筹资管理
   B.资产管理
   C.资金管理
   D.成本费用管理
   E.财务会计报告管理

8. 设立信托的条件包括( )。
   A.信托当事人意思表示一致
   B.要有合法的信托目的
   C.信托财产应当明确合法
   D.信托文件应当采用书面形式
   E.要依法办理信托登记

9. 信托的构成要素包括( )。
   A.信托当事人　　B.信托行为
   C.信托财产　　　D.信托目的
   E.信托方式

10. 在信托管理中,受托人的权利主要有( )。
    A.了解信托财产的管理运用、处分权利
    B.管理运用和处分信托财产的权利
    C.获取相应报酬的权利
    D.从信托财产中优先受偿信托费用的权利
    E.准许受托人辞任及选任新受托人的权利

11. 信托的功能包括( )。
    A.财产管理功能　　B.融通资金功能
    C.社会投资功能　　D.社会公益服务功能
    E.信用中介功能

12. 目前,我国信托公司的业务可以分为( )。
    A.信托业务　　　B.流动业务
    C.固有业务　　　D.市场业务
    E.特别许可业务

13. 信托产品的管理方式主要有( )。
    A.信托产品的设立
    B.信托产品的核算
    C.信托产品的现场检查
    D.受益人大会
    E.外派人员管理

14. 租赁的特点包括( )。
    A.所有权与使用权相分离
    B.分散风险
    C.租赁具有连续性
    D.融资与融物相结合
    E.租金分期支付

15. 租金的影响因素包括( )。
    A.租赁期限
    B.计算方法
    C.保证金的支付数量和方式
    D.营业费用
    E.自有资本

16. 金融租赁公司面临的最主要风险类型有( )。
    A.流动性风险　　B.政策风险
    C.信用风险　　　D.操作风险
    E.市场风险

提升必刷

| 答案见 P158

一、单项选择题

1. 在融资租赁实践中,承租企业与租赁公司商定的租金支付方式,大多为( )。
   A.先付等额年金支付
   B.先付等额本金支付
   C.后付等额年金支付
   D.后付等额本金支付

2. 根据《中华人民共和国信托法》,不属于信托文件必须载明的事项是( )。
   A.信托目的
   B.信托期限
   C.信托财产的范围、种类及状况
   D.受益人取得信托利益的方式和方法

3. 信托财产交付的方式不包括( )。
   A.口头方式
   B.现金方式
   C.维持信托终止时财产原状方式
   D.现金与维持信托终止时财产原状的混合方式

4. 信托公司将集合信托计划或者单独管理的信托产品项下资金，投资于依法公开发行并在符合法律规定的交易场所公开交易的证券的经营行为，称为（　　）。
   A.基础设施信托业务
   B.证券投资信托业务
   C.私人股权投资信托业务
   D.信贷资产证券化业务

5. 在信托业务开展过程中，信托公司面临的如宏观经济风险、政策风险、市场供求风险等属于（　　）。
   A.操作风险　　　　B.市场风险
   C.信用风险　　　　D.合规与法律风险

6. 金融租赁公司进行风险管理和风险控制时，使用的主要指标是（　　）。
   A.风险资产倍数　　B.资产充足率
   C.资产折算率　　　D.资本充足率

7. （　　）是调整信托市场信托关系的最基本法律。
   A.《中华人民共和国信托法》
   B.《信托公司管理办法》
   C.《中华人民共和国民法典》
   D.《信托公司净资本管理办法》

8. 我国融资租赁市场呈现出来的监管状况是（　　）。
   A.中央银行统一监管
   B.除外商融资外，均由中国银行业监督管理委员会监管
   C.自由度较高，并无太多监管
   D.多头监管

9. 在信托业务运作中，处于掌握、管理和处分信托财产中心位置的当事人是（　　）。
   A.受托人　　　　　B.受益人
   C.投资人　　　　　D.委托人

10. 出卖人和承租人是同一人的融资租赁业务是（　　）。
    A.直接租赁　　　　B.委托租赁
    C.转租赁　　　　　D.回租

11. 下列关于金融租赁公司的说法，错误的是（　　）。
    A.属于金融机构
    B.可以进入同业拆借市场
    C.可以发行金融债券融资
    D.不能吸收股东存款

12. 信托财产原则上不得强制执行，体现的是信托基本特征中的（　　）。
    A.信托财产权利与利益相分离
    B.信托财产的独立性
    C.信托的有限责任
    D.信托管理的连续性

二、多项选择题

1. 根据信托行业特征和信托公司自身特点，除一般风险外，近年来信托公司在开展信托业务时还经常面临（　　）。
   A.操作风险　　　　B.合规与法律风险
   C.兑付风险　　　　D.流动性风险
   E.声誉风险

2. 以下对租赁特点的描述，正确的有（　　）。
   A.所有权与使用权相分离
   B.融资与融物相分离
   C.租金分期支付
   D.租金一次性支付
   E.融资与融物相结合

3. 关于融资租赁合同的变更和解除，应注意的事项包括（　　）。
   A.融资租赁合同中的双方当事人经协商一致，可以变更或解除合同，但不得因此损害国家利益和社会公共利益
   B.协商变更融资租赁合同，担保人表示不同意的，如果融资租赁合同双方仍协商变更

合同,则担保人的担保责任不可免除

C.未经出租人同意,承租人擅自转租租赁物的,其转租合同无效

D.变更或解除融资租赁合同,可采用口头形式

E.融资租赁合同解除,不影响当事人因其所受损失向有过错的对方当事人要求赔偿的权利

4.各因素对租金的影响具体体现为(　　)。

A.支付的保证金越多,租金总额越大

B.租期越长,租赁费用的总额越大

C.在固定利率条件下,若其他因素不变,利率越高,租金总额越大

D.租金支付的间隔期越长,租金总额越大

E.期末付租的租金要相对较高

5.在实践中,信托财产法律上的处分具体表现为(　　)。

A.买卖　　　　　　B.转让债权

C.赠予　　　　　　D.质押

E.消费

6.金融租赁公司面临信用风险时的防范措施有(　　)。

A.加强风险管理控制

B.要求交易对手保持足够的抵押品

C.要求交易对手支付保证金

D.在合同中规定净额结算条款

E.清晰的人事限制

7.下列有关信托公司会计核算的说法中,正确的有(　　)。

A.信托公司是信托业务会计核算的责任主体

B.按照会计信息质量的实质重于形式原则,信托公司是真正的会计主体

C.信托公司信托业务以信托项目为会计核算主体

D.各个信托项目应单独建账,独立核算,单独编制财务会计报告

E.信托公司对信托业务的会计核算内容主要包括信托项目募集期的核算、信托项目存续期的核算和信托项目终止后的核算

8.关于信托登记的说法,正确的有(　　)。

A.信托登记由信托机构提供申请

B.信托登记由信托登记公司办理

C.信托登记一经完成即不能变更

D.信托机构开展信托业务须办理信托登记

E.信托终止时无须再进行登记

9.下列选项中,属于信托业务信用风险管理策略的有(　　)。

A.加强内控制度建设和落实,合理设置体现制衡原则的岗位职责

B.提取信托赔偿准备金和计提资产损失准备金

C.建立完善的授权制度

D.严格按照规定程序实施法律文件的审核、签约

E.对交易对手进行全面、深入的信用调查与分析,形成客观、翔实的尽职调查报告

10.以下对信托当事人的描述,正确的有(　　)。

A.信托当事人包括委托人、受托人和受益人

B.受托人是接受信托财产,按约定的信托合同对信托财产进行经营的人

C.受益人是在信托中享有信托受益权的人

D.受益人可以是自然人

E.受益人不可以是法人

第6章 信托公司与金融租赁公司

综合必刷 答案见 P160

因业务发展需要,我国的 A 公司总部以融资租赁的方式购置一批市场设备。目前,有甲、乙两家金融租赁公司向 A 公司提供了融资租赁方案,具体操作分别为:

甲租赁公司向 A 公司指定的设备供应商购买设备,租赁给 A 公司使用,租赁期限3年。在租赁期内,A 公司按季向甲租赁公司支付租金。租赁期满后,A 公司向甲租赁公司支付约定的名义货价,甲租赁公司将该批设备的所有权转移给 A 公司。

A 公司向乙租赁公司提供原已购设备的原始购置发票,将设备所有权转让给乙租赁公司,保留设备使用权;乙租赁公司在取得设备所有权后,一次性向 A 公司支付转让款。在3年的租赁期内,A 公司按月向乙租赁公司支付租金。租赁期满后,A 公司向乙租赁公司支付约定的名义货价,乙租赁公司将该批设备的所有权转让给 A 公司。

根据以上资料,回答下列问题:

1. 从业务类型看,甲租赁公司与 A 公司之间开展的融资租赁业务属于(   )。
   A.直接租赁   B.回租   C.转租赁   D.杠杆租赁

2. 从业务类型看,乙租赁公司与 A 公司之间开展的融资租赁业务属于(   )。
   A.直接租赁   B.回租   C.联合租赁   D.委托租赁

3. 根据我国的《金融租赁公司管理办法》,甲租赁公司对 A 公司的全部融资租赁业务余额不得超过资本净额的(   )。
   A.15%   B.20%   C.30%   D.40%

4. 在与乙租赁公司开展的融资租赁业务中,A 公司承担的角色有(   )。
   A.出卖人   B.出租人   C.承租人   D.买受人

第7章 金融市场与金融工具

考情概述

本章复习难度不大,考生可在理解的基础上进行记忆,掌握货币市场及其构成、资本市场及其构成、外汇市场及其工具、金融衍生品市场及其工具等知识点,理解我国的货币市场及其工具等知识点、我国的资本市场及其工具等知识点。该章知识点学起来较抽象,建议考点重在理解。

近3年考试分值分布如下。

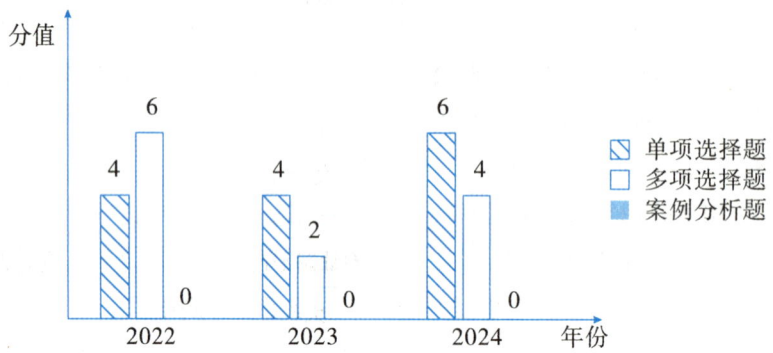

要点速览

序号	要点总览	要点清单
1	货币市场及其工具	1.货币市场的构成 2.大额可转让定期存单市场 3.我国的货币市场及其工具
2	资本市场及其工具	4.债券的类型 5.我国的资本市场及其工具
3	外汇市场及其工具	6.外汇市场的参与者 7.外汇市场的层次 8.外汇交易方式
4	金融衍生品市场及其工具	9.金融衍生品市场的交易机制 10.金融远期 11.金融期权 12.金融互换

考点必刷

考点 1 货币市场的构成 ★

[典题·2023] 下列金融市场中,属于货币市场的是(　　)。
A.金融衍生品市场　　　　　　　　　　B.债券市场

C.股票市场　　　　　　　　　　D.银行承兑汇票市场

【答案】D　货币市场是专门服务于短期资金融通的金融市场,主要包括同业拆借市场、回购协议市场、商业票据市场、银行承兑汇票市场、短期政府债券市场和大额可转让定期存单市场等。故选D。

考点 2　大额可转让定期存单市场　★★

[典题·2022] 与传统定期存单相比,大额可转让定期存单的特点包括(　　)。

A.大额可转让定期存单可以提前支取
B.大额可转让定期存单不记名且可在市场上流通并转让
C.大额可转让定期存单利率一般高于同期限的传统定期存款利率
D.大额可转让定期存单一般面额固定且较大
E.大额可转让定期存单的利率都是固定的

【答案】BCD　选项A错误,大额可转让定期存单不可提前支取,只能在二级市场上流通转让。选项E错误,大额可转让定期存单一般面额固定且较大。故选BCD。

🚀 要点透析

传统的定期存单与大额可转让定期存单的区别

传统的定期存单	大额可转让定期存单(CDs)
记名且不可流通转让	不记名,且可流通转让
金额不固定	面额固定且较大
可提前支取,仅损失利息收入	不可提前支取,只能在二级市场流通转让
依照期限长短有不同的固定利率	既有固定的利率,也有浮动的利率,一般高于同期限的定期存款利率

考点 3　我国的货币市场及其工具　★

[典题·2023] 在我国银行间市场,金融机构以国债为质押物融入资金且不转移国债所有权的交易是(　　)。

A.质押式正回购　　B.买断式逆回购　　C.质押式逆回购　　D.买断式正回购

【答案】A　质押式回购是交易双方进行的以证券为权利质押的一种短期资金融通业务,指资金融入方(正回购方)在将证券出质给资金融出方(逆回购方)融入资金的同时,双方约定在未来某一日期由正回购方按约定回购利率计算的资金额向逆回购方返还资金,逆回购方解除出质证券质权的融资行为。**对于质押式回购,融券方(逆回购方)不拥有质押标的物的所有权**。故选A。

考点 4　债券的类型　★★★

[典题·2019] 按照利息支付方式的不同,债券可分为(　　)。

A.息票累积债券　　　　　　　　B.抵押债券
C.贴现债券　　　　　　　　　　D.附息债券
E.担保债券

【答案】ACD　根据利息支付方式的不同,债券可以分为附息债券、贴现债券和息票累积债券。故选ACD。

🚀 要点透析

债券的类型

(1) 根据发行主体的不同:分为政府债券、公司债券和金融债券。
(2) 根据利息支付方式的不同:分为附息债券、贴现债券和息票累积债券。
(3) 根据信用结构的不同:分为信用债券、抵押债券、担保债券等。
(4) 根据债券券面形态的不同:分为实物债券、凭证式债券和记账式债券。
(5) 根据募集方式的不同:分为公募债券和私募债券。
(6) 根据偿还期限的不同:分为短期债券、中期债券和长期债券。
(7) 根据利率是否固定:分为固定利率债券和浮动利率债券。
(8) 根据是否可以转换:分为可转换债券和不可转换债券。

考点 5 我国的资本市场及其工具 ★★★

[典题·2022] 根据投资主体性质的不同,我国上市公司股票的种类有( )。

A.普通股　　　　　　　　　　B.法人股
C.国有股　　　　　　　　　　D.社会公众股
E.外资股

答案 BCDE　我国上市公司的股票,按投资主体性质可以分为国有股、法人股、社会公众股和外资股。故选 BCDE。

🚀 要点透析

我国股票的分类

按发行对象不同	A 股	人民币普通股
		中国境内公司发行
		以人民币认购和交易
	B 股	人民币特种股;境内上市外资股
		允许境内居民个人投资 B 股
		以人民币标明面值,以外币认购
按投资主体不同	国有股	有权代表国家投资的部门或机构以国有资产向公司投资形成的股份
	法人股	企业法人或具有法人资格的事业单位和社会团体以其依法可经营的资产向公司投资所形成的股份
	社会公众股	我国境内个人和机构,以其合法财产向公司投资所形成的股份
	外资股	股份公司向外国和我国港澳台地区投资者发行的股票

考点 6 外汇市场的参与者 ★★

[典题·2024] 关于中央银行在外汇市场上操作的说法,正确的是( )。

A.交易目的主要是套利　　　　　　B.交易对手主要是他国央行
C.一般不直接进行外汇交易　　　　D.频繁在外汇市场上交易

答案 C　中央银行在外汇市场上一般不直接进行外汇交易,而是通过外汇经纪人或商业银行来代为办理业务。另外中央银行也不会频繁出现在外汇市场上,而是当外汇市场上波动幅度过大时,再进入市场,以维持市场的稳定。中央银行也是外汇市场上的重要参与者,它对外汇市场进

第7章 金融市场与金融工具

行监督、管理和引导,确保外汇市场有序运行;同时,中央银行为稳定汇率或将汇率保持在特定的政策目标水平,通过买卖外汇实现对汇率的调节。故选 C。

考点 7 ▶ 外汇市场的层次 ★

[典题·2024] 商业银行参与银行间即期外汇交易的主要目的是( )。
A.平衡自身的外汇头寸,防范汇率风险　　B.外汇投机
C.稳定本国货币汇率　　D.非抵补套利

【答案】A　银行间即期外汇交易的目的在于平衡自身的外汇头寸,防范汇率风险。故选 A。

考点 8 ▶ 外汇交易方式 ★★★

[典题·2024] 下列关于外汇期权交易,说法正确的有( )。
A.期权交易的卖方必须支付期权费　　B.期权交易的卖方可以选择不执行合约
C.期权交易的买卖双方均没有履约选择权　　D.期权交易的买方必须支付期权费
E.期权交易的买方可以选择不执行合约

扫码看题

【答案】DE　选项 A 错误、选项 D 正确,外汇期权是指期权的购买者在支付给期权的出售者一笔期权费后,获得的一种可以在合约到期日或期满前按预先确定的汇率购买或出售某种货币的权利。选项 BC 错误、选项 E 正确,在外汇期权合约期内,当行市有利时,期权买方有权执行期权,买进或卖出约定的外汇资产;当行市不利时,期权买方可以放弃买卖该种外汇资产,不执行期权。期权的卖方有义务在买方要求履约时卖出或买进约定的外汇资产。故选 DE。

考点 9 ▶ 金融衍生品市场的交易机制 ★★

[典题·2023] 根据交易目的的不同,金融衍生品市场上的交易主体包括( )。
A.投机者　　B.套期保值者
C.套利者　　D.承销商
E.经纪人

【答案】ABCE　根据交易目的的不同,金融衍生品市场上的交易主体分为四类:套期保值者、投机者、套利者和经纪人。故选 ABCE。

🚀 要点透析

金融衍生品市场的交易机制		
交易形式	主要是场外交易	
交易主体	套期保值者	又称风险对冲者,他们从事金融衍生品交易是为了减少未来的不确定性,降低甚至消除风险
	投机者	利用不同市场上的定价差异,同时在两个及以上的市场中进行交易,来获取利润的投资者
	套利者	利用不同市场的价格差异。同时在两个及以上市场进行金融衍生品交易,来获取无风险收益
	经纪人	作为交易的中介,目的是促成交易、收取佣金

考点 10 ▶ 金融远期 ★

[典题·2018] 投资者担心利率上升给自己带来损失时,可通过( )进行套期保值,以便将未来借款利率固定在某一水平上。
A.货币互换　　B.卖出利率期货

C.买入远期利率协议　　　　　　D.卖出利率期权

【答案】C　当投资者担心利率上升给自己造成损失时,可以通过购买远期利率协议进行套期保值,其结果是将未来的借款利率固定在某一水平上。它适用于打算在未来融资的公司,以及打算在未来某一时间出售已持有的债券的投资者。故选C。

考点11　金融期权　★★★

[典题·2020] 关于金融衍生品市场中看涨期权的说法,正确的是(　　)。

A.看涨期权的买方可以实现的最大潜在收益是期权费
B.看涨期权的买方行使合约的条件是市场价格高于合约执行价格
C.看涨期权的买方预期未来市场价格会下跌
D.看涨期权的买方可以规避的最大潜在损失为无穷大

【答案】B　选项AD错误,期权合约的买方可以实现有限的损失无限的收益。选项B正确,对于看涨期权的买方来说,当市场价格高于合约的执行价格时,他会行使期权,取得收益;当市场价格低于执行价格时,他会放弃合约,亏损金额即为期权费。选项C错误,看涨期权的买方预期未来市场价格会上涨。故选B。

要点透析

看涨期权与看跌期权买卖双方责任的区别

时点	看涨期权买方	看跌期权买方
当市场价格高于合约的执行价格	行使期权	放弃合约
当市场价格低于合约的执行价格	放弃合约	行使期权

[注意]期权合约买方对应的是有限的损失(期权费)和无限的收益;期权合约卖方则是有限的收益(期权费)和无限的损失。

考点12　金融互换　★★

[典题·2023] 两个或两个以上的交易者,按事先商定的条件,在约定的时间内交换一系列现金流的交易形式属于(　　)。

A.金融远期　　　B.金融互换　　　C.金融期货　　　D.金融期权

【答案】B　金融互换,是指两个或两个以上的交易者,按事先商定的条件,在约定的时间内交换一系列现金流的交易形式。故选B。

基础必刷

|答案见P160

一、单项选择题

1. 某公司拟发行票面金额为10 000美元、年贴现率为6%、期限为60天的商业票据,该商业票据的发行价格应是(　　)美元。
   A.36 000　　　　B.10 000
   C.9 900　　　　D.6 000

2. 资金融入方出质证券融入资金,并约定在未来某一日期按约定利率将资金返还给资金融出方,这种交易是(　　)。
   A.买断式回购　　　B.抵押式回购
   C.质押式回购　　　D.反向式回购

3. 2016年12月8日,中国人民银行批准设立的全国统一的票据交易平台是(　　)。
   A.上海证券交易所　　B.北京证券交易所

C.上海票据交易所　　D.北京票据交易所
4. 质押式回购是交易双方进行的以(　　)为权利质押的一种短期资金融通业务。
   A.不动产　　　　　B.证券
   C.期货　　　　　　D.外汇
5. 根据(　　)划分,基金可以分为开放式基金和封闭式基金。
   A.组织形态　　　　B.运作方式
   C.投资理念　　　　D.募集方式
6. 金融衍生品市场上有不同类型的交易主体,如果某主体利用两个不同黄金期货市场的价格差异,同时在这两个市场上贱买贵卖黄金期货,以获得无风险收益,则该主体属于(　　)。
   A.套期保值者　　　B.套利者
   C.投机者　　　　　D.经纪人
7. M公司计划发行票面金额为5 000美元,年贴现率为6%,期限为120天的商业票据。该商业票据的发行价格应该是(　　)美元。
   A.4 800　　　　　 B.4 900
   C.5 000　　　　　 D.5 100
8. 短期融资券期限较短,本质上是一种(　　)。
   A.证券买卖行为　　B.信用借款
   C.短期投资　　　　D.融资性商业票据
9. 2015年中国外汇交易中心在银行间外汇市场推出了(　　),标志着银行间外汇市场产品和交易机制不断创新。
   A.远期外汇产品
   B.外汇期权
   C.标准化人民币外汇掉期交易
   D.货币掉期
10. 具有"准货币"特性的金融工具是(　　)。
    A.货币市场工具　　B.资本市场工具
    C.金融衍生品　　　D.外汇市场工具
11. 我国回购协议市场买断式回购的期限由回购双方自行商定,但最长不得超过(　　)天。
    A.1　　　　　　　 B.60

C.91　　　　　　　D.365
12. 我国股票市场的最重要的组成部分是(　　)。
    A.主板市场　　　　B.代办股份转让市场
    C.中小企业板市场　D.创业板市场
13. 有权参与投票决定公司重大事务的是(　　)。
    A.优先股股东　　　B.普通股股东
    C.监事　　　　　　D.蓝筹股股东
14. 下列有关短期政府债券及其特点的说法中,错误的是(　　)。
    A.狭义的短期政府债券主要是指一年以内到期的国债
    B.短期政府债券极易在市场上变现,具有较高的流动性
    C.短期政府债券的收益免缴所得税
    D.短期政府债券以国家信用为担保,完全不存在违约风险
15. 以下属于欧洲大陆式外汇市场的是(　　)。
    A.法兰克福　　　　B.东京
    C.伦敦　　　　　　D.苏黎世
16. 外汇期货交易采用保证金制度,维持保证金一般是初始保证金的(　　)。
    A.50%　　　　　　B.60%
    C.75%　　　　　　D.80%
17. 某工商企业计划在金融市场上筹集长期资金,下列金融市场可以满足该工商企业需求的是(　　)。
    A.回购协议市场
    B.短期政府债券市场
    C.股票市场
    D.同业拆借市场
18. 在远期合约中,基础产品的价格大幅波动导致一方履约交付的损失大于违约的损失时,其有可能选择故意违约,这种风险属于(　　)。
    A.市场风险　　　　B.信用风险
    C.流动性风险　　　D.操作风险

19. 公司以贴现方式出售给投资者的短期无担保的信用凭证是(　　)。
    A.公司债券
    B.银行承兑汇票
    C.大额可转让定期存单
    D.商业票据

20. 银行承兑汇票是由银行作为汇票的付款人,承诺在(　　)支付汇票金额的票据。
    A.出票日　　　　　B.汇票到期日
    C.指定日期　　　　D.30天内

21. 同业存单是指由(　　)法人在全国银行间市场上发行的记账式定期存款凭证,是一种货币市场工具。
    A.银行业存款类金融机构
    B.非银行金融机构
    C.投资性金融机构
    D.民间借贷机构

22. 人民币普通股票账户又称(　　)。
    A.基金账户
    B.A股账户
    C.B股账户
    D.人民币特种股票账户

23. (　　)是由中国境内公司发行,供境内机构、组织和个人以人民币认购和交易的普通股股票。
    A.F股　　　　　B.H股
    C.B股　　　　　D.A股

24. 作为中国内地成立的首家金融衍生品交易所,中国金融期货交易所的成立正式拉开了我国金融衍生品市场发展的大幕,它于(　　)年9月8日在上海挂牌成立。
    A.2005　　　　　B.2006
    C.2007　　　　　D.2013

25. 某公司进入金融衍生品市场进行交易,如果目的是减少未来的不确定性,降低风险,则该公司属于(　　)。
    A.套期保值者　　　B.套利者
    C.投机者　　　　　D.经纪人

26. 关于债券特征的说法,错误的是(　　)。
    A.债券有规定的偿还期限,债务人必须按期向债权人支付利息和偿还本金
    B.债券一般都可在流通市场上自由转让变现,具有较强的流动性
    C.债券的投资收入主要包括利息以及在二级市场上出售债券时获得的买卖价差
    D.在融资企业破产时,股票持有者享有优先于债券持有者对企业剩余资产的索取权

27. 某基金股票与债券的配置比例分别为45%和55%,那么该基金属于(　　)。
    A.偏股型基金
    B.偏债型基金
    C.股债平衡型基金
    D.灵活配置型基金

28. 某投资者买入一只股票的看跌期权,当股票的市场价格低于执行价格时,该投资者正确的选择是(　　)。
    A.行使期权,获得收益
    B.行使期权,全额亏损期权费
    C.放弃合约,亏损期权费
    D.放弃合约,获得收益

29. 固定利率支付与浮动利率支付之间的定期互换,有时也称之为固定-浮动利率互换的是(　　)。
    A.远期互换　　　　B.零息互换
    C.普通互换　　　　D.股权互换

二、多项选择题

1. 同业拆借市场的特点包括(　　)。
   A.效率低　　　　　B.参与者广泛
   C.信用拆借　　　　D.成本高
   E.期限短

2. 最普遍的利率互换有(　　)。
   A.普通互换　　　　B.可赎回互换
   C.可延期互换　　　D.股权互换
   E.交叉互换

3. 同业存单的特点包括( )。
   A.市场化的定价原则
   B.发行方式透明化
   C.投资和交易主体均为银行间市场成员
   D.发行方式非标准化
   E.具有较好的二级市场流动性

4. 在股份公司中,普通股股东依法享有的权利包括( )。
   A.获取资产收益   B.参与董事会选举
   C.直接支配公司财产 D.参与批准发行新股
   E.参与修改公司章程

5. 外汇银行从事的外汇交易主要分为( )。
   A.代客买卖外汇,赚取买卖差价
   B.出于调整外币头寸和规避汇率风险的需要买卖外汇
   C.对外汇市场进行监督、管理和引导
   D.通过买卖外汇实现对汇率的调节
   E.作为中介人在外汇市场上买卖外汇

6. 我国股票市场融资融券交易的功能包括( )。
   A.价格发现功能   B.市场稳定功能
   C.增强流动性功能   D.风险管理功能
   E.支付中介功能

7. 根据债券券面形态的不同,债券可以分为( )。
   A.实物债券   B.信用债券
   C.凭证式债券   D.附息债券
   E.记账式债券

8. 普通股的特点有( )。
   A.具有投票权
   B.普通股的股利随公司盈利高低而变化
   C.普通股股东承担的风险高于优先股股东
   D.优先分配公司盈利和剩余财产
   E.普通股股东和优先股股东一样分享公司所有权

9. 下列属于目前比较常见的远期合约的有( )。
   A.远期利率协议   B.金融期货合约
   C.远期外汇合约   D.远期股票合约
   E.金融期权合约

10. 以下对金融期权的表述中,正确的有( )。
    A.金融期权实际上是一种契约
    B.期权合约的买方可以实现有限的损失和无限的收益
    C.对于看涨期权的买方来说,当市场价格低于执行价格时,他会放弃行使权利,所亏损的是期权费
    D.金融期权实质上可以分解为一系列远期合约组合
    E.金融期权是一种非标准化的合约类型

11. 银行间外汇市场的交易主体包括( )。
    A.银行   B.非银行金融机构
    C.非金融企业   D.自然人
    E.政府

12. 银行承兑汇票二级市场主要涉及的行为有( )。
    A.出票   B.承兑
    C.贴现   D.再贴现
    E.背书

13. 我国参与回购协议市场的金融机构包括( )。
    A.基金管理公司
    B.证券公司
    C.保险公司
    D.证券业协会
    E.经营人民币业务的外资金融机构

一、单项选择题

1. 下列不属于同业拆借市场特点的是（　　）。
   A.期限短　　　　　B.参与者广泛
   C.信用拆借　　　　D.灵活性强

2. （　　）是提升服务科技创新企业能力,增强市场包容性、强化市场功能的一项资本市场重大改革举措。
   A.设立科创板并试点注册制
   B.设立三板并试点核准制
   C.设立中小企业板并试点注册制
   D.设立科创板并试点核准制

3. 作为企业短期直接债务融资产品,超短期融资券属于（　　）范畴。
   A.资本市场工具　　B.货币市场工具
   C.金融衍生工具　　D.债券市场工具

4. B股是以（　　）标明面值,以（　　）认购和买卖,在中国境内证券交易所上市交易的外资股。
   A.外币;人民币　　B.外币;外币
   C.人民币;外币　　D.人民币;人民币

5. 出票人签发的,承诺自己在见票时无条件支付确定的金额给收款人或持票人的票据是（　　）。
   A.本票　　　　　　B.汇票
   C.支票　　　　　　D.同业存单

6. 金融衍生品交易的后果取决于交易者对基础工具未来价格的预测和判断的准确程度。基础工具价格的变幻莫测决定了金融衍生品交易盈亏的不稳定性。这体现了金融衍生品的（　　）特征。
   A.杠杆性　　　　　B.联动性
   C.高风险性　　　　D.零和性

7. 质押式回购的期限为（　　）天。
   A.1~91　　　　　　B.1~180
   C.1~60　　　　　　D.1~365

8. 股债平衡型基金股票与债券的配置比例较为均衡,比例均为（　　）。
   A.0~20%　　　　　B.20%~40%
   C.40%~60%　　　　D.60%~80%

9. 首先推出大额可转让定期存单的银行是（　　）。
   A.伦敦银行　　　　B.汇丰银行
   C.渣打银行　　　　D.花旗银行

10. 下列交易场所中,个人投资者不能直接参与的是（　　）。
    A.商业银行柜台债券市场
    B.银行间债券市场
    C.上海证券交易所
    D.深圳证券交易所

11. 同业拆借市场的特点不包括（　　）。
    A.期限短
    B.参与者广泛
    C.信用拆借
    D.商业银行是同业拆借市场的主要参与者,非银行金融机构不参与同业拆借市场

12. 以下不属于我国多层次债券市场的是（　　）。
    A.交易所债券市场
    B.商业柜台债券市场
    C.银行间债券市场
    D.商业银行柜台债券市场

13. 有权在某一确定的时间或确定的时间之内,以确定的价格购买相关资产的是（　　）。
    A.看涨期权的买方
    B.看跌期权的买方
    C.远期合约买方
    D.远期合约卖方

14. 我国建立了多层次的证券市场。其中,设立的目的是服务于高新技术或新兴经济企业的证券市场是( )。
   A.中小企业板市场
   B.创业板市场
   C.主板市场
   D.代办股份转让市场

二、多项选择题

1. 在传统的金融市场中,交易的金融工具具有"准货币"特征的市场有( )。
   A.同业拆借市场
   B.回购协议市场
   C.股票市场
   D.债券市场
   E.银行承兑汇票市场

2. 关于金融衍生品的说法,正确的有( )。
   A.金融衍生品的价格决定基础金融产品的价格
   B.金融衍生品的基础变量包括利率、汇率、价格指数等种类
   C.基础产品不仅包括现货金融产品,也包括金融衍生工具
   D.金融衍生品具有高风险性
   E.金融衍生品合约中需载明交易品种、数量、交割地点等

3. 下列关于目前我国股票交易所和股票市场的说法中,正确的有( )。
   A.目前,我国的股票交易所包括上交所、深交所和北交所,其中,上交所、深交所的组织形式均为会员制,北交所是我国第一家公司制证券交易所
   B.北交所第一批上市交易的股票主要由原新三板精选层企业构成,北交所的发展目标是培育一批专精特新中小企业
   C.目前,我国的股票市场包括主板市场、中小企业板市场、创业板市场和科创板市场等
   D.主板市场是我国股票市场最重要的组成部分
   E.2023年2月17日,中国证券监督管理委员会发布全面实行股票发行注册制相关制度规则,自公布之日起施行

4. 下列属于金融衍生品基本特征的有( )。
   A.跨期性   B.杠杆性
   C.灵活性   D.高风险性
   E.零和性

5. 银行承兑汇票市场主要由一级市场和二级市场构成。一级市场即发行市场,主要涉及的行为有( )。
   A.出票   B.转让
   C.贴现   D.再贴现
   E.承兑

6. 下列关于外汇市场及其基本交易方式的说法,正确的有( )。
   A.外汇市场是外汇交易的场所或网络
   B.目前的外汇市场有欧洲大陆式外汇市场和英美式外汇市场两种基本的交易方式
   C.欧洲大陆式外汇市场以法兰克福、巴黎、阿姆斯特丹等为代表,目前世界上绝大多数外汇交易都是通过这种无形市场进行的
   D.英美式外汇市场以新加坡、伦敦、纽约、东京、苏黎世、香港等为代表
   E.外汇市场是全球最大的金融市场

7. 超短期融资券的特点有( )。
   A.信息披露简洁   B.注册效率高
   C.发行方式高效   D.资金使用灵活
   E.操作风险较高

8. 传统外汇交易方式主要包括( )。
   A.即期外汇交易   B.远期外汇交易
   C.外汇期货交易   D.外汇期权交易
   E.掉期交易

9. 下列关于我国外汇市场的说法,正确的有( )。
   A.我国境内外汇市场按交易主体不同可分为银行柜台外汇市场和银行间外汇市场,银

行间外汇市场是我国外汇市场的主体
B. 银行柜台外汇市场主要为零售客户开展结售汇业务,办理业务时对客户双向报价,挂牌汇率实行浮动区间管理
C. 银行间外汇市场包括人民币外汇市场、外币对市场和外币拆借市场
D. 银行间外汇市场实行会员制管理和做市商制度,参与者包括银行、非银行金融机构和非金融机构等
E. 中国外汇交易中心为银行间外汇市场提供统一、高效的电子交易系统,该系统只提供集中竞价交易模式

10. 按照资产配置比例的不同,混合基金可分为( )。
   A. 偏股型基金　　　　B. 偏债型基金
   C. 私募基金　　　　　D. 股债平衡型基金
   E. 灵活配置型基金

| 答案见 P163

为提高资金利用效率,A 银行拟设立专营部门进行金融市场投资。已知 B 企业持有一张剩余期限为 180 天的 100 万元银行承兑汇票,A 银行报出的贴现利率为 3%;A 银行已投资 C 企业发行的 180 天超短期融资券,票面利率为 2.1%,面额为 100 元;银行间 7 天期限的质押式回购利率为 1.8%。

根据以上资料,回答下列问题:

1. 《中华人民共和国票据法》规定,我国的票据包括( )。
   A. 支票　　　　　B. 本票　　　　　C. 汇票　　　　　D. 电票

2. B 企业将持有的 100 万元上述银行承兑汇票向 A 银行申请贴现,则 A 银行需支付的贴现金额为( )万元。
   A. 100　　　　　B. 98.5　　　　　C. 97　　　　　D. 99

3. 为满足临时流动性需求,A 银行以上述超短期融资券为质押物,开展 7 天期限的质押式回购。假设质押回购金额为 1 亿元,计息基数为 360 天,则回购到期时 A 银行需支付利息( )万元。
   A. 3.50　　　　　B. 5.44　　　　　C. 5.83　　　　　D. 1.94

4. A 银行拟参与国债期货交易,目前国内金融市场可供 A 银行选择的国债期货品种包括( )。
   A. 1 年期国债期货　　　　　B. 5 年期国债期货
   C. 7 年期国债期货　　　　　D. 10 年期国债期货

5. 为筹措资金,A 银行拟发行同业存单。关于同业存单的说法,正确的为( )。
   A. 同业存单的期限不超过 3 年　　　　B. 同业存单均采用固定利率方式发行
   C. 同业存单的交易主体均为银行间市场成员　　D. 同业存单不能作为回购交易标的物

第8章 金融资产定价

考情概述

本章考点计算内容较多,难度较大。主要考点有收益与风险、资产定价模型、证券估值、金融衍生品定价。考生在学习本章时需要花费精力理解记忆,尤其是计算题,可以通过做题熟练掌握各种计算公式。

要点速览

序号	要点总览	要点清单
1	收益与风险	1.多种风险的资产配置
2	资产定价模型	2.资本资产定价模型 3.套利定价模型与资产定价模型的一致性
3	证券估值	4.股息贴现模型
4	金融衍生品定价	5.远期价格 6.金融期货的套期保值 7.金融期权的套期保值 8.金融期权的套利

考点必刷

考点 1 ▶ 多种风险的资产配置 ★★★

[典题·2024] 关于多种风险资产配置有效边界的说法,错误的是( )。
A.是一条向上凸的曲线 B.反映了"高风险、高收益"的原则
C.可能有凹陷的地方 D.是一条向右上方倾斜的曲线

扫码看题

答案 C 有效边界具有如下特点:①有效边界是一条向右上方倾斜的曲线,反映了"高风险、高收益"的原则;②有效边界是一条向上凸的曲线;③有效边界曲线上不可能有凹陷的地方。故选 C。

考点 2 ▶ 资本资产定价模型 ★★

[典题·2024] 有一市场组合预期收益率为 10%,无风险收益率为 1%,市场利率为 5%,则该组合的 β 系数为( )。
A.2.25   B.2.5   C.1   D.1.5

答案 A 预期组合收益率 $E(r_p)$= 无风险收益率 $r_f+\beta_p\times[$市场收益率 $E(r_M)-$无风险利率 $r_f]$。$10\% = 1\% +\beta_p(5\%-1\%)$;$\beta=2.25$。故选 A。

考点 3 ▶ 套利定价模型与资本资产定价模型的一致性 ★★

[典题·2024] 关于资本资产定价模型和套利定价模型的说法,错误的是( )。
A.两者都是一种均衡模型

B.套利定价理论假设市场处于均衡状态时存在套利机会
C.资本资产定价模型强调的是一种供需上的均衡
D.资本资产定价模型是套利定价模型的一种特殊情况

答案 B 套利定价理论假设市场处于均衡状态时将不存在套利机会,从而将证券的预期收益率确定下来,体现的是整个市场给出的一种合理定价,因此投资者无套利机会可用。故选B。

考点4 股息贴现模型 ★★★

[典题·2024] 某公司股票初期的股息为2元/股。经预测,该公司股票未来的股息增长率将永久性地保持在4%的水平,假定贴现率为10%。那么,该公司股票的内在价值为( )元。

A.34.67　　　　B.30　　　　C.38.25　　　　D.32

答案 A 不变增长模型又称戈登模型,该模型有三个假设:①股息的支付是永久的;②股息的增长速度是一个常数,即 g_t 为一个常数 g;③模型中的贴现率 i 大于股息增长率。基于以上假设,即可得到:$V = D_0(1+g)/i - g = D_1/i - g$。$V = 2 \times (1+4\%)/(10\% - 4\%) = 2.08/0.06 = 34.67$(元)。故选A。

考点5 远期价格 ★★★

[典题·2020] 假设一支现金收益为3元的股票当前的股价为20元,无风险连续复利为0.05,已知 $e^{0.05} \approx 1.05127$,该股票1年期的远期价格为( )元。

A.17.25　　　　B.17.34　　　　C.17.87　　　　D.18.03

答案 D 有现金收益资产的远期价格公式为:$F_t = (S_t - I_t)e^{r(T-t)}$ 其中,I_t 是在 $[t, T]$ 时间段内持有资产获得现金收益的折现值,如债券的票息、股票的现金红利的折现。$F_t = (20 - 3e^{-0.05})e^{0.05} \approx 18.03$(元)。故选D。

🚀 要点透析

远期价格

类型	公式	字母含义
无红利股票	$F_t = S_t e^{r(T-t)}$	F_t 是远期价格;S_t 是股票当前的价格;r 是无风险连续复利;T 是到期时间;公式表示的是股票在 $[t, T]$ 时间段的远期价格
有现金收益资产	$F_t = (S_t - I_t)e^{r(T-t)}$	I_t 是在 $[t, T]$ 时间段内持有资产获得现金收益的折现值。如债券的票息、股票的现金红利的折现
有红利资产	$F_t = S_t e^{(r-q)(T-t)}$	q 表示标的资产的红利率,如外汇远期合约中外币的存款利率、股票的股票红利、股指的红利率等

考点6 金融期货的套期保值 ★

[典题·2019] 投资者利用金融期货进行套期保值时,必须考虑的因素有( )。

A.合适的标的资产　　　　　　　B.最优套期保值比率
C.基差风险　　　　　　　　　　D.合约的交割月份
E.合约的标准化程度

答案 ABCD 在实际运用中,金融期货套期保值的效果会受到一些因素的影响,必须考虑基差风险、合约的选择和最优套期保值比率等问题。为了降低基差风险,要选择合适的期货合约,它包括两个方面:选择合适的标的资产;选择合约的交割月份。故选 ABCD。

要点透析

降低基差风险的选择

方式	内容
选择合适的标的资产	(1)选择标的资产的标准是标的资产价格与保值资产价格的相关性;相关性越好,基差风险就越小。 (2)选择标的资产时,最好选择保值资产本身,若保值资产没有期货合约,则选择与保值资产价格相关性最好的资产的期货合约
选择期货合约的交割月份	(1)在选择合约的交割月份时,要考虑是否打算实物交割。 (2)对于大多数金融期货而言,实物交割的成本并不高,在这种情况下,通常应尽量选择与套期保值到期日相一致的交割月份,从而使基差风险最小。 (3)若套期保值者不能确切地知道套期保值的到期日,也应选择交割月份靠后的期货合约

考点 7 金融期权的套期保值 ★★

[典题·2018] 某出口商未来将收取美国进口商支付的美元货款。如果该出口商担心未来美元对本币贬值,则该出口商可以(　　)。

A.买入美元看跌期权　　　　　　B.买入美元看涨期权
C.卖出美元看跌期权　　　　　　D.卖出美元欧式期权

【答案】A　出口商将收取美元货款,即未来时间有美元进账。**如果担心美元对本币贬值,则可以买入美元看跌期权,即未来取得美元收入后,如果市场上美元对本币贬值,则可以行使期权,卖出美元,买入本币**。故选 A。

考点 8 金融期权的套利 ★★

[典题·2022] 小李在期权市场买入执行价格低的一份看涨期权,又买入执行价格高的一份看涨期权,再卖出执行价格介于前两者中间的两份看涨期权,则小李构建的套利策略是(　　)。

A.盒式价差期权　　B.蝶式价差期权　　C.鹰式价差期权　　D.水平价差期权

【答案】B　通过购买一个执行价格低的看涨期权和购买一个执行价格高的看涨期权,同时出售两个执行价格介于前两者中间的看涨期权,投资者就可以构造一个蝶式价差期权。故选 B。

要点透析

金融期权的套利类型

类型	内容
看涨期权与看跌期权之间的套利	(1)当看涨期权和看跌期权价格在价格范围之外时,就会存在套利机会,可以通过买卖标的资产和期权设计套利策略赚取无风险利润。 (2)相同标的资产、相同到期日以及相同执行价格的欧式看涨期权和欧式看跌期权之间还应该满足平价关系
垂直价差套利	相同标的资产、相同期限、不同协议价格的看涨期权的价格或看跌期权的价格之间存在一定的不等关系,一旦在市场交易中合理的不等关系被打破,则存在套利机会,这种套利被称为垂直价差套利

类型	内容
水平价差套利	利用相同标的资产、相同协议价格、不同期限的看涨期权或看跌期权价格之间的差异来赚取无风险利润
波动率交易套利	(1)标的资产的波动率是期权定价中最难以确定的因素,如果知道期权的价格,通过期权定价公式反向求解,可以计算出标的资产的波动率,称为期权的隐含波动率。 (2)如果预测波动率高于隐含波动率,则未来期权价值应该增加,反之应该降低

基础必刷

| 答案见 P164

一、单项选择题

1. 远期合约的价值即( )。
   A.远期合约的估值　　B.远期合约初始价值
   C.产品的附加价值　　D.产品本身的价值

2. 期货是在场内进行的标准化交易,其逐日盯市制度、每日结清浮动盈亏的制度决定了期货在每日收盘后的理论价值为( )。
   A.0　　　　　　　　B.1
   C.-1　　　　　　　D.不确定

3. 相同标的资产、相同期限、不同协议价格的看涨期权的价格或看跌期权的价格之间存在一定的不等关系,一旦在市场交易中存在合理的不等关系被打破,则存在套利机会,这种套利称为( )。
   A.水平价差套利
   B.垂直价差套利
   C.波动率交易套利
   D.看涨期权与看跌期权之间的套利

4. 对于看跌期权来说,内在价值相当于( )。
   A.标的资产现价
   B.执行价格
   C.标的资产现价与执行价格的差
   D.执行价格与标的资产现价的差

5. 无红利股票的远期价格公式是( )。
   A. $F_t = (S_t - I_t) e^{r(T-t)}$
   B. $F_t = S_t e^{-r(T-t)}$
   C. $F_t = S_t e^{r(T-t)}$
   D. $F_t = S_t e^{(r-q)(T-t)}$

6. 金融互换的套利运用的是( )原理。
   A.绝对优势　　　　B.比较优势
   C.要素禀赋　　　　D.规模经济

7. ( )是利用相同标的资产、相同协议价格、不同期限的看涨期权或看跌期权价格之间的差异来赚取无风险利润。
   A.水平价差套利
   B.垂直价差套利
   C.波动率交易套利
   D.看涨期权与看跌期权之间的套利

8. 期权的价值最大的是( )。
   A.1个月到期的期权
   B.3个月到期的期权
   C.6个月到期的期权
   D.1年到期的期权

9. 买卖双方将一种货币的本金和利息与另一货币的等价本金和利息进行交换的协议指的是( )。
   A.利率互换　　　　B.货币互换
   C.外汇互换　　　　D.跨市场互换

10. 远期利率协议的买方是名义借款人,其订立远期利率协议的目的是( )。
    A.提高盈利能力

B.规避利率上升的风险

C.规避利率下降的风险

D.加快远期利率协议流通

11.跨期套利依赖的指标就是基差,当基于同一标的资产的不同期限的期货合约报价产生的基差差异超过正常范围时,可以通过跨期套利获取(　　)。

A.差额利息　　　B.风险溢价

C.无风险利润　　D.预期收益

12.基于远期外汇合约的套期保值,适用于在未来某日期将收到外汇的机构和个人的是(　　)。

A.购买远期利率协议

B.卖出远期利率协议

C.买入远期外汇合约

D.卖出远期外汇合约

13.对大多数金融期货而言,实物交割的成本不高,这种情况下,通常应尽量选择与套期保值到期日相一致的交割月份,从而使得基差风险(　　)。

A.最大　　　　　B.最小

C.为正　　　　　D.为负

14.投资者欲买入一份6×12的远期利率协议,该协议表示的是(　　)。

A.6个月之后开始的期限为12个月贷款的远期利率

B.自生效日开始的以6个月后利率为交割额的12个月的远期利率

C.6个月之后开始的期限为6个月贷款的远期利率

D.自生效日开始的以6个月后利率为交割额的6个月的远期利率

15.下列关于远期利率协议的说法,不正确的是(　　)。

A.若参考利率>协议利率,交割额为正

B.若参考利率<协议利率,交割额为负

C.若参考利率>协议利率,卖方向买方支付交割额

D.若参考利率<协议利率,卖方向买方支付交割额

16.以下不属于套期保值效果的影响因素的是(　　)。

A.要避险的资产与期货标的资产不完全一致

B.套期保值者不能确切地知道未来拟出售或购买资产的时间,因此不容易找到时间完全匹配的期货

C.需要避险的期限与避险工具的期限不一致

D.要避险的资产与期货标的资产完全一致

17.期权的价值会随着时间的变化而变化,一旦到达到期日,期权的时间价值将(　　)。

A.为0　　　　　B.大于0

C.小于0　　　　D.大于1

18.把投资的现金流看作公司财务中的资本预算来计算得出的内部收益率是(　　)。

A.算术平均法

B.几何平均法

C.资金加权平均收益率

D.资金收益率

19.某证券的收益率为0.12,风险系数β为1.3,假定无风险利率为0.07,市场期望收益率为0.15,此时投资者的最佳决策是(　　)。

A.买入该证券,因为证券价格被高估了

B.卖出该证券,因为证券价格被高估了

C.卖出该证券,因为证券价格被低估了

D.买入该证券,因为证券价格被低估了

20.(　　)认为,任何资产的内在价值均取决于该资产预期的未来现金流的现值。

A.股息贴现模型　　B.收入资本化法

C.现值估值模型　　D.财务倍数模型

二、多项选择题

1.远期利率协议涉及的时间点包括(　　)。

A.清算日　　　　B.到期日

C.协议生效日　　D.名义贷款起息日

E.结算日

2. 机构或个人在使用外汇时,可以采取多头套期保值的情形有( )。
   A.出口商品
   B.去欧洲旅游
   C.到非洲务工
   D.计划进行外汇投资
   E.到期收回贷款

3. 影响期权价格的因素包括( )。
   A.到期期限
   B.市场利率
   C.执行价格
   D.标的资产价格
   E.标的资产的波动率

4. 在远期利率协议中,若协议利率小于参考利率则( )。
   A.交割额为负
   B.交割额为正
   C.卖方向买方支付交割额
   D.买方向卖方支付交割额
   E.交割额为零

5. 为了降低基差风险,就需要选择合适的期货合约,它包括( )。
   A.选择合适的标的资产
   B.选择合约的交割月份
   C.选择合适的交割地点
   D.选择合适的交割人
   E.选择合适的交割条件

6. 金融资产给持有者带来的收益包括( )。
   A.减税   B.利息
   C.股息   D.红利
   E.资产买卖价差收益

7. 有效边界的特点包括( )。
   A.有效边界是一条向右上方倾斜的曲线
   B.有效边界是一条向左上方倾斜的曲线
   C.有效边界是一条向上凸的曲线
   D.有效边界是一条平行于横轴的直线
   E.有效边界曲线上不可能有凹陷的地方

8. 根据影响因素的个数,因素模型可被分为( )。
   A.单因素模型   B.双因素模型
   C.三因子模型   D.多因素模型
   E.双重模型

9. 根据信用评级,债券可划分为( )。
   A.正向评级债券   B.投资级债券
   C.投机级债券   D.良好展望债券
   E.负向评级债券

10. 公司自由现金流模型主要包括的步骤有( )。
    A.计算自由现金流
    B.计算用以代理贴现率的资本成本
    C.计算市盈率
    D.利用公司自由现金流模型进行公司总体价值估值
    E.基于公司总体价值计算权益价值

提升必刷

| 答案见 P165

一、单项选择题

1. 期权费减去内在价值后剩余的部分是指( )。
   A.期权的内涵价值
   B.期权的合约价值
   C.期权的执行价值
   D.期权的时间价值

2. 当投资者担心利率下降给自己造成损失时,可以通过( )进行套期保值其结果是将未来投资的收益固定在某一水平上。
   A.购买远期利率协议
   B.卖出远期利率协议
   C.买入远期外汇合约
   D.卖出远期外汇合约

3. 某美式看跌期权标的资产现金为65美元。期权的执行价格为62美元,则期权费的合理范围在(　　)美元之间。
   A.0~62　　　　　　B.0~65
   C.3~62　　　　　　D.3~65
4. 金融期货可以利用基差的变动规律进行套利,但不包括(　　)。
   A.跨资产套利　　　B.期现套利
   C.跨期套利　　　　D.跨市场套利
5. 某单位在经营过程中,既有借入资产,也有贷出资金,贷出资金采用固定利率,而借入资金采用浮动利率。最近利率一直在上升,则(　　)。
   A.该单位可以从利率不匹配中获益
   B.该单位的利息收益会不断减少
   C.该单位会面临流动性风险
   D.该单位会面临投资风险
6. 在实务中,所有期权的出售方都无一例外地要求买方支付的期权费(　　)期权的内在价值。
   A.高于　　　　　　B.低于
   C.等于　　　　　　D.以上都可能
7. 互换的期限通常在(　　)。
   A.1年以上　　　　B.2年以上
   C.3年以上　　　　D.5年以上
8. 假设某公司于三年前发行了5年期的浮动利率债券,现在利率大幅上涨,公司要支付高昂的利息,为了减少利息支出,该公司可以采用(　　)。
   A.货币互换　　　　B.跨期套利
   C.跨市场套利　　　D.利率互换
9. 当未来需要卖出现货资产,担心未来价格下跌降低资产收益时,可以(　　)。
   A.买入看涨期权　　B.卖出看跌期权
   C.卖出看涨期权　　D.买入看跌期权
10. 选择标的资产的标准是标的资产价格与保值资产价格的相关性。相关性越好,基差风险就(　　)。
    A.越大　　　　　　B.越小
    C.不确定　　　　　D.无关
11. 建立一个期货头寸,待这个期货合约到期前将其平仓,再建立另一个到期日较晚的期货头寸直至套期保值期限届满,称之为(　　)。
    A.滚动套期保值
    B.现货资产套期保值
    C.期权的动态套期保值
    D.现货资产套期保值
12. 在某一投资组合的特定时间段内,从高点到低点的最大跌幅,称为(　　)。
    A.大幅回撤　　　　B.最高回撤
    C.最大回撤　　　　D.最强回撤
13. 在多种风险资产的资产配置中,可行集区域左上方的曲线,称为(　　)。
    A.最小方差组合　　B.有效边界
    C.有效组合　　　　D.投资边界
14. 在均衡状态下,证券的期望收益率与因素敏感度存在(　　)关系。
    A.线性　　　　　　B.螺旋递进
    C.曲线　　　　　　D.反向
15. 以下附加权利,属于债券发行人权利的是(　　)。
    A.可交换权　　　　B.可转换权
    C.可回售权　　　　D.可赎回权

二、多项选择题
1. 下列关于远期价格的公式的说法中,正确的有(　　)。
   A.资产的远期价格仅与当前的现货价格有关
   B.资产的远期价格与未来的资产价格无关
   C.远期价格是对未来资产价格的预期
   D.远期价格并不是对未来资产价格的预期
   E.资产的远期价格既与当前的现货价格有关,也与未来的资产价格有关
2. 下列关于金融期货的说法正确的有(　　)。
   A.金融期货包括股指期货、货币期货和利率期货等

B.金融期货是在场外进行的标准化交易

C.逐日盯市结算、每日结清浮动盈亏的制度决定了金融期货在每日收盘后的理论价值归为0

D.金融期货的报价相当于远期合约的协议价格,金融期货的报价理论上等于标的资产的远期价格

E.由于交易制度的规定,金融期货的理论报价在远期价格的基础上需要进行一定的调整

3.为了让收益率能够在相同期限下具有可比性,常见的处理方法主要有( )。

A.中位数法　　　　　B.算术平均法

C.加权平均法　　　　D.几何平均法

E.方差法

4.套利组合要满足的条件包括( )。

A.套利组合属于自融资组合

B.套利组合对任何因素的敏感度为0

C.套利组合的预期收益率应大于0

D.不承担风险的情况下赚取较高收益

E.利用一个或多个市场或不同时间存在的各种价格差异

5.以下属于债券价值的影响因素的有( )。

A.贴现率　　　　　　B.信用等级

C.息票率　　　　　　D.发行人经营状况

E.含权条款

综合必刷

| 答案见 P166

(一)

假定某一股票的现价为32美元,如果某投资者认为这以后的3个月中股票价格不可能发生重大变化,现在3个月期看涨期权的市场价格如下表所示。

执行价格/美元	看涨期权的价格/美元
26	12
30	8
34	6

根据以上资料,回答下列问题:

1.此时,投资者进行套利的方式是( )。

A.水平价差期权　　　　　　　B.盒式价差期权

C.蝶式价差期权　　　　　　　D.鹰式价差期权

2.投资者构造该投资组合的成本为( )美元。

A.-1　　　　　B.0　　　　　C.1　　　　　D.2

3.如果3个月后股票价格为27美元,投资者收益为( )美元。

A.-1　　　　　B.0　　　　　C.1　　　　　D.2

4.3个月后投资者获得了最大利润,当时股票价格为( )美元。

A.25　　　　　B.29　　　　　C.30　　　　　D.34

(二)

假设英镑和美元汇率为1英镑=1.3美元。A公司想借入5年期的2 000万英镑借款,B公司想借入5年期的2 600万美元借款。市场向它们提供的固定利率如下表所示。

第8章 金融资产定价

公司	固定利率	
	币种(美元)	币种(英镑)
A公司	8%	11.6%
B公司	10%	12%

A、B公司希望通过设计货币互换协议进行互换套利,降低融资成本。假设A、B公司均分套利利润。

根据以上资料,回答下列问题:

1. A公司在英镑市场上比B公司的融资成本低( )。
   A.0.4%　　　　　B.2%　　　　　C.1.6%　　　　　D.4%

2. A公司在美元市场上比在英镑市场上相对B公司融资成本优势更大,这里存在的套利利润为( )。
   A.0.4%　　　　　B.2%　　　　　C.1.6%　　　　　D.4%

3. 如果双方合作,通过货币互换交易分享无风险利润,则A公司最终融资英镑的成本是( )。
   A.11.6%　　　　B.12%　　　　C.10.8%　　　　D.8%

4. 如果双方合作,通过货币互换交易分享无风险利润,则B公司最终融资美元的成本是( )。
   A.11.6%　　　　B.9.2%　　　　C.10.8%　　　　D.8%

(三)

G公司是天然气生产企业,新冠疫情开始以后,投资者小李认为北半球的暖冬,加上天然气供过于求,又受到疫情影响,工业用气需求会下滑,因此不看好2020年天然气价格,认为G公司股票价格剧变的可能性很大。该股票的现行市场价格为每股90美元。小李同时购买了到期期限为6个月,执行价格为95美元的一个看涨期权和一个看跌期权来进行套利。看涨期权成本为8美元,看跌期权成本为10美元。

根据以上资料,回答下列问题:

1. 如果到期股票价格并未发生变化,则小李的盈利为( )美元。
   A.18　　　　　B.13　　　　　C.-18　　　　　D.-13

2. 如果到期时股票价格为75美元,则小李的盈利为( )美元。
   A.2　　　　　　B.3　　　　　　C.-2　　　　　　D.-3

3. 如果到期时股票价格为120美元,则小李的盈利为( )美元。
   A.7　　　　　　B.22　　　　　C.-7　　　　　　D.-22

4. 如果某时点小李达到盈亏平衡,此时股票的价格可能是( )美元。
   A.77　　　　　B.100　　　　C.65　　　　　D.113

(四)

A、B两公司都想借入3年期的500万美元借款,A公司想借入固定利率借款,B公司想借入浮动利率借款。因两家公司信用等级不同,市场向它们提供的利率也不同,具体情况见下表。假设A、B公司均分套利利润。

公司	利率值	
	固定利率	浮动利率
A 公司	5.1%	6 个月期 LIBOR+0.5%
B 公司	4.5%	6 个月期 LIBOR+0.3%

注:表中的利率均为一年计一次复计的年利率

根据以上资料,回答下列问题:

1. 下列关于 A、B 公司的说法,正确的是( )。
   A.B 公司在浮动利率市场上存在风险敞口　　B.A 公司在浮动利率市场上存在比较优势
   C.B 公司在固定利率市场上存在比较优势　　D.A 公司在固定利率市场上存在竞争优势

2. 两家公司总的套利利润是( )。
   A.0.4%　　　　　　B.0.2%　　　　　　C.0.6%　　　　　　D.0.8%

3. 两家公司可以选择的套利方案是( )。
   A.利率远期协议　　B.货币互换　　　　C.跨期套利　　　　D.利率互换

4. A 公司最终的融资利率是( )。
   A.4.3%　　　　　　B.4.5%　　　　　　C.4.9%　　　　　　D.4.7%

第9章　中央银行与金融调控

考情概述

本章属于考试的重点章节,要求考生理解中央银行与货币政策的相关知识,包括中央银行的性质与职能、中央银行的业务,掌握货币政策与宏观审慎政策。本章考查偏记忆,知识点较细致,考生可通过做题熟悉考点,不太好记忆的点,可动手写一写。

近3年考试分值分布如下。

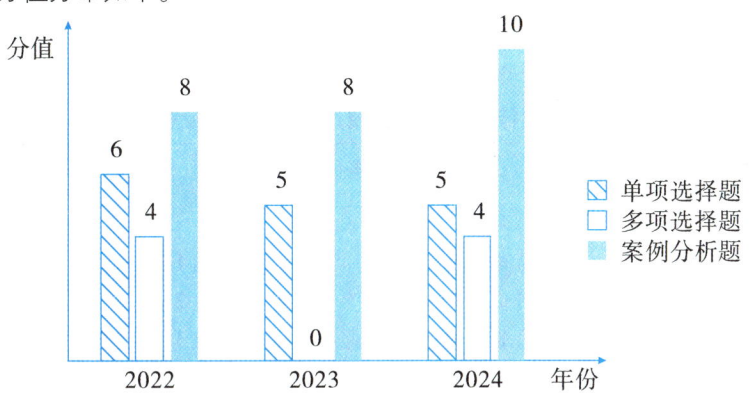

要点速览

序号	要点总览	要点清单
1	中央银行概述	1.中央银行的性质与职能 2.中央银行的业务
2	货币政策	3.金融宏观调控机制 4.货币政策的目标与工具 5.货币政策的中介目标 6.我国的货币政策工具
3	宏观审慎政策	7.宏观审慎政策及其基本内涵 8.宏观审慎政策的构建和完善

考点必刷

考点 1　中央银行的性质与职能　★★

[典题·2024] 关于中央银行职能的说法,正确的有(　　)。
A.集中保管存款准备金可以强化中央银行的资金实力
B.集中与垄断货币发行权是中央银行发挥全部职能的基础
C.充当最后贷款人是中央银行最基本、最重要的标志
D.中央银行可以按照法律规定为国家财政提供经常性的支持

E.调整再贴现率是中央银行货币政策工具之一

【答案】ABE 选项C错误,**集中与垄断货币发行权是中央银行最基本、最重要的标志,也是中央银行发挥其全部职能的基础**。选项D错误,中央银行可以按照法律规定,在特殊情况下、特定时间内为国家财政提供信贷支持,如解决财政暂时性缺口,但不能持续向政府提供长期贷款。此外,中央银行也可以在特定情形下,通过购买政府债券的方式向政府提供融资。故选ABE。

考点 2 中央银行的业务 ★★★

[典题·2024] 下列中央银行业务中,属于负债业务的是( )。

A.特别提款权　　　B.再贷款　　　C.外汇储备　　　D.货币发行

【答案】D 中央银行的负债业务主要有以下三项内容:①货币发行;②经理或代理国库;③集中存款准备金。故选D。

🚀 要点透析

中央银行的负债业务、资产业务和中间业务

负债业务	资产业务	中间业务
(1)货币发行。 (2)经理或代理国库。 (3)集中存款准备金	(1)贷款。 (2)再贴现。 (3)证券买卖。 (4)管理国际储备。 (5)其他资产业务	(1)集中办理票据交换。 (2)结清交换差额。 (3)办理异地资金转移

考点 3 金融宏观调控机制 ★★

[典题·2019] 作为中央银行实施金融宏观调控的重要变量,货币供应量属于( )。

A.一阶变量　　　B.二阶变量　　　C.三阶变量　　　D.随机变量

【答案】B 利率和货币供应量是中央银行宏观金融调控的间接控制二阶变量,它们会直接影响或形成社会对实际劳务和商品的需求,因此成为中央银行对货币政策最终目标调控的中介指标。故选B。

🚀 要点透析

金融宏观调控的领域和阶段

三个阶段:
①第一阶段:中央银行→货币政策→基础货币(一阶变量)。
②第二阶段:基础货币→商业银行信贷→货币供应量(二阶变量)。
③第三阶段:货币供应量→最终目标。

考点 4 货币政策的目标与工具 ★★★

[典题·2022] 反映失业率与通货膨胀率之间存在着一种此消彼长关系的是( )曲线。

A.AD-AS　　　B.IS-LM　　　C.BP　　　D.菲利普斯

【答案】D 新西兰著名经济学家菲利普斯通过研究1861~1957年近百年英国的失业率与物价变动的关系,得出了结论:失业率与通货膨胀率之间存在着一种此消彼长的关系。故选D。

第9章　中央银行与金融调控

🚀 要点透析

(1)矛盾关系:失业率高→增加货币供给量、扩大信用→刺激社会总需求→实现充分就业→物价水平上涨。

(2)结论:失业率与通货膨胀率之间存在着一种此消彼长的关系。

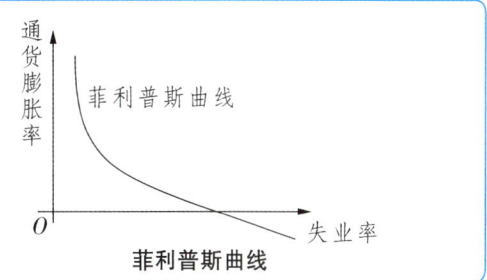

菲利普斯曲线

考点 5 ▶ 货币政策的中介目标 ★★★

[典题·2020] 下列变量中,属于中央银行货币政策中介目标的有(　　)。

A.法定存款准备金率　　　　　　B.超额存款准备金率
C.货币供应量　　　　　　　　　D.再贴现率
E.利率

扫码看题

【答案】CE　通常而言,货币政策的中介目标体系一般包括利率、货币供应量。故选CE。

🚀 要点透析

货币政策的中介目标与操作指标

项目	中介目标	操作指标
功能	(1)测度功能。 (2)传导功能。 (3)缓冲功能。	—
选择标准	(1)内生性。 (2)可控性。 (3)可测性。 (4)相关性	(1)可控性。 (2)可测性。 (3)相关性。 (4)中介目标的选择
具体指标	(1)利率(主要指中长期利率,凯恩斯学派推崇)可作为中介指标的理由:可控性强、可随时进行分析和调整、与最终目标的相关性强。 (2)货币供应量(也称总量目标,弗里德曼推崇)可作为中介指标的理由:符合可测性、可控性、相关性标准	(1)短期利率(银行可同业拆借利率)可作为操作指标的理由:可测性好、具有较强的灵活性。 (2)基础货币(或称高能货币)比较理想的操作指标。 (3)存款准备金率

考点 6 ▶ 我国的货币政策工具 ★

[典题·2017] 中国人民银行向一级交易商购买有价证券,并约定在未来特定日期将有价证券卖给原一级交易商的交易行为称为(　　)。

A.再贴现　　　B.再贷款　　　C.正回购　　　D.逆回购

【答案】D　逆回购是先买入有价证券,再卖出有价证券。故选D。

要点透析

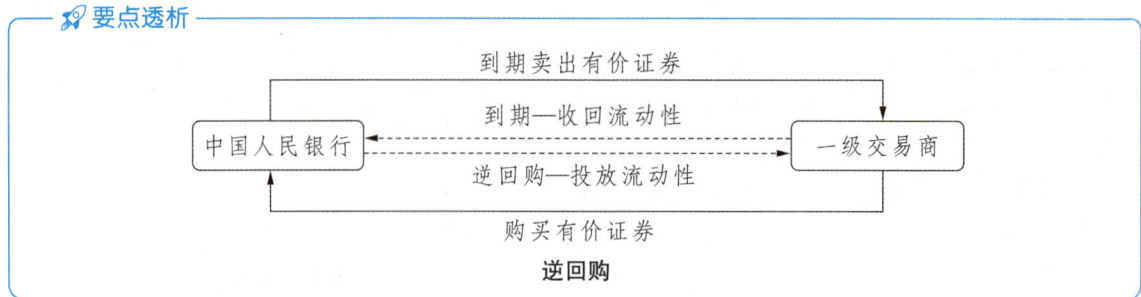

逆回购

考点 7 ▶ 宏观审慎政策及其基本内涵 ★★

[典题·2022] 2016年8月,国际货币基金组织等联合发布《有效宏观审慎政策要素:国际经验与教训》报告,将宏观审慎政策概括为( )。

A.主要用于防范金融体系的整体风险,具有"宏观、逆周期、防传染"的基本属性
B.利用审慎工具来防范系统性危险,从而降低金融危机发生的频率及其影响程度的政策
C.利用审慎性工具防范系统性金融风险,从而避免实体经济遭受冲击的政策
D.主要用于解决危机中"大而不能倒"、顺周期性、监管不足和标准不高等问题

【答案】B 2016年8月,国际货币基金组织等联合发布《有效宏观审慎政策要素:国际经验与教训》报告,将宏观审慎政策概括为利用审慎工具来防范系统性危险,从而降低金融危机发生的频率及其影响程度的政策。故选B。

考点 8 ▶ 宏观审慎政策的构建和完善 ★

[典题·2023] 我国的"双支柱调控框架"是指( )。

A.金融行为监管和金融消费者权益保护　　B.货币政策和宏观审慎政策
C.金融混业经营和金融分业监管　　D.宏观审慎框架和微观审慎规则

【答案】B 我国的"双支柱"调控框架是指"货币政策"和"宏观审慎政策"。2017年10月,党的十九大报告明确提出要"健全货币政策和宏观审慎政策双支柱调控框架"。故选B。

基础必刷

| 答案见 P167

一、单项选择题

1.在经济学中,充分就业并不等于社会劳动力100%就业,通常排除在外的失业是( )。
A.摩擦性失业和自愿失业
B.摩擦性失业和非自愿失业
C.周期性失业和自愿失业
D.摩擦性失业和周期性失业

2.在金融宏观调控中,货币政策的传导和调控机制过程经历两个领域和三个阶段,其中两个领域是( )。
A.实体经济领域和外贸市场领域
B.金融领域和实体经济领域
C.资本市场领域和货币市场领域
D.货币市场领域和外汇市场领域

3.被公认为近代中央银行鼻祖的是( )。
A.美联储　　B.英格兰银行
C.瑞典银行　　D.法兰西银行

4.货币政策的最终目标是( )。
A.物价稳定、充分就业、经济增长、国际收支平衡
B.物价稳定、充分就业、经济增长、国际收支顺差

C.物价稳定、充分就业、经济增长、产业结构升级

D.物价稳定、充分就业、经济增长、促进金融改革

5.中央银行进行公开市场操作时,在金融市场上买卖的有价证券主要是(　　)。

A.国债　　　　　　B.公司债券

C.银行承兑汇票　　D.商业承兑汇票

6.中央银行再贴现政策的缺点是(　　)。

A.作用猛烈,缺乏弹性

B.政策效果很大程度受超额准备金的影响

C.主动权在金融机构,而不在中央银行

D.从政策实施到影响最终目标,时滞较长

7.货币政策的操作目标在货币政策传导当中,它(　　)。

A.介于货币政策中介目标与最终目标之间

B.是货币政策实施的远期操作目标

C.是货币政策工具操作的远期目标

D.是货币政策工具直接作用的对象

8.在金融宏观调控机制的构成要素中,调控主体是(　　)。

A.商业银行　　　　B.中央银行

C.企业　　　　　　D.居民

9.货币政策是中央银行为实现特定经济目标而采取的各种方针、政策、措施的总称。下列关于货币政策基本特征的说法中,错误的是(　　)。

A.货币政策是宏观经济政策

B.货币政策是调节社会总供给的政策

C.货币政策主要是间接调控政策

D.货币政策是长期连续的经济政策

10.凯恩斯学派与货币学派有关货币政策传导机制的主要分歧在于(　　)。

A.前者强调利率指标而后者强调货币供应量指标在传导机制中的作用

B.前者强调货币供应量指标而后者强调利率指标在传导机制中的作用

C.前者强调基础货币而后者强调短期利率在传导机制中的作用

D.前者强调短期利率而后者强调基础货币在传导机制中的作用

11.下列货币政策工具中,通过调节货币和信贷的供应量影响货币供应量,进而对经济活动的各个方面都产生影响的是(　　)。

A.证券市场信用控制

B.窗口指导

C.公开市场业务

D.利率限制

12.作为一种直接信用控制的货币政策工具,利率限制是指中央银行规定(　　)。

A.存款利率和贷款利率的下限

B.存款利率和贷款利率的上限

C.存款利率的上限和贷款利率的下限

D.存款利率的下限和贷款利率的上限

13.下列中央银行业务中,不属于资产业务的是(　　)。

A.再贴现业务　　　B.再贷款业务

C.债券发行业务　　D.证券买卖业务

14.以一定时期的国际收支平衡为目标的平衡是(　　)。

A.完全平衡　　　　B.动态平衡

C.静态平衡　　　　D.部分平衡

15.菲利普斯曲线说明了货币政策之间存在矛盾的是(　　)的矛盾。

A.稳定物价与经济增长

B.稳定物价与充分就业

C.稳定物价与国际收支平衡

D.经济增长与国际收支平衡

16.降低存款准备金比率,就可以改变货币乘数,(　　)。

A.提高商业银行的信用扩张能力,起到收缩货币供应量的效果

B.限制商业银行的信用扩张能力,起到收缩货币供应量的效果

C.降低商业银行的信用扩张能力,起到扩张货币供应量的效果

D.提高商业银行的信用扩张能力,起到扩张货币供应量的效果

17. 在公开市场业务操作中,当正回购到期,中国人民银行要进行的操作是向市场(　　)。

A.现券买断　　　　B.投放流动性

C.收回流动性　　　D.现券卖断

18. 根据凯恩斯学派的货币政策传导机制理论,货币政策增加国民收入的效果,主要取决于(　　)。

A.投资的利率弹性和货币需求的利率弹性

B.投资的利率弹性和货币供给的利率弹性

C.投资的收入弹性和货币需求的收入弹性

D.投资的收入弹性和货币供给的收入弹性

19. 下列有关我国宏观审慎政策及其基本内涵的说法中,错误的是(　　)。

A.在传统的国际金融监管实践中,监管重心长期停留在金融机构的微观经营审慎方面,主要是从微观角度关注个体金融行为的风险而不是整个金融体系总的风险

B.2008年全球金融危机之后,世界各主要经济体的金融监管开始从以微观审慎为主导转向以宏观审慎为主导

C.国际社会对宏观审慎政策的认识和把握有一个逐步深化的过程

D.宏观审慎政策目的是防范系统性风险,维护货币和金融体系的整体稳定

20. 中央银行产生和发展经过了一个漫长的过程,典型的中央银行的演变过程是(　　)。

A.专门设置的中央银行

B.由财政部门转化为中央银行

C.由商业银行转化为中央银行

D.由综合型银行改革为单一职能的中央银行

21. 窗口指导属于(　　)货币政策工具。

A.一般性　　　　B.选择性

C.直接信用控制的　D.间接信用控制的

二、多项选择题

1. 中央银行一般性货币政策的"三大法宝"包括(　　)。

A.存款准备金政策　B.再贷款政策

C.窗口指导　　　　D.公开市场业务

E.再贴现政策

2. 中央银行的中间业务包括(　　)。

A.货币发行

B.证券买卖

C.结清交换差额

D.办理异地资金转移

E.集中办理票据交换

3. 直接信用控制的货币政策工具包括(　　)。

A.贷款限额　　　B.流动性比率

C.利率限制　　　D.道义劝告

E.直接干预

4. 中央银行作为银行的银行,其履行的职责有(　　)。

A.代理国库

B.组织全国银行间的清算业务

C.充当最后贷款人

D.集中保管存款准备金

E.组织外汇头寸抛补业务

5. 公开市场业务作为货币政策工具的主要缺点有(　　)。

A.作用猛烈

B.富有弹性

C.时滞较长

D.中央银行处于被动地位

E.干扰其实施效果的因素多

提升必刷

一、单项选择题

1. 我国货币政策的目标是（　　）。
   A. 保持货币币值的稳定,并以此促进经济增长
   B. 稳定币值,促进充分就业
   C. 适度通货膨胀,促进经济增长
   D. 经济增长,充分就业

2. 关于稳健货币政策中"稳健"的说法,错误的是（　　）。
   A. 稳健强调的是货币供给与经济增长的协调
   B. 稳健指的是一种指导思想、方针和理念
   C. 稳健体现的是对货币政策的原则性规定
   D. 稳健是针对货币政策具体操作的一种提法

3. 2019年,中国人民银行创设央行票据互换工具的主要作用是（　　）。
   A. 支持银行发行永续债以补充资本
   B. 满足商业银行临时流动性需求
   C. 加大金融直接支持中小企业力度
   D. 稳定和促进民营企业债券融资

4. 中央银行独立性的模式中,属于独立性居中的模式的是（　　）。
   A. 美联储　　　　B. 英格兰银行
   C. 意大利银行　　D. 欧洲中央银行

5. 中央银行货币政策工具中,再贴现政策的优点不包括（　　）。
   A. 政策效果猛烈
   B. 调节机动、灵活
   C. 以票据融资,风险较小
   D. 有利于中央银行发挥最后贷款人的作用

6. 中央银行的逆回购操作对短期内货币供应量的影响是（　　）。
   A. 增加货币供应量　　B. 减少货币供应量
   C. 不影响货币供应量　D. 不确定

7. 在中央银行的一般性货币政策工具中,与存款准备金政策相比,公开市场业务的优点之一是（　　）。
   A. 富有弹性,可对货币进行微调
   B. 对商业银行具有强制性
   C. 时滞较短,不确定性小
   D. 不需要发达的金融市场条件

8. 主要功能是满足金融机构期限较长的大额流动性需求的供给渠道是（　　）。
   A. 利率工具　　　　B. 公开市场操作
   C. 再贴现　　　　　D. 常备借贷便利

9. 下列关于我国存款准备金制度"三档两优"新框架的说法中,错误的是（　　）。
   A. 第一档是大型银行,存款准备金率相对较高,体现防范系统性风险和维护金融稳定的要求
   B. 第三档是小型银行,存款准备金率较第二档又有明显降低
   C. 第一档和第二档银行达到普惠金融定向降准政策考核标准的,可享受0.5个或1.5个百分点的存款准备金率优惠
   D. 服务县域的银行达到新增存款一定比例用于当地贷款考核标准的,可享受1.5个百分点存款准备金率优惠

10. 下列关于央行票据互换工具的说法中,错误的是（　　）。
    A. 央行票据互换操作采用固定费率数量招标方式,面向公开市场业务一级交易商进行公开招标
    B. 中国人民银行从中标机构换入合格银行发行的永续债,同时向其换出等额央行票据
    C. 央行票据互换操作的期限原则上不超过1年

D.互换的央行票据不可用于现券买卖、买断式回购等交易

二、多项选择题

1. 以下属于判断一国中央银行独立性程度标准的有( )。
   A.建立独立的货币发行制度
   B.独立制定货币政策
   C.与中央政府共同实施政策和业务运行
   D.调控管理金融市场和金融活动
   E.法律充分保障

2. 下列属于选择性的货币政策工具的有( )。
   A.证券市场信用控制   B.消费者信用控制
   C.不动产信用控制   D.优惠利率
   E.道义劝告

3. 除内生性为货币政策中介目标的内涵要求外,理想的货币政策中介目标选择的标准可概括为( )。
   A.可控性   B.可测性
   C.独立性   D.相关性
   E.间接传递性

4. 货币政策的基本特征包括( )。
   A.货币政策是宏观经济政策
   B.货币政策是调节社会总需求的政策
   C.货币政策是直接调控政策
   D.货币政策主要是间接调控政策
   E.货币政策是长期连续的经济政策

5. 中央银行资产负债表中资产方主要项目包括( )。
   A.对金融机构债权
   B.国库及公共机构存款
   C.国外资产
   D.政府债券
   E.通货发行

综合必刷

| 答案见 P170

(一)

2014年第一季度我国经济开局平稳,中国人民银行根据国际收支和流动性供需形势,合理运用政策工具,管理和调节银行体系流动性。春节前合理安排21天期的逆回购操作400亿元,有效应对季节性因素引起的短期流动性波动;春节后开展14天期和28天期正回购操作,促进银行体系流动性供求的适度均衡。

根据以上资料,回答下列问题:

1. 2014年第一季度中国人民银行的逆回购操作和正回购操作在性质上属于( )。
   A.存款准备金政策   B.公开市场操作
   C.再贴现与再贷款   D.长期利率工具

2. 关于正回购和逆回购操作的界定,正确的有( )。
   A.正回购指卖出有价证券,并约定在未来特定日期买回有价证券的行为
   B.逆回购指卖出有价证券,并约定在未来特定日期买回有价证券的行为
   C.正回购指买入有价证券,并约定在未来特定日期卖出有价证券的行为
   D.逆回购指买入有价证券,并约定在未来特定日期卖出有价证券的行为

3. 关于2014年春节前逆回购操作的说法,正确的是( )。
   A.春季前的逆回购首期投放基础货币400亿元

B.春节前的逆回购到期回笼基础货币400亿元
C.春季前的逆回购首期回笼基础货币400亿元
D.春节前的逆回购到期投放基础货币400亿元

4.中央银行运用公开市场操作的条件有( )。
A.利率市场化
B.参与的金融机构都需持有相当数量的有价证券
C.存在较发达的金融市场
D.信用制度健全

（二）

某年2月起,为弥补流动性缺口,保持流动性合理适度,中国人民银行多次降准与降息。

(1)该年2月5日起下调金融机构人民币存款准备金率0.5个百分点,同期金融机构存款金额为86万亿元人民币。

(2)该年3月1日起下调金融机构人民币贷款和存款基准利率。金融机构一年期贷款基准利率下调0.25个百分点至5.35%。

根据以上资料,回答下列问题：

1.我国中央银行下调存款准备金率0.5个百分点,可释放流动性( )亿元人民币。
A.320	B.390	C.4 300	D.8 280

2.目前,我国的货币政策目标制度是( )。
A.单一目标制	B.双重目标制	C.多目标制	D.联动目标制

3.我国下调存款准备金率和利率,通过商业银行的信贷行为,最终对企业的影响有( )。
A.企业向商业银行贷款的成本提高
B.企业向商业银行借贷的成本降低
C.商业银行对企业的可贷款数量增加
D.商业银行对企业的可贷款量减少

4.该年下半年,我国货币政策的首要目标应当是( )。
A.抑制通货膨胀	B.增加就业
C.平衡国际收支	D.促进经济增长

（三）

2018年6月19日,中国人民银行发布公告称,为对冲税期高峰、政府债券发行缴款、当日有500亿元央行逆回购到期等因素的影响,满足市场对资金的需求,中国人民银行开展了700亿7天期、200亿14天期、100亿元28天期逆回购操作,中标利率分别为2.55%、2.70%、2.85%。同时,为弥补银行体系的中长期流动性缺口,当日中国人民银行还开展了2 000亿元中期借贷便利(MLF)操作。

根据以上资料,回答下列问题：

1.此案例中,中国人民银行开展的逆回购操作属于( )。
A.公开市场操作	B.票据再贴现政策
C.存款准备金政策	D.直接信用控制

2. 通过 2 000 亿元中期借贷便利(MLF)操作,能够获得中长期流动性支持的金融机构是(　　)。
   A.商业银行　　　　　　　　　　　　B.证券公司
   C.投资公司　　　　　　　　　　　　D.投资银行
3. 中国人民银行通过当日的逆回购操作,向市场(　　)。
   A.投放资金 1 000 亿元　　　　　　　B.投放资金 500 亿元
   C.回笼资金 1 000 亿元　　　　　　　D.回笼资金 500 亿元
4. 关于中国人民银行此次逆回购操作的说法正确的是(　　)。
   A.向一级交易商买入有价证券,并约定在未来特定日期卖出有价证券
   B.进行逆回购操作的有价证券,既可以是国债也可以是上市公司发行的股票
   C.逆回购交易不能连续进行,存在政策效果具有不确定性的风险
   D.中国人民银行的逆回购操作,会引起货币供应的增加

(四)

2012 年至 2013 年中国人民银行继续实施稳健的货币政策,2012 年两次下调存款准备金率各 0.5 个百分点,灵活开展公开市场双向操作,两次下调存贷款基准利率,发挥差别准备金动态调整机制的逆周期调节作用,促进货币信贷合理适度增长。2012 年全年 CPI 涨幅为 2.6%。2013 年全年,中国经济平稳增长,消费价格涨幅和就业基本稳定,CPI 同比涨 2.6%,完成"3.5%左右"这一年初设定的控制目标。

根据以上材料,回答下列问题:

1. 央行下调存款准备金率会导致(　　)。
   A.增加货币供应量　　　　　　　　　B.减少货币供应量
   C.扩大总需求　　　　　　　　　　　D.减少总需求
2. 存款准备金率是三大货币政策工具之一,其作用于经济的途径主要有(　　)。
   A.借款成本效果　　　　　　　　　　B.对超额准备金的影响
   C.对货币乘数的影响　　　　　　　　D.宣示效果
3. 存款准备金率政策的主要内容是(　　)。
   A.规定存款准备金计提的基础
   B.规定法定存款准备金率
   C.规定存款准备金的构成
   D.规定向中央银行申请上交存款准备金的资格
4. 下列选项中,属于存款准备金率的缺点的有(　　)。
   A.作用猛烈、缺乏弹性　　　　　　　B.中央银行掌握主动权
   C.从政策实施到影响最终目标,时滞较长　　D.不容易实施

第10章 货币供求与货币均衡

考情概述

本章知识点主要包括货币需求理论、货币供给过程、货币层次、存款创造、货币乘数、货币均衡、通货膨胀、通货紧缩及其治理等。从历年题目来看,本章考点比较集中,考生在学习时,可对容易混淆的考点对比记忆。

近3年考试分值分布如下。

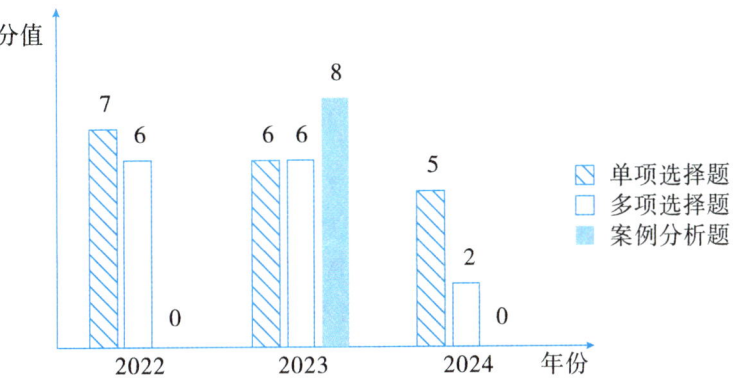

要点速览

序号	要点总览	要点清单
1	货币需求	1.货币数量论的货币需求理论 2.弗里德曼的货币需求函数
2	货币供给	3.货币层次的划分 4.商业银行存款货币创造 5.货币乘数
3	货币均衡	6.货币均衡的基本原理
4	通货膨胀与通货紧缩	7.通货膨胀及其治理 8.通货紧缩及其治理

考点必刷

考点 1 货币数量论的货币需求理论 ★★★

[典题·2021] 关于费雪方程式和剑桥方程式差异的说法,错误的是(   )。

A.费雪方程式侧重货币流量分析,剑桥方程式则是从用货币形式保有资产存量的角度考虑货币需求

B.费雪方程式属于传统货币数量论,剑桥方程式属于现代货币主义

C.费雪方程式强调货币的交易功能,剑桥方程式强调货币作为一种资产的功能

扫码看题

D.费雪方程式从宏观角度用货币数量的变动来解释价格,剑桥方程式从微观角度进行分析,认为人们对保有货币存在一个满足程度的问题

【答案】B 选项B说法错误,费雪方程式和剑桥方程式均属于传统货币数量论。故选B。

🚀 要点透析

费雪方程式和剑桥方程式的差异

差异	费雪方程式	剑桥方程式
对货币需求分析侧重点不同	强调货币的交易手段功能	侧重货币作为一种资产的功能
重视内容不同	重视货币支出的数量和速度,也被称为"现金交易说"	从用货币形式保有资产存量的角度考虑货币需求,重视存量占收入的比例,被称为"现金余额说"
强调货币需求决定因素不同	宏观角度	微观角度

考点 2 弗里德曼的货币需求函数 ★★

[典题·2022] 弗里德曼的货币需求函数与凯恩斯的货币需求函数的主要区别有( )。
A.弗里德曼认为货币需求量是稳定的,可以将货币供应量作为货币政策的唯一控制指标
B.弗里德曼认为利率对货币需求量的影响是微不足道的
C.凯恩斯的货币需求函数重视利率的主导作用
D.弗里德曼认为利率的变动直接影响货币需求量
E.凯恩斯认为货币需求量是不稳定的,货币政策应"相机行事"

【答案】ABCE 选项D错误,凯恩斯的货币需求函数非常重视利率的主导作用。凯恩斯认为,利率的变动直接影响就业和国民收入的变动,最终必然影响货币需求量。弗里德曼强调恒久性收入对货币需求量的重要影响,认为利率对货币需求量的影响是微不足道的。故选ABCE。

🚀 要点透析

凯恩斯的货币需求函数与弗里德曼的货币需求函数的差别

差异	凯恩斯的货币需求函数	弗里德曼的货币需求函数
强调的侧重点不同	重视利率的主导作用	强调恒久性收入对货币需求量的重要影响,认为利率对货币需求量的影响是微不足道的
货币政策传导变量	利率	货币供应量
货币政策选择不同	货币需求量受未来利率不确定性的影响,因而不稳定,货币政策应"相机行事"	货币需求量是稳定的,可以预测的,因而货币政策应实行"单一规则"

考点 3 货币层次的划分 ★★★

[典题·2023] 以下属于我国的货币层次 M1 的是( )。
A.储蓄存款
B.商业票据
C.单位定期存款
D.单位活期存款

扫码看题

【答案】D 选项AC错误，M2=M1+储蓄存款+单位定期存款+单位其他存款。选项B错误，M3=M2+金融债券+商业票据+大额可转让定期存单等。选项D正确，M1=M0+单位活期存款。故选D。

要点透析

货币层次划分	
国际货币基金组织的货币层次划分	我国的货币层次划分
(1)M0=流通中的现金。 (2)M1=M0+可转让本币存款和在国内可直接支付的外币存款。 (3)M2=M1+单位定期存款和储蓄存款+外汇存款+大额可转让定期存单(在我国属于M3)。 (4)M3=M2+外汇定期存款+商业票据+互助金存款+旅行支票	(1)M0=流通中的现金。 (2)M1=M0+单位活期存款。 (3)M2=M1+储蓄存款+单位定期存款+单位其他存款。 (4)M3=M2+金融债券+商业票据+大额可转让定期存单等。

考点 4 ▶ 商业银行存款货币创造 ★

[典题·2020] 在存款货币创造过程中，能够影响存款创造乘数的因素有(　　)。
A.超额存款准备金率　　　　　　B.现金漏损率
C.再贴现率　　　　　　　　　　D.再贷款率
E.法定存款准备金率

【答案】ABE 用 r 代表法定存款准备金率，e 代表超额存款准备金率，c 代表现金漏损率，则存款乘数可用如下公式表示：$K=1/(r+e+c)$。根据存款乘数的公式，可知，**法定存款准备金率(r)、现金漏损率(c)、超额存款准备金率(e)都能够影响存款创造乘数**。另外，存款结构比例，也会对存款创造产生影响。故选ABE。

考点 5 ▶ 货币乘数 ★★

[典题·2021] 若其他条件不变，关于货币乘数的说法，正确的有(　　)。
A.货币乘数越高，货币供给量越小　　B.货币乘数与现金漏损率负相关
C.货币乘数与超额存款准备金率负相关　　D.货币乘数与法定存款准备金率负相关
E.货币乘数与存贷款基准利率正相关

【答案】BCD 货币乘数是指在货币供给过程中，中央银行的基础货币供应量与社会货币最终形成量之间的扩张倍数。选项A错误，货币乘数越高，货币供应量越大。选项BCD正确，货币乘数与现金漏损率c(或现金比率)、法定存款准备金率r、超额存款准备金率e都是负相关。选项E错误，货币乘数与存贷款基准利率无关。故选BCD。

考点 6 ▶ 货币均衡的基本原理 ★★

[典题·2019] 如果利率和收入的组合点出现在IS曲线右上方、LM曲线左上方的区域中，则此种情况反映(　　)。
A.产品市场存在超额需求且货币市场存在超额供给
B.产品市场存在超额供给且货币市场存在超额需求
C.产品市场存在超额供给且货币市场存在超额供给
D.产品市场存在超额需求且货币市场存在超额需求

【答案】C 根据"上供下需"，IS曲线上方，供给大于需求，产品市场超额供给。LM曲线上方，

供给大于需求,货币市场超额供给。故选C。

> **要点透析**
>
> 非均衡状态的判断技巧"上供下需":无论IS曲线还是LM曲线,只要在曲线上方,即代表"供给>需求";只要在曲线下方,即代表"需求>供给"。
>
> 产品市场:I为需求,S为供给;货币市场:L为需求,M为供给。
>
> 区域Ⅰ:$S>I$、$M>L$;区域Ⅱ:$S>I$、$L>M$。
>
> 区域Ⅲ:$I>S$、$L>M$;区域Ⅳ:$I>S$、$M>L$。

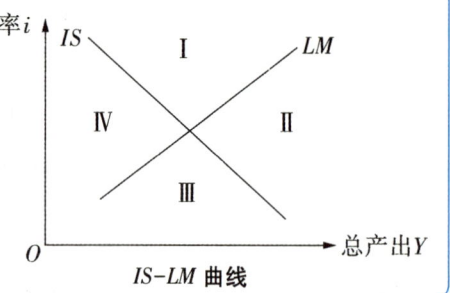

IS-LM 曲线

考点 7 通货膨胀及其治理 ★★★

[典题·2020] 下列经济因素中,能够引发成本推进型通货膨胀的有( )。

A.垄断企业为获取利润人为提高产品价格

B.工资增长率超过生产率增长率

C.部门之间相互攀比抬升价格

D.过多的货币追求过少的商品

E.环境污染造成原材料价格上涨,成本上升

【答案】 ABE 选项ABE正确,都属于能够引发成本推进型通货膨胀的因素。选项C错误,"部门之间相互攀比抬升价格"属于结构型通货膨胀。选项D错误,"过多的货币追求过少的商品"属于需求拉上型通货膨胀。故选ABE。

> **要点透析**

通货膨胀的成因	
类型	诱因
需求拉上	过多的货币追求过少的商品
成本推进	(1)工资成本推动。 (2)垄断利润操纵。 (3)汇率变动引起进出口产品和原材料成本上升。 (4)石油危机、资源枯竭、环境保护政策不当等造成的成本上升
供求混合作用	总供给和总需求共同作用
经济结构变化	没有需求拉动和成本推动,由于经济结构、部门结构的因素变化所引起物价水平的上涨

考点 8 通货紧缩及其治理 ★★

[典题·2024] 治理通货紧缩的政策不包括( )。

A.加快产业结构调整 B.限制消费需求

C.扩张性财政政策 D.扩张性货币政策

【答案】 B 治理通货紧缩的政策措施:①扩张性财政政策;②扩张性货币政策;③加快产业结构的调整;④其他措施。除以上措施外,对工资和物价的管制政策也是治理通货紧缩的手段之一。故选B。

第10章　货币供求与货币均衡

基础必刷

| 答案见 P171

一、单项选择题

1. 凯恩斯认为,(　　)是人们喜欢以货币形式保持一部分财富的愿望或动机。
   A.货币流动性偏好　　B.货币幻觉
   C.流动性偏好陷阱　　D.流动性过剩

2. 在持币动机中,凯恩斯认为对利率反应最为敏感的是(　　)。
   A.投机动机　　　　　B.交易动机
   C.预防动机　　　　　D.贮藏动机

3. 弗里德曼认为,货币政策的传导变量应为(　　)。
   A.基础货币　　　　　B.超额储备
   C.货币供应量　　　　D.利率

4. 中央银行确定货币供给统计口径的标准是金融资产的(　　)。
   A.稳定性　　　　　　B.收益性
   C.风险性　　　　　　D.流动性

5. 在完全市场经济条件下,货币均衡最主要的实现机制是(　　)。
   A.央行调控机制　　　B.货币供给机制
   C.自动恢复机制　　　D.利率机制

6. 垄断性企业为了获取垄断利润而人为提高产品售价,由此引起的通货膨胀属于(　　)通货膨胀。
   A.需求拉上型　　　　B.成本推进型
   B.供求混合型　　　　D.结构型

7. 在治理通货膨胀过程中,紧缩性收入政策主要是针对(　　)。
   A.需求拉上型通货膨胀
   B.成本推进型通货膨胀
   C.结构型通货膨胀
   D.供求混合型通货膨胀

8. 弗里德曼等经济学家针对通货膨胀治理而提出的收入指数化政策,是指将工资、利息等各种名义收入部分地或全部地与物价指数相联系,使其自动随物价指数的升降而升降。这种政策(　　)。
   A.是针对需求拉上型通货膨胀而采取的一种治理通货膨胀的方法,可以降低通货膨胀在收入分配上的影响
   B.是针对成本推动型通货膨胀而采取的一种治理通货膨胀的方法,可以降低通货膨胀在收入分配上的影响
   C.是针对需求拉上型通货膨胀而采取的一种治理通货膨胀的方法,可以提高通货膨胀在收入分配上的影响
   D.是针对成本推动型通货膨胀而采取的一种治理通货膨胀的方法,可以提高通货膨胀在收入分配上的影响

9. 下列关于派生存款的表述,错误的是(　　)。
   A.派生存款的大小决定于原始存款数量的大小和法定存款准备金率的高低
   B.派生出来的存款同原始存款的数量成反比
   C.派生出来的存款同法定存款准备金率成反比
   D.法定存款准备金率越高,存款扩张倍数越小

10. 在治理通货膨胀过程中,中央银行可能采取的措施是(　　)。
    A.加大货币投放　　　B.降低基准利率
    C.购买政府债券　　　D.出售政府债券

11. 在完全市场经济条件下,货币均衡最主要的实现机制是(　　)。
    A.央行调控机制　　　B.货币供给机制
    C.自动恢复机制　　　D.利率机制

12. 通货膨胀实质是一种货币现象,表现为商品和生产要素价格总水平在一定时期内(　　)。
    A.持续下降　　　　　B.持续上升
    C.间歇性下降　　　　D.间歇性上升

13. 某国的 LM 曲线为 $Y=500+2\,000i$,某一时期总产出(Y)为 600,利率水平(i)为 10%,表明该时期存在( )。
    A.超额商品供给　　　B.超额商品需求
    C.超额货币供给　　　D.超额货币需求

14. 总供给和总需求共同作用情况下的通货膨胀称为( )。
    A.综合型通货膨胀
    B.供求混合推进型通货膨胀
    C.结构型通货膨胀
    D.成本推进型通货膨胀

15. 认为当利率极低时,人们的货币需求量无限大,任何新增的货币都会被人们持有,此观点的代表人物是( )。
    A.费雪　　　　　　　B.马歇尔
    C.凯恩斯　　　　　　D.弗里德曼

16. 石油危机、资源枯竭等造成原材料、能源价格上升,从而导致一般物价水平上涨,这种情形属于( )通货膨胀。
    A.需求拉上型　　　　B.成本推进型
    C.结构型　　　　　　D.隐蔽型

17. 剑桥方程式从用货币形式保有资产存量的角度研究货币需求,重视存量货币占收入的比例,又被称为( )。
    A.现金交易说　　　　B.现金余额说
    C.国际借贷说　　　　D.流动性偏好说

18. 流通中现金和( )称为中央银行的货币负债,也称基础货币或储备货币。
    A.超额准备金　　　　B.法定准备金
    C.自留准备金　　　　D.准备金

19. 假定某商业银行吸收到 2 000 万元的原始存款,然后贷放给客户,法定存款准备金率为 10%,超额存款准备金率为 4%,现金漏损率为 6%,则存款乘数是( )。
    A.5.0　　　　　　　B.6.7
    C.10.0　　　　　　 D.20.0

20. 在信用货币制度下,高能货币量取决于( )的行为。
    A.公众　　　　　　　B.政府
    C.中央银行　　　　　D.市场

21. 一国在二级银行体制下,基础货币 100 亿元,原始存款 300 亿元,货币乘数为 5,则该国货币供应量等于( )亿元。
    A.200　　　　　　　B.300
    C.500　　　　　　　D.600

22. 为治理通货膨胀而采取紧缩的财政政策,政府可以削减转移性支出。下列支出中,属于转移性支出的是( )。
    A.政府投资、行政事业费
    B.福利支出、行政事业费
    C.福利支出、财政补贴
    D.政府投资、财政补贴

23. 下列支出中,属于购买性支出的是( )。
    A.政府投资、行政事业费
    B.福利支出、行政事业费
    C.福利支出、财政补贴
    D.政府投资、财政补贴

24. 费雪方程式对货币需求分析的侧重点与剑桥方程式存在差异,费雪方程式强调的是货币的( )。
    A.贮藏手段功能　　　B.交易手段功能
    C.资产功能　　　　　D.价值尺度功能

25. 假定某商业银行原始存款增加 1 000 万元,法定准备金率为 20%,超额准备金率为 2%,现金漏损率为 5%,则派生存款总额为( )万元。
    A.5 000　　　　　　B.4 000
    C.4 546　　　　　　D.3 704

26. 弗里德曼认为,在货币需求函数的诸多自变量中,对货币需求影响最大的因素是( )。
    A.债券利率　　　　　B.存款利率
    C.市场利率　　　　　D.恒久性收入

第10章 货币供求与货币均衡

27. 关于基础货币的说法,正确的是( )。
    A. 它是单位定期存款和单位其他存款之和
    B. 中央银行通过其资产业务创造基础货币
    C. 它是中央银行的非货币性负债
    D. 中央银行通过卖出黄金投放基础货币

28. 下列关于存款创造的相关表述,错误的是( )。
    A. 存款创造需要具备两个基本条件,即部分准备金制度和非现金结算制度
    B. 存款创造具体表现为中央银行以原始存款为基础、在银行体系中繁衍出数倍于原始存款的派生存款
    C. 存款创造倍数的两个假设:部分准备金制度和非现金结算制度
    D. 存款乘数的含义为每一元法定存款准备金的变动,所能引起的存款的变动

29. 根据"成本推进"型通货膨胀理论,导致"利润推进型通货膨胀"的因素是( )。
    A. 经济结构失衡
    B. 汇率变动使进口原材料成本上升
    C. 工会对工资成本的操纵
    D. 垄断性大公司对价格的操纵

30. 在治理通货膨胀过程中,收入指数化政策是针对( )。
    A. 需求拉上型通货膨胀
    B. 成本推进型通货膨胀
    C. 结构型通货膨胀
    D. 供求混合型通货膨胀

31. 下列各项中,可用于治理通货膨胀的货币政策措施是( )。
    A. 提高法定存款准备金率
    B. 降低利率
    C. 降低再贷款、再贴现率
    D. 公开市场上买入政府债券

二、多项选择题

1. 在市场经济条件下,货币均衡的前提条件有( )。
    A. 稳定的物价水平
    B. 足额的国际储备
    C. 健全的利率机制
    D. 发达的金融市场
    E. 有效的中央银行调控机制

2. 如果判定某个时期出现了通货紧缩,其主要依据是在该时期出现了( )。
    A. 个别商品或劳务价格的下降
    B. 物价的持续下降
    C. 物价一次性大幅下降
    D. 通货膨胀率由正转负
    E. 季节性因素引起的部分商品价格下降

3. 费雪方程式表明( )。
    A. 物价水平的变动与流通中的货币数量的变动成正比
    B. 物价水平的变动与货币的流通速度变动成正比
    C. 物价水平的变动与商品和服务交易量的变动成反比
    D. 物价水平的变动与货币的流通速度变动成反比
    E. 物价水平的变动与商品和服务交易量的变动成正比

4. 凯恩斯主义的货币需求函数中,影响货币需求的变量包括( )。
    A. 物价水平
    B. 货币供应量
    C. 预期物价变动率
    D. 利率水平
    E. 国民收入水平

5. 中央银行投放基础货币的渠道有( )。
    A. 对金融机构的再贷款
    B. 收购黄金、外汇
    C. 购买政府债券
    D. 对工商企业贷款
    E. 对个人贷款

6. 在弗里德曼的货币需求函数中,影响货币需求的因素包括( )。
    A. 消费品需求

B.股票的收益率

C.恒久性收入

D.机会成本

E.人力资本比重

7.下列关于通货膨胀概念的说法中,正确的有( )。

　A.通货膨胀所指的物价上涨必须超过一定的幅度

　B.通货膨胀所指的物价上涨是全部物品及劳务的加权平均价格的上涨

　C.通货膨胀所指的物价上涨是季节性或自然灾害等原因引起的物价上涨

　D.通货膨胀所指的物价上涨是一定时间内的持续上涨

　E.一般说来,物价水平上涨的幅度在2%以内都不被叫作通货膨胀

8.政府为治理恶性通货膨胀而进行的币制改革,其措施主要有( )。

　A.冻结存款　　　B.废除旧币

　C.发行新币　　　D.提高利率

　E.变更钞票面值

9.弗里德曼的货币需求函数与凯恩斯的货币需求函数有许多差别。弗里德曼的货币需求函数( )。

　A.非常重视利率的主导作用

　B.强调恒久性收入对货币需求量的重要影响

　C.认为货币需求量是稳定的

　D.认为货币政策的传导量是货币供应量

　E.认为货币政策可以实行"单一规则"

10.供给学派主张采取刺激生产增加供给的方法来治理通货膨胀,其主要措施有( )。

　A.减税

　B.增加进口

　C.削减社会福利开支

　D.适当增加货币供给

　E.精简规章制度

11.根据通货膨胀的成因,通货膨胀可划分为( )。

　A.需求拉上型通胀

　B.爬行的通货膨胀

　C.结构型通货膨胀

　D.成本推进型通胀

　E.预期性通货膨胀

12.治理通货膨胀的主要政策措施包括( )。

　A.紧缩总需求的政策

　B.积极的财政政策

　C.增加供给的政策

　D.积极的消费政策

　E.紧缩的收入政策

13.凯恩斯主义把人们持有货币的三个动机划分为两类需求,即( )。

　A.对消费品的需求　B.对投资品的需求

　C.对奢侈品的需求　D.对保险品的需求

　E.对资本品的需求

14.基础货币是中央银行的货币负债,其具体构成要素有( )。

　A.外汇储备　　　B.法定存款准备金

　C.超额准备金　　D.再贴现贷款

　E.流通中现金

15.下列做法中,属于中央银行投放基础货币渠道的有( )。

　A.对商业银行等金融机构的再贷款

　B.收购黄金、外汇等储备资产

　C.对商业银行等金融机构的再贴现

　D.对工商企业贷款

　E.通过公开市场业务买入政府债券

16.下列关于货币均衡的说法中,正确的有( )。

　A.货币均衡是货币供给与货币需求基本相适应的货币流通状态

　B.货币均衡要求货币供应量与货币需求量完全相等

C.货币均衡是一个动态的过程

D.货币均衡的实现具有相对性

E.货币均衡的判断标志是商品市场上的物价稳定和金融市场上的利率稳定

17.在弗里德曼的货币需求函数中,与货币需求成反比的因素有( )。

A.定期存单的预期收益率

B.股票的预期收益率

C.恒久性收入

D.债券的预期收益率

E.人力财富比重

18."流动性"好的金融资产具有的特征包括( )。

A.价格稳定

B.购买力强

C.不兑现

D.变现能力强

E.可随时出售、转让

19.在货币需求理论中,费雪方程式认为短期中不受一定时期内流通货币的平均数量影响的变量有( )。

A.物价 B.货币流通速度

C.各类商品交易量 D.恒久性收入

E.国民收入

20.2011年10月,中国人民银行再次修订货币供应量口径,新计入M2的项目有( )。

A.流通中现金

B.储蓄存款

C.证券公司客户保证金

D.住房公积金中心存款

E.非存款类金融机构在存款类金融机构的存款

提升必刷

| 答案见 P173

一、单项选择题

1.中央银行改变基础货币数量的主要途径不包括( )。

A.变动对企业的债权

B.变动对政府的债权

C.变动对银行的债权

D.变动储备资产

2.在席卷全球的金融危机期间,中央银行为了对抗经济衰退,刺激国民经济增长,不应该采取的措施是( )。

A.降低商业银行法定存款准备金率

B.降低商业银行再贴现率

C.在证券市场上卖出国债

D.下调商业银行贷款基准利率

3.假定某国的法定存款准备金率为10%,超额存款准备金率为2.5%,现金漏损率为0,则该国的货币乘数为( )。

A.10 B.8

C.4 D.2.5

4.凯恩斯认为,货币需求量受未来利率不确定性的影响,因此,货币政策应采取( )。

A.单一规则 B.泰勒法则

C.相机行事 D.蛇形浮动

5.实行紧缩性财政政策是治理通货膨胀的政策之一。下列举措中,不属于紧缩性财政政策的是( )。

A.减少政府购买性支出

B.增加税收

C.减少政府转移性支出

D.扩大赤字规模

6.爬行式通货膨胀是指一般物价水平年平均上涨率不超过( )。

A.2%~3% B.2%以内

C.3%~5% D.5%以上

7. 通过派生存款机制向流通领域供给货币的金融机构是( )。
   A. 投资公司　　　　　B. 商业银行
   C. 证券公司　　　　　D. 中央银行

8. 西方学者一直主张把( )作为划分货币层次的主要依据。
   A. 流动性　　　　　　B. 风险性
   C. 营利性　　　　　　D. 安全性

9. 中国人民银行在2011年多次上调法定存款准备金率和存贷款基准利率,其政策效果是( )。
   A. 降低商业银行创造货币的能力,提高企业借贷成本
   B. 提高商业银行创造货币的能力,提高企业借贷成本
   C. 提高商业银行创造货币的能力,降低企业借贷成本
   D. 降低商业银行创造货币的能力,降低企业借贷成本

10. 下列通货膨胀的类型中,不属于按照通货膨胀的程度进行分类的是( )。
    A. 爬行式通货膨胀
    B. 结构型通货膨胀
    C. 温和式通货膨胀
    D. 奔腾式通货膨胀

11. 治理通货紧缩的举措中,一般不经常使用的政策措施是( )。
    A. 减税
    B. 扩张性货币政策
    C. 加快产业结构调整
    D. 增加财政支出

12. 凯恩斯认为,由交易动机和预防动机引起的货币需求取决于( )水平。
    A. 收入　　　　　　　B. 物价
    C. 利率　　　　　　　D. 汇率

13. 下列关于基础货币的说法中,正确的是( )。
    A. 它是单位定期存款和单位其他存款之和
    B. 中央银行通过其资产业务创造基础货币
    C. 它是中央银行的非货币性负债
    D. 中央银行通过卖出黄金投放基础货币

14. LM 曲线左侧的点,代表( )。
    A. 超额产品供给　　　B. 超额货币需求
    C. 超额产品需求　　　D. 超额货币供给

15. 货币已完全丧失价值储藏功能,部分丧失了交易媒介功能。这一通货膨胀现象属于( )。
    A. 奔腾式通货膨胀　　B. 爬行式通货膨胀
    C. 温和式通货膨胀　　D. 超级通货膨胀

16. 费雪认为,短期内货币流通的速度和产出保持不变,所以,货币存量的变化会引起( )水平的变化。
    A. 价格　　　　　　　B. 收入
    C. 税率　　　　　　　D. 汇率

二、多项选择题

1. 在存款货币创造过程中,能够影响存款创造乘数的因素有( )。
   A. 再贷款率
   B. 现金漏损率
   C. 再贴现率
   D. 超额存款准备金率
   E. 法定存款准备金率

2. 紧缩的收入政策有( )。
   A. 工资-物价指导线
   B. 收入指数化
   C. 以税收为基础的收入政策
   D. 工资-价格管制及冻结
   E. 币制改革

3. 以下对于原始存款和派生存款关系描述正确的有( )。
   A. 原始存款以派生存款为基础
   B. 派生存款以原始存款为基础
   C. 二者只是理论上的区分
   D. 实践中可以清晰区分
   E. 派生存款是银行体系业务运营过程整体运行的结果

4. 在治理通货紧缩的政策措施中,扩张性的财政政策包括(　　)。
   A. 减税
   B. 增加财政支出
   C. 下调利率
   D. 增加货币供应
   E. 增加公开市场操作

5. 下列说法中,属于通货膨胀成因的有(　　)。
   A. 需求拉上
   B. 成本推进
   C. 供求混合作用
   D. 经济结构变化
   E. 流动性陷阱

6. 下列中央银行货币政策操作中,属于宽松货币政策操作范畴的有(　　)。
   A. 降低再贴现率
   B. 减少货币发行
   C. 降低准备金率
   D. 压缩再贷款额
   E. 购买有价证券

7. 成本推动说认为,造成生产成本提高的原因有(　　)。
   A. 增加工资
   B. 出口的增长
   C. 进口的减少
   D. 原材料成本上升
   E. 企业为了获得垄断利润

8. 下面物价上涨现象属于通货膨胀的有(　　)。
   A. 一次性的大涨
   B. 暂时性的大涨
   C. 季节性的上涨
   D. 一般商品的持续上涨
   E. 一般劳务的持续上涨

综合必刷

| 答案见 P174

(一)

伴随着中国经济不断回升向好,中国的 CPI 在 2009 年年末也开始由负转正,而且在 2010 年呈现逐季加快的趋势。物价高位运行,2011 年 7 月份数据显示全国居民消费价格总水平同比上涨 6.5%,食品价格上涨 14.8%,其中肉禽及其制品价格上涨 33.6%,影响价格总水平上涨约 2.08 个百分点。通胀压力依旧较高。

根据以上资料,回答下列问题:

1. 这种物价现象属于(　　)。
   A. 通货膨胀
   B. 通货紧缩
   C. 经济危机
   D. 正常的物价波动

2. 可以形成通货膨胀的原因包括(　　)。
   A. 需求拉上
   B. 成本推进
   C. 经济结构变化
   D. 经济制度变化

3. 为了治理这种物价问题,可以采取的货币政策措施有(　　)。
   A. 调低利率
   B. 提高利率
   C. 中央银行在公开市场卖出国债
   D. 中央银行在公开市场购入国债

4. 治理通货膨胀的主要政策措施包括(　　)。
   A. 紧缩总需求的政策
   B. 积极的财政政策
   C. 增加供给的政策
   D. 积极的消费政策

(二)

2008年受美国次贷危机的影响，蹒跚前行的全球经济引发了人们对通货紧缩的担忧，由次贷危机引发的大范围的金融危机，已经危害到各个经济领域，制造、加工等实体经济也受到很大损害。世界市场的萎缩，中国传统的出口产品一下子就失去了市场，大量的产能过剩，人员失业、市场出现了疲软状况。

根据以上资料，回答下列问题：

1. 为了使经济迅速走出低谷，保持较快的经济增长，中央银行配合财政部门应该采取的对策是（　　）。

  A. 松的货币政策和松的财政政策　　B. 松的货币政策和紧的财政政策
  C. 紧的货币政策和松的财政政策　　D. 紧的货币政策和紧的财政政策

2. 通货紧缩的标志是（　　）。

  A. 财政赤字持续增加　　B. 价格总水平持续上升
  C. 价格总水平持续下降　　D. 经济增长率持续下降

3. 为了治理通货紧缩问题，可以采取的财政政策措施有（　　）。

  A. 下调利率　　B. 减税
  C. 加大公开市场操作的力度　　D. 增加财政支出

4. 为了治理通货紧缩问题，可以采取的货币政策措施有（　　）。

  A. 降低利率　　B. 中央银行在公开市场卖出国债
  C. 提高利率　　D. 中央银行在公开市场买入国债

(三)

2008年底爆发的全球金融危机波及H国，导致H国外贸出口大幅度下降。大量企业倒闭，工人失业，经济增长停滞。为保障经济增长和提升就业，H国出台了一揽子经济刺激方案，如增加国家基础建设投资支出、通过公开市场操作向市场释放大量流动性等，造成市场需求旺盛但有效供给不足。与此同时，在国际上，美国不断推出量化宽松的货币政策，美元泛滥造成国际大宗商品价格猛涨，传导到H国造成原材料价格上涨。2010年H国各月CPI同比增长的数据如下：1月增长1%，2月增长3.1%，3月增长3.3%，4月增长3%，5月增长3.4%，6月增长3.5%，7月增长3.7%，8月增长3.7%，9月增长3.9%，10月增长4.4%，11月增长5.1%，12月增长5.2%。人们在经济生活中普遍形成了价格持续上涨的预期。

根据以上资料，回答下列问题：

1. 2010年，H国通货膨胀的类型是（　　）。

  A. 恶性通货膨胀　　B. 温和式通货膨胀
  C. 奔腾式通货膨胀　　D. 爬行式通货膨胀

2. 2010年，H国通货膨胀的成因是（　　）。

  A. 经济结构变化　　B. 成本推进
  C. 国际收支失衡　　D. 需求拉上

3.为保障经济增长和提升就业,H 国出台一揽子经济刺激方案,造成市场需求旺盛但有效供给不足。对此,H 国还可以采取的财政政策是(   )。

A.改革币制　　　　　　　　　　　　B.增加税收

C.收入指数化　　　　　　　　　　　D.提高工资收入

4.针对日益严重的通货膨胀预期,H 国中央银行可能采取的货币政策措施是(   )。

A.降低利率　　　　　　　　　　　　B.增加对商业银行再贷款

C.降低存款准备金率　　　　　　　　D.提高再贴现率

(四)

央行在公开市场上买入国债 300 亿元,购入商业银行持有的中央银行票据 400 亿,法定存款准备金率 12%,超额准备金率 3%,现金漏损率 5%。

根据以上资料,回答下列问题:

1.关于此操作,下面说法正确的是(   )。

A.投放货币增加流动性　　　　　　　B.回笼货币减少流动性

C.作用过于猛烈,缺乏弹性　　　　　D.银行存储需要时间,不能立即生效

2.按此操作人民银行增减 1 元基础货币,货币供应量增加或减少(   )。

A.5　　　　　　B.5.15　　　　　　C.5.25　　　　　　D.5.75

3.此操作货币供应量(   )。

A.增加 3 675　　B.减少 3 675　　C.增加 3 875　　D.减少 3 875

4.此操作对货币市场的影响是(   )。

A.净回笼 100 亿元　　　　　　　　　B.净投放 100 亿元

C.净回笼 700 亿　　　　　　　　　　D.净投放 700 亿

(五)

某商业银行收到一笔 200 万元的原始存款,法定存款准备金率为 5%,并且该银行持有 5% 的超额准备金,流通中现金漏损率为 10%。

根据以上资料,回答下列问题:

1.根据存款创造规则,存款乘数为(   )。

A.25　　　　　　B.4　　　　　　C.5　　　　　　D.5.5

2.根据存款创造的基本原理,上述原始存款通过商业银行创造的派生存款为(   )万元。

A.1 000　　　　B.950　　　　　C.550　　　　　D.650

3.根据我国的货币层次划分标准,M2 不包括(   )。

A.商业票据　　　B.流通中现金　　C.单位定期存款　　D.储蓄存款

4.如果中央银行希望增加货币供给量,可以采取的措施有(   )。

A.提高再贴现率　　　　　　　　　　B.提高法定存款准备金率

C.降低法定存款准备金率　　　　　　D.降低再贴现率

（六）

设某地区某时流通中的通货为1 500亿元,中央银行的法定存款准备金率为7%,商业银行的存款准备金为500亿元,存款货币总量为4 000亿元。

根据以上资料,回答下列问题:

1. 下列属于基础货币的有(   )。
   A. 通货   B. 存款准备金   C. 货币供应量   D. 存款货币

2. 该地区当时的货币乘数为(   )。
   A. 2   B. 2.75   C. 3   D. 3.25

3. 该地区当时的货币供应量为(   )亿元。
   A. 3 000   B. 4 500   C. 5 500   D. 6 000

4. 若中央银行将法定存款准备金率上调为8%,则该地区当时的货币供应量将(   )。
   A. 减少   B. 不变   C. 不确定   D. 增加

第11章 开放经济均衡

考情概述

本章知识点较多,主要考点包括国际收支平衡表的账户构成、国际收支不均衡的调节措施、国际储备的构成、国际储备的结构管理、国际资本流动、IS-LM-BP 曲线均衡点、蒙代尔-弗莱明模型。考生在复习时应静下心来,不要着急,通过对比进行记忆。

要点速览

序号	要点总览	要点清单
1	国际收支及其平衡	1.国际收支平衡表的账户构成 2.国际收支不均衡的调节措施
2	国际储备政策	3.国际储备的构成 4.国际储备的结构管理
3	国际资本流动	5.外债和外债管理 6.我国的外债管理制度
4	开放经济条件下的内外均衡	7.IS-LM-BP 曲线均衡点 8.蒙代尔-弗莱明模型

考点必刷

考点 1 国际收支平衡表的账户构成 ★★★

[典题·2021] 国际收支平衡表中的经常账户反映的是居民与非居民之间(　　)的流量。

A.出售土地　　　　　　　　B.货物
C.服务　　　　　　　　　　D.初次收入
E.二次收入

答案 BCDE　经常账户反映的是居民与非居民之间货物、服务、初次收入和二次收入的流量。选项 A 错误,向使馆出售的土地、资本转移等属于资本账户。故选 BCDE。

要点透析

国际收支平衡表的账户	
类型	内容
经常账户	反映的是居民与非居民之间货物、服务、初次收入和二次收入的流量
资本和金融账户	(1)资本账户(资本项目),显示的是居民与非居民之间的资本转移和非生产、非金融资产的取得和处置。 (2)金融账户(金融项目),反映的是金融资产和负债的获得及处置净额
误差与遗漏净额	误差和遗漏净额账户是为使国际收支平衡表保持平衡而人为设置的平衡账户

考点 2 ▶ 国际收支不均衡的调节措施 ★

[典题·2021] 下列政策措施中,既可以调节经常账户收支,又可以调节资本与金融账户收支的是( )。

A.外贸管制政策 B.货币政策
C.直接动用本国的国际储备 D.向国家争取短期信用融资

【答案】 B 财政政策和汇率政策主要调节经常账户收支。货币政策既调节经常账户收支也调节资本账户收支。故选 B。

考点 3 ▶ 国际储备的构成 ★★

[典题·2020] 可以被非货币基金组织成员国当作国际储备的资产有( )。

A.外汇储备 B.特别提款权
C.黄金储备 D.实物资产
E.在国际货币基金组织的储备头寸

【答案】 AC 选项 AC 正确,国际储备的构成包括黄金储备、外汇储备、在国际货币基金组织的储备头寸和特别提款权。选项 BE 错误,在国际货币基金组织的储备头寸和特别提款权这两项国际储备,只有国际货币基金组织的成员方才拥有。选项 D 错误,国际储备是货币资产,不包括实物资产。故选 AC。

考点 4 ▶ 国际储备的结构管理 ★★★

[典题·2022] 关于国际储备管理的说法,正确的有( )。

A.储备货币发行国通常对国际储备需求较小
B.国际储备资产结构的优化集中在黄金储备和外汇储备结构的优化
C.实行固定汇率制度的国家需要较少的国际储备
D.国际储备需求量与国际支出的流量呈正相关关系
E.国际储备需求量与经济规模呈负相关关系

扫码看题

【答案】 ABD 选项 C 错误,如果实行固定汇率制度或其他弹性低的汇率制度,则对干预外汇市场、稳定汇率的国际储备需求就多。选项 E 错误,经济规模与对外开放程度与国际储备需求量呈正相关关系。故选 ABD。

考点 5 ▶ 外债和外债管理 ★

[典题·2024] 根据国际通行标准,一个国家负债率的国际警戒线为( )。

A.100% B.20% C.10% D.50%

【答案】 B 根据国际通行标准,20%的负债率、100%的债务率、20%的偿债率和25%的短期债务率是债务国控制外债总量的警戒线。故选 B。

考点 6 ▶ 我国的外债管理制度 ★★

[典题·2019] 国家外汇管理局按季对外公布的全口径外债包括( )。

A.以黄金表示的外债 B.以一篮子货币表示的外债
C.以普通提款权形式存在的外债 D.以外币表示的外债
E.以人民币形式存在的外债

【答案】 DE 全口径外债指的是将人民币外债计入我国外债统计的范围之内的外债,包含两个部分,第一部分是以外币表示的对外债务;第二部分是直接以人民币形式存在的外债。故选 DE。

考点 7 IS-LM-BP 曲线均衡点 ★★★

[典题·2020] 如果 IS、LM 和 BP 曲线存在共同的交点,则在该点上各曲线所代表的子市场同时处于均衡状态,这些子市场有( )。

A.货币市场 B.产品市场
C.黄金市场 D.外汇市场
E.股票市场

【答案】 ABD 如果 IS、LM 和 BP 曲线存在共同的交点,表明国内产品市场、货币市场和外汇市场同时处于均衡。故选 ABD。

🚀 要点透析

(1)凡能影响汇率的因素(如利率、实际国民收入、价格水平等)都会使 BP 曲线移动。

(2)IS-LM 曲线和 BP 曲线相交于 E 点,表明在 E 点,整个开放经济条件下的产品市场、货币市场和外汇市场同时处于一般均衡状态。

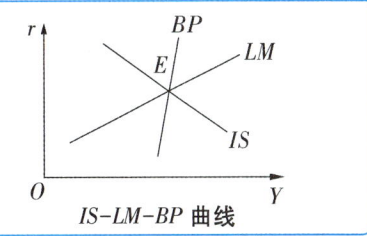

IS-LM-BP 曲线

考点 8 蒙代尔-弗莱明模型 ★

[典题·2021] 关于蒙代尔-弗莱明模型的分析,正确的有( )。

A.财政政策在浮动汇率下对刺激经济效果甚微或毫无效果
B.财政政策在固定汇率下对刺激经济效果显著
C.货币政策在浮动汇率下对刺激经济效果显著
D.货币政策在固定汇率下对刺激经济毫无效果
E.财政政策在浮动汇率下对刺激经济效果显著

【答案】 ABCD 蒙代尔-弗莱明模型的基本结论是:货币政策与财政政策影响总收入的效力取决于汇率制度。**货币政策在固定汇率下对刺激经济毫无效果,在浮动汇率下效果显著;财政政策在固定汇率下对刺激经济效果显著,在浮动汇率下则效果甚微或毫无效果。** 故选 ABCD。

基础必刷

| 答案见 P176

一、单项选择题

1.根据蒙代尔-弗莱明模型,在固定汇率和资本完全流动条件下调节总需求时,采用( )容易取得显著效果。
A.财政政策
B.货币政策
C.外汇管制政策
D.财政政策和货币政策

2.关于国际收支不平衡调节必要性,下列说法中错误的是( )。
A.国际收支不平衡的调节是保增长的要求
B.国际收支不平衡的调节是稳定物价的要求
C.国际收支不平衡的调节是稳定汇率的要求
D.国际收支不平衡的调节是保有适量外汇储备的要求

3. 外债结构管理的核心是( )。
   A. 保持适当外债总量　B. 优化外债结构
   C. 强化偿债能力　　　D. 强化营运能力

4. 在国际储备的结构管理中,国际储备资产结构的优化集中在( )结构的优化上。
   A. 黄金储备和特别提款权
   B. 黄金储备和外汇储备
   C. 特别提款权和IMF储备头寸
   D. 外汇储备和IMF储备头寸

5. 在固定汇率制度下,失业增加与国际收支逆差,或者通货膨胀与国际收支顺差这两种特定的经济状态组合,称为( )。
   A. 米德冲突
   B. 斯旺模型
   C. 丁伯根法则
   D. 蒙代尔政策指派原则

6. 当一国出现国际收支顺差时,该国货币当局会投放本币,收购外汇,从而导致( )。
   A. 外汇储备增多,通货膨胀
   B. 外汇储备增多,通货紧缩
   C. 外汇储备减少,通货膨胀
   D. 外汇储备减少,通货紧缩

7. BP曲线的斜率的决定因素是资本流动的( )。
   A. 收入弹性　　　B. 价格弹性
   C. 利率弹性　　　D. 名义利率

8. 如果我国人民币实现国际化,被其他国家作为储备货币,则我国就成为储备货币发行国。到那时,我国的国际储备就可以( )。
   A. 增加外汇储备　B. 保有较少总量
   C. 投资更多股权　D. 增加资源储备

9. 将人民币外债计入我国外债统计的范围之内的外债是指( )。
   A. 半口径外债　　B. 小口径外债
   C. 大口径外债　　D. 全口径外债

10. 某国未清偿外债余额为1 200亿美元,国内生产总值为8 000亿美元,货物服务出口总额为1 600亿美元,当年外债还本付息总额为400亿美元,则该国外债债务率为( )。
    A. 15%　　　　B. 75%
    C. 25%　　　　D. 5%

11. 国际储备额与国民生产总值之比一般为( )。
    A. 10%　　　　B. 15%
    C. 20%　　　　D. 25%

12. 国际收支均衡是指( )的收入和支出的均衡。
    A. 自主性交易　B. 补偿性交易
    C. 经济交易　　D. 货币交易

13. 在监测外债总量是否适度的指标中,负债率等于( )。
    A. 当年未清偿外债余额÷当年国内生产总值×100%
    B. 当年未清偿外债余额÷当年货物服务出口总额×100%
    C. 当年外债还本付息总额÷当年货物服务出口总额×100%
    D. 当年外债还本付息总额÷当年国内生产总值×100%

14. 在我国,负责1年期以上的中长期外债管理的是( )。
    A. 商务部　　　　B. 全国人大常委会
    C. 国家发改委　　D. 国家外汇管理局

15. 1996年12月1日,我国正式接受《国际货币基金协定》第八条款。这意味着,我国从此实现了人民币在( )项下可兑换。
    A. 商品项目　　　B. 经常项目
    C. 资本项目　　　D. 错误与遗漏项目

二、多项选择题

1. 在外债总量管理中,外债的吸收能力取决于债务国的( )。
   A. 负债能力　　B. 管理能力
   C. 营运能力　　D. 偿债能力
   E. 扩张能力

2. 不能作为国际储备资产的有（　　）。
   A. 非货币性黄金
   B. 外汇储备
   C. 国际货币基金组织的储备头寸
   D. 特别提款权
   E. 跨国企业持有的外汇资产

3. 近年来，我国的国际收支持续出现顺差。为了缓解这一趋势，我国可以采用的调节政策有（　　）。
   A. 紧缩性的财政政策
   B. 宽松性的货币政策
   C. 允许人民币升值
   D. 放宽企业对外直接投资的外汇管制
   E. 鼓励高附加值的外商直接投资流入

4. 国际收支逆差时，可以采用（　　）。
   A. 紧缩的财政政策
   B. 宽松的财政政策
   C. 紧缩的货币政策
   D. 宽松的货币政策
   E. 本币法定贬值

5. 国家外汇管理局规定，我国外债的种类包括（　　）。
   A. 国际金融组织的贷款
   B. 外商对华直接投资
   C. 发行的外币债券
   D. 外国企业的贷款
   E. 外国金融机构的贷款

6. 根据新的外债统计口径，以下不属于我国外债范畴的有（　　）。
   A. 某合资企业中外商所占的股份
   B. 境内某公司在香港发行的H股
   C. 财政部在香港发行的美元债券
   D. 境内外资银行的对内负债
   E. 境外银行对境内企业的本币贷款

7. 国际储备的功能有（　　）。
   A. 弥补国际收支逆差
   B. 调节永久性的国际收支不平衡
   C. 稳定本国货币汇率
   D. 维持国际资信和投资环境
   E. 促进金融稳定

8. 在开放经济条件下，影响货币需求的因素包括（　　）。
   A. 国际收支　　　　B. 汇率水平
   C. 国内外利差　　　D. 国外通货膨胀率
   E. 货币政策

9. 关于斯旺模型的表述，正确的有（　　）。
   A. EB 曲线为外部均衡线
   B. IB 曲线为内部均衡线
   C. 所有 IB 曲线以下的点均处于通货膨胀的状态
   D. 横轴为国内支出
   E. 纵轴为实际汇率

10. "三元悖论"中的三个目标包括（　　）。
    A. 固定汇率制度
    B. 浮动汇率制度
    C. 资本自由流动
    D. 货币政策独立
    E. 财政政策独立性

提升必刷

| 答案见 P177

一、单项选择题

1. 直接投资以（　　）为标志。
   A. 参与公司经营管理
   B. 获得企业、公司的控制权
   C. 参与公司经营层人员任免
   D. 参股比例达到50%以上

2. 测度国际储备总量是否适度的经验指标不包括（　　）。
   A. 国际储备额与国民生产总值之比
   B. 国际储备额与进口额之比
   C. 国际储备额与外债总额之比
   D. 国际储备额与国内生产总值之比

3. 在国际储备管理中,力求降低软币的比重,提高硬币的比重,是着眼于(　　)。
   A. 国际储备总量的适度
   B. 国际储备资产结构的优化
   C. 外汇储备资产结构的优化
   D. 外汇储备货币结构的优化

4. 以下属于中长期资本流动的消极效应的是(　　)。
   A. 可能加剧国际金融市场动荡
   B. 可能加剧国际收支逆差和国际收支失衡
   C. 可能导致资本输出国产业空心化
   D. 造成汇率大起大落,投机更加盛行

5. 当一国采取宏观政策调节措施努力实现某一均衡目标时,这一调节措施很可能会同时带来另一均衡问题的改善,称为(　　)。
   A. 内部均衡和外部均衡的相互改善
   B. 内部均衡和外部均衡的相互协调
   C. 内部均衡和外部均衡的相互冲突
   D. 内部均衡和外部均衡的相互促进

6. 改变社会总需求或国民经济中支出总水平的政策称为(　　)。
   A. 支出增减政策
   B. 支出转换政策
   C. 宏观调控政策
   D. 需求调节政策

7. 目前我国外债管理实行(　　)。
   A. 指标管理
   B. 注册管理
   C. 计划管理
   D. 登记管理

8. 当国际收支出现逆差时,一国之所以采用本币贬值的汇率政策,是因为本币贬值以后,以外币标价的出口价格下降,而以本币标价的进口价格上涨,从而(　　)。
   A. 刺激出口和进口
   B. 限制出口和进口
   C. 刺激出口,限制进口
   D. 限制出口,刺激进口

9. 2015年11月,国际货币基金组织将(　　)纳入特别提款权(SDR)货币篮子,SDR货币篮子扩大至五种货币。
   A. 日元
   B. 美元
   C. 英镑
   D. 人民币

10. 国际收支逆差时,紧缩的货币政策会使价格下跌,从而(　　)。
    A. 使出口减少、进口增加
    B. 刺激出口和进口
    C. 限制出口和进口
    D. 使出口增加、限制进口

二、多项选择题

1. 关于我国对国际收支顺差采取的调节政策和措施,说法正确的有(　　)。
   A. 逐步放宽和取消经常项目下的外汇管制
   B. 逐步放宽资本项目下的外汇管制
   C. 降低对出口的激励力度,改变外贸增长方式,调整外贸出口结构
   D. 优化利用外资结构,限制高能耗、重污染、附加值低的直接投资流入
   E. 对国外投资性的资金采取密切监控的高压政策

2. 引发国际资本流动的原因包括(　　)。
   A. 过剩资本的存在
   B. 利率、汇率的影响
   C. 政治、经济风险
   D. 融资环境
   E. 资本预期收益率

3. 通常所说的外资是指(　　)。
   A. 国际直接投资
   B. 国际间接投资
   C. 证券投资
   D. 借入外债
   E. 外汇存款

4. 当前纳入特别提款权货币篮子的货币有(　　)。
   A. 欧元
   B. 瑞士法郎
   C. 人民币
   D. 美元
   E. 英镑

5. 我国外债管理的主体有(　　)。
   A. 商务部
   B. 财政部
   C. 国家外汇管理局
   D. 国家发改委
   E. 国家税务总局

第11章 开放经济均衡

综合必刷

| 答案见 P178

(一)

据统计,某年我国国内生产总值为74 970亿美元;该年我国货物服务出口总额为20 867亿美元,经常账户收支顺差为2 017亿美元,资本和金融账户收支顺差为2 211亿美元,国际储备资产增加3 878亿美元,该年年底未清偿外债余额为5 489亿美元。

根据以上资料,回答下列问题:

1. 我国外债的负债率为( )。
   A.7.3% B.18.2% C.26.3% D.37.4%

2. 我国外债的债务率为( )。
   A.7.3% B.9.6% C.26.3% D.42.1%

3. 我国经常账户收支顺差额与资本和金融账户收支顺差额之和,大于国际存储资产增加额,意味着贷方总额大于借方总额,其差额应当记入( )。
   A.经常账户
   B.储备资产账户
   C.资本和金融账户
   D.误差与遗漏净额账户

4. 假定其他因素不变,我国的国际收支顺差会导致我国( )。
   A.投放本币,收购外汇,通货膨胀
   B.人民币升值
   C.增加外汇储备
   D.动用外汇储备,回笼本币

(二)

假设某国2021年的各项经济指标如下:国内生产总值4 780亿美元;年底未清偿外债余额为580亿美元,其中大约有70%的债务从美国借入,并且短期外债达到75%;当年货物服务出口总额为700亿美元;当年外债还本付息总额为350亿美元。

根据以上资料,回答下列问题:

1. 该国的负债率为( )。
   A.14.6% B.7.3% C.12.1% D.8.2%

2. 与国际通行警戒线相比,该国的负债率( )。
   A.超过 B.未超过 C.相等 D.不确定

3. 该国的债务率为( )。
   A.50% B.82.9% C.12.1% D.120.1%

4. 与国际通行警戒线相比,该国的债务率( )。
   A.超过 B.未超过 C.相等 D.不确定

(三)

某国对外开放程度和外贸依存度都较高,国际融资尤其是短期融资规模相对较大。该国货币波动比较频繁,长期实行干预外汇市场等比较强烈的汇率制度。最新数据显示,2017年年底,该国的国际储备为7 000亿美元,国民生产总值为23 000亿美元,外债总额为8 800亿美元,当年的进口额为 6 000 亿美元。

根据以上资料,回答下列问题:

1. 决定该国国际储备总量的主要因素是( )。
   A.利率制度以及市场化程度
   B.汇率制度及外汇干预情况
   C.外债规模与短期融资能力
   D.经济规模与对外开放程度
2. 该国的国际储备额与国民生产总值之比( )。
   A.远低于经验指标
   B.略低于经验指标
   C.高于经验指标
   D.等于经验指标
3. 该国的国际储备额与外债总额之比是( )。
   A.61.82%
   B.79.55%
   C.35.69%
   D.48.33%
4. 该国 7 000 亿美元国际储备额能够满足( )。
   A.13 个月的进口需求
   B.14 个月的进口需求
   C.16 个月的进口需求
   D.15 个月的进口需求

第12章 风险管理与金融监管

考情概述

本章考查偏记忆,较多考查教材原文。主要考点包括金融风险管理、金融危机的分类及危害、金融监管的基本原则、金融监管理论、内部控制框架、银行业监管的主要内容、银行业监管的基本方法。考生在复习时,可以在理解的基础上适当做题加深印象,熟悉知识点。

要点速览

序号	要点总览	要点清单
1	金融风险管理	1.金融风险分类 2.风险管理的策略与流程 3.全面风险管理 4.市场风险的管理
2	金融脆弱性与金融危机	5.金融危机的分类及危害
3	金融监管概述	6.金融监管的基本原则 7.金融监管理论
4	银行监管的国际规则	8.内部控制框架
5	我国金融监管框架和内容	9.银行业监管的主要内容 10.银行业监管的基本方法

考点必刷

考点1 金融风险分类 ★

[典题·2023] 某银行无法以合理成本及时获得充足资金用于偿付到期债务,则该银行面临的风险类型是( )。

A.流动性风险　　B.市场风险　　C.系统性风险　　D.操作风险

答案 A 根据2018年《商业银行流动性风险管理办法》,流动性风险是指商业银行无法以合理成本及时获得充足资金,用于偿付到期债务、履行其他支付义务和满足正常业务开展的其他资金需求的风险。故选A。

考点2 风险管理的策略与流程 ★★★

[典题·2021] 商业银行风险管理流程包括( )。

A.风险监测　　　　　　　B.风险计量
C.风险识别　　　　　　　D.风险对冲
E.风险控制

扫码看题

【答案】ABCE 选项 ABCE 正确,**我国商业银行的风险管理流程主要包括风险识别、风险计量、风险监测和风险控制四个环节**。选项 D 错误,商业银行风险控制是对经过识别和计量的风险采取分散、对冲、转移、规避、控制等策略和措施,进行有效管理和控制的过程。商业银行风险控制可以分为事前控制和事后控制。"风险对冲"属于风险控制的一种措施。故选 ABCE。

要点透析

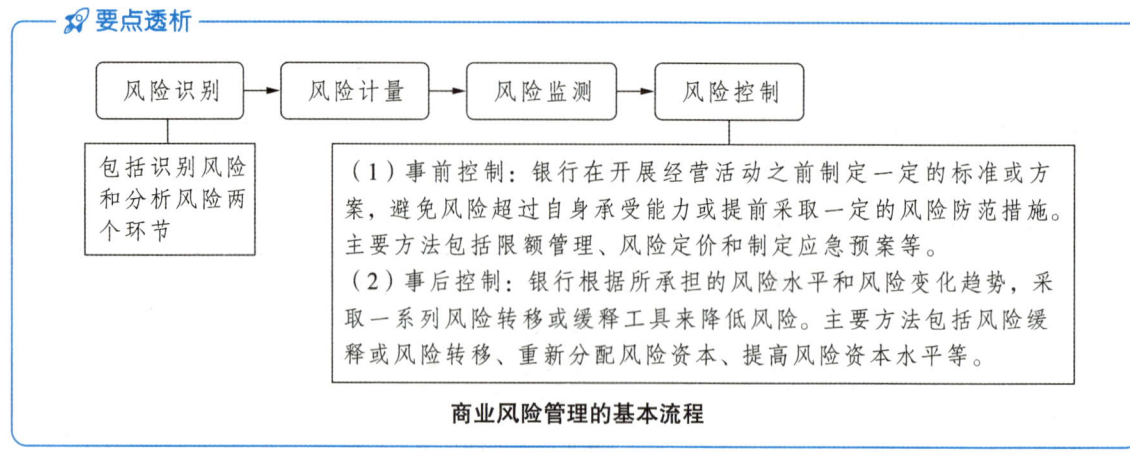

商业风险管理的基本流程

考点 3 全面风险管理 ★★

[典题·2023] 2017 年 9 月,COSO 发布《企业风险管理——战略与绩效的结合》,修订的内容包括( )。

A.明确了全面风险管理是一个维度的立体系统
B.明确了企业层级包括整个企业、各职能部门、各条业务线及下属子公司
C.采用原则为导向的框架帮助董事会和管理层制定和评价风险管理绩效
D.重新定义了企业风险管理
E.改用价值创造链条描述风险管理要素与企业使命、愿景和核心价值观的关系

【答案】CDE 选项 AB 错误,其表述属于 2004 年《企业风险管理——整合框架》的内容。2017 年 9 月,COSO 发布《企业风险管理——战略与绩效的结合》,修订包括:①重新定义了企业风险管理,认为企业风险管理是一种与战略制定及实施相整合的文化、能力和实践,旨在创造、维护和实现价值过程中管理风险(选项 D 正确)。②改用价值创造链条描述风险管理要素与企业使命、愿景和核心价值观的关系,以及如何通过战略制定和具体的业务目标影响企业绩效(选项 E 正确)。③整合风险管理基本要素,采用原则为导向的框架帮助董事会和管理层制定和评价风险管理绩效(选项 C 正确)。故选 CDE。

考点 4 市场风险的管理 ★

[典题·2019] 金融风险管理中,控制市场风险的基本方法有( )。

A.经济资本配置 B.表外对冲
C.资产证券化 D.表内对冲
E.限额管理

【答案】ABDE 市场风险控制的基本方法包括限额管理、市场风险对冲及经济资本配置。商业银行常用的市场风险限额包括交易限额、风险限额、止损限额和敏感度限额。市场风险对冲包

括表内对冲和表外对冲。故选ABDE。

考点 5 金融危机的分类及危害 ★★★

扫码看题

[典题·2024] 金融危机的主要危害有(　　)。

A.降低货币政策效率,增加货币政策实施难度

B.抑制经济复苏,打击经济增长

C.信用过度扩张,企业信用过分紧缩

D.中央银行财政负担加重,地方政府财政大量盈余

E.使金融机构陷入经营困境

答案 ABE　金融危机的主要危害有:①使金融机构陷入经营困境;②加重政府财政负担;③降低货币政策效率,增加货币政策实施难度;④造成银行信用过分紧缩;⑤抑制经济复苏,打击经济增长。故选ABE。

考点 6 金融监管的基本原则 ★★

[典题·2020] 为提高监管实效,规范金融运作,维护金融稳定,金融监管应坚持的基本原则主要有(　　)。

A.安全稳健与效率并重原则　　　　B.依法监管原则

C.监管主体独立原则　　　　　　　D.适度竞争原则

E.内部监管与自律并重原则

答案 ABCD　金融监管的基本原则主要有六个方面:①**监管主体独立性原则**;②**依法监管原则**;③**外部监管与自律并重原则**;④**安全稳健与经营效率结合原则**;⑤**适度竞争原则**;⑥**统一性原则**。故选ABCD。

考点 7 金融监管理论 ★

[典题·2018] 在金融市场失灵条件下,市场机制不能带来资源的最优配置,因此需要政府进行金融监管,这种观点符合(　　)。

A.公共利益论　　　B.特殊利益论　　　C.社会选择论　　　D.监管辩证论

答案 A　公共利益论认为自由的市场机制不能带来资源的最优配置,需要作为社会公共利益代表的政府在不同程度上介入经济过程,通过实施管制以纠正市场缺陷,避免市场破产。故选A。

考点 8 内部控制框架 ★★★

[典题·2020] 某商业银行对其内部控制系统进行评估,属于其评估内容的是(　　)。

扫码看题

A.信息与沟通　　　B.组织流程再造　　　C.技术手段创新　　　D.信贷资产管理

答案 A　COSO在其《内部控制——整合框架》中正式提出内部控制由五项要素构成:①控制环境;②风险评估;③控制活动;④信息与沟通;⑤监督。巴塞尔委员会在颁布的《银行内部控制系统的框架》中,提出商业银行的内部控制系统包括:①管理监督与控制文化;②风险识别与评估;③控制活动与职责划分;④信息与沟通;⑤监管活动与错误纠正。故选A。

要点透析

商业银行内部控制的要素

项目	内容
COSO《内部控制——整合框架》	商业银行内部控制的要素： (1)控制环境。 (2)风险评估。 (3)控制活动。 (4)信息与沟通。 (5)监督。
《商业银行内部控制指引》	(1)商业银行内部控制的目标： ①保证国家有关法律法规及规章的贯彻执行。 ②保证商业银行发展战略及经营目标的实现。 ③保证商业银行风险管理的有效性。 ④保证商业银行业务记录、会计信息及其他管理信息的真实、完整、准确和及时。 (2)基本原则：全覆盖、制衡性、审慎性、相匹配

考点 9 银行业监管的主要内容 ★★

[典题·2021] 根据《商业银行资本管理办法(试行)》关于商业银行各级资本充足率的说法，正确的是(　　)。

A.核心一级资本充足率不得低于 4.5%、一级资本充足率不得低于 5%、资本充足率不得低于 8%

B.核心一级资本充足率不得低于 4%、一级资本充足率不得低于 6%、资本充足率不得低于 10%

C.核心一级资本充足率不得低于 4%、一级资本充足率不得低于 5%、资本充足率不得低于 8%

D.核心一级资本充足率不得低于 5%、一级资本充足率不得低于 6%、资本充足率不得低于 8%

[答案] D　根据 2013 年 1 月 1 日起施行的《商业银行资本管理办法(试行)》，核心一级资本充足率不得低于 5%、一级资本充足率不得低于 6%、资本充足率不得低于 8%。故选 D。

考点 10 银行业监管的基本方法 ★

[典题·2022] 通常称为银行业风险监管"三驾马车"的基本方法是指(　　)。

A.市场准入、非现场监管和现场检查

B.中国人民银行、中国银保监会、中国证监会分工协作监管

C.管法人、管高管和管内控

D.罚机构、罚高管和移送司法机关追究刑事责任

[答案] A　银行业监管的基本方法有三种，即市场准入、非现场监管和现场检查，通常被称为银行业风险监管的"三驾马车"。故选 A。

第12章 风险管理与金融监管

基础必刷

| 答案见 P179

一、单项选择题

1. 为了合并母子公司的财务报表,将用外币记账的外国子公司的财务报表转变为用母公司所在国货币重新做账时,导致账户上股东权益项目的潜在变化所造成的风险是( )。
   A.交易风险　　　　B.折算风险
   C.经济风险　　　　D.投资风险

2. ( )是指商业银行运用合格的抵质押品、净额结算、保证和信用衍生工具等方式转移或降低信用风险。
   A.信用风险缓释　　B.信用风险控制
   C.信用风险转移　　D.信用风险降低

3. 目标设定、事件识别和风险对策属于( )的要素。
   A.金融风险管理流程　B.全面风险管理
   C.内部控制　　　　D.控制活动

4. 商业银行信用风险的管理机制不包括( )。
   A.审贷分离机制　　B.久期管理机制
   C.授权管理机制　　D.额度管理机制

5. 金融机构在追求短期商业目的和长期发展目标的过程中,不适当的发展规划和战略决策给金融机构造成损失或不利影响。这种风险指的是( )。
   A.声誉风险　　　　B.战略风险
   C.经济风险　　　　D.市场风险

6. 我国某居民在购房时向商业银行借入按揭贷款,在借款期内中国人民银行宣布加息;该居民的借款利率随之被商业银行上调,导致该居民的利息成本提高,这种情形说明该居民因承受( )而蒙受了经济损失。
   A.信用风险　　　　B.利率风险
   C.汇率风险　　　　D.操作风险

7. 在以外币结算的对外贸易中,如果外币对本币贬值,外币债权人的本币收入会减少,这种风险是( )。
   A.投资风险　　　　B.经济风险
   C.交易风险　　　　D.折算风险

8. 商业银行的缺口管理属于( )。
   A.利率风险管理　　B.信用风险管理
   C.汇率风险管理　　D.投资风险管理

9. 通过资产负债结构的有效搭配,使金融机构处于风险免疫状态来控制风险的方法是( )。
   A.风险抑制　　　　B.风险分散
   C.表外对冲　　　　D.表内对冲

10. 根据我国《证券公司监督管理条例》,下列关于证券公司市场准入条件的说法中,错误的是( )。
    A.证券公司股东的出资应是货币或经营中必需的非货币资产
    B.入股股东被判处刑罚执行完毕未逾3年者不得成为证券公司实际控制人
    C.单位或个人可以委托他人或接受他人委托,持有证券公司股权
    D.证券公司高级管理人员应有3名以上具有在证券业担任高级管理人员满2年的经历

11. 根据《证券公司监督管理条例》,我国负责对证券公司的退出实施监管的机构是( )。
    A.沪深证券交易所
    B.中国证券业协会
    C.国家工商行政管理机构
    D.国务院证券监督管理机构

12. 以下不属于市场准入监管的是( )。
    A.审批资本充足率

B.审批注册机构

C.审批注册资本

D.审批董事和高级管理人员任职资格

13.非现场监管是银行监管机构针对单个银行在( )的基础上收集、分析其经营稳健性和安全性的一种方式。

A.实地作业　　　B.合并报表

C.单一报表　　　D.经营设施

14.目前我国证券发行的审核制度是( )。

A.审批制　　　　B.注册制

C.额度制　　　　D.核准制

15.认为监管是政府对公众要求纠正某些社会个体和社会组织的不公正、不公平和无效率或低效率的一种回应,这种观点来自( )。

A.公共利益论　　B.特殊利益论

C.社会选择论　　D.经济监管论

二、多项选择题

1.商业银行内部控制应遵循的原则有( )。

A.全覆盖原则　　B.审慎性原则

C.流动性原则　　D.制衡性原则

E.相匹配原则

2.商业银行风险事前控制的主要方法包括( )。

A.风险缓释

B.限额管理

C.风险定价

D.制定应急预案

E.重新分配风险资本

3.以下属于商业银行风险事后控制方法的有( )。

A.风险定价　　　B.风险转移

C.重新分配风险资本　D.风险缓释

E.提高风险资本水平

4.商业银行的风险管理流程主要包括( )。

A.风险调查　　　B.风险计量

C.风险监测　　　D.风险控制

E.风险识别

5.下列有关商业银行风险管理的说法中,正确的有( )。

A.按风险发生的范围不同,可将风险划分为系统性风险和非系统性风险

B.风险分散只能减少或消除非系统性风险,并不能减少系统性风险

C.限额管理、提高风险资本水平和制定应急预案等属于风险控制的事前控制

D.通过存款保险制度来减少银行风险属于法律补偿

E.保持充足的自有资本是抵御风险的最终防线

6.《巴塞尔协议Ⅲ:危机后改革的最终方案》标志着巴塞尔委员会完成了资本充足率监管的三个基本要素的改革,这三个要素包括( )。

A.资本工具合格标准

B.市场行为和做市交易制度

C.风险加权资产计量方法

D.完善的公司治理结构要求

E.资本充足率监管要求的改革

7.COSO认为全面风险管理的维度有( )。

A.企业目标

B.企业层级

C.风险管理的要素

D.风险管理体系

E.风险管理流程

8.巴塞尔协议Ⅲ将资本划分为( )。

A.附属资本　　　B.核心一级资本

C.其他一级资本　D.二级资本

E.三级资本

9.下列说法中,属于商业银行对信用风险进行事前管理的方法有( )。

A.利用评级机构的信用评级结果

B.转让债权

C.进行"5C"分析

D.行使抵押权

E.进行"3C"分析

10. 目前金融监管理论主要包括( )。

A.公共利益论　　B.特殊利益论

C.社会选择论　　D.流动偏好理论

E.边际成本论

11. 银行业市场准入监管的内容有( )。

A.审批注册地点

B.审批注册机构

C.审批注册资本

D.审批董事和高级管理人员的任职资格

E.审批业务范围

12. 银行监管的基本方法有( )。

A.现场检查　　B.分业监管

C.集中监管　　D.非现场监管

E.市场准入

13. 下列属于金融监管基本原则的有( )。

A.统一性原则

B.单纯追求利益原则

C.监管主体独立性原则

D.适度竞争原则

E.外部监管与自律并重原则

提升必刷

| 答案见 P180

一、单项选择题

1. 风险转移分为保险转移和非保险转移,其中典型的非保险转移策略是( )。

A.出口信贷保险　　B.保证担保

C.抵押担保　　D.人身保险

2. 商业银行抵御风险的最终防线是要保持充足的( )。

A.盈余公积金　　B.自有资本

C.法定存款准备金　　D.超额存款准备金

3. 在订立合同时,将风险可能造成的损失计入价格之中,属于( )。

A.合同补偿　　B.非法补偿

C.保险补偿　　D.法律补偿

4. 依照我国《商业银行内部控制指引》,不属于内部控制参与主体的是( )。

A.全体股东　　B.全体员工

C.监事会　　D.董事会

5. 我国某企业在海外承建了某项目,但因海外爆发政府与反政府武装的冲突而不得不中断项目建设,并撤出人员,项目工地被洗劫,这种情形属于该企业的( )。

A.市场风险　　B.信用风险

C.国别风险　　D.操作风险

6. 根据贷款风险五级分类标准,贷款类别不包括( )。

A.正常类贷款　　B.优先类贷款

C.关注类贷款　　D.可疑类贷款

7. 根据巴塞尔协议Ⅲ的规定,应建立逆周期资本缓冲为( )。

A.0~2.5%　　B.0~2%

C.1%~3.5%　　D.1%~5%

8. 商业银行采用的贷款五级分类方法,属于信用风险的( )管理。

A.机制　　B.事前

C.事中　　D.事后

9. 下列关于利率风险的说法中,正确的是( )。

A.以浮动利率条件借入长期资金后利率下降,借方蒙受相对多付利息的经济损失

B.以固定利率条件借入长期资金后利率上升,借方蒙受相对多付利息的经济损失

C.以固定利率条件贷出长期资金后利率上升,贷方蒙受相对少收利息的经济损失

D.以浮动利率条件贷出长期资金后利率上升,贷方蒙受相对少收利息的经济损失

10. 以下不属于2012年版《有效银行监管核心原则》中"风险管理体系"主要内容的是(　　)。

A.风险管理的实际应用

B.确定监管资本的概念和范围

C.建立全面风险管理的公司治理

D.构建全面风险管理的基本要素框架

11. 巴塞尔协议Ⅲ要求,资本充足率加资本缓冲比率在2019年以前从现在的8%逐步升至(　　)。

A.8.5%　　　　　　B.9%

C.9.5%　　　　　　D.10.5%

12. 信用风险的评估方法不包括(　　)。

A.信用计量模型

B.credit risk$^+$模型

C.风险价值法

D.KMV模型

二、多项选择题

1. 商业银行常用的风险管理策略有(　　)。

A.风险预防　　　　B.风险分散

C.风险对冲　　　　D.风险抑制

E.风险计量

2. 按风险是否能分散,金融风险分为(　　)。

A.主观风险　　　　B.客观风险

C.合规风险　　　　D.系统性风险

E.非系统性风险

3. 下列方法中,属于利率风险管理的方法有(　　)。

A.做远期外汇交易

B.缺口管理

C.做货币衍生品交易

D.做利率衍生品交易

E.做结构性套期保值

4. 对于国别风险,企业层面的管理方法有(　　)。

A.在二级市场上转让国际债权

B.建立国别风险评级与报告制度

C.实行经济金融交易的国别多样化

D.实行跨国联合的股份化投资

E.金融监管当局在金融监管中要求商业银行对有关国家的债权保持最低准备金

5. 根据《商业银行贷款损失准备管理办法》,我国银行业监管机构设置(　　)指标考核商业银行贷款损失准备的充足率。

A.贷款拨备率　　　B.不良贷款率

C.流动比率　　　　D.拨备覆盖率

E.速动比率

6. 我国衡量资产安全性的贷款质量指标有(　　)。

A.不良资产率不得高于4%

B.不良贷款率不得高于5%

C.单一集团客户授信集中度不得高于15%

D.单一客户贷款集中度不得高于20%

E.全部关联度不得高于50%

7. 2022年年初,中国银保监会发布的非现场监管基础指标相关文件中,关于盈利性的指标有(　　)。

A 资产利润率

B.成本收入比率

C.中间业务收入比率

D.存贷利差

E.人民币超额备付金率

第12章 风险管理与金融监管

综合必刷

答案见 P181

（一）

我国某公司到某一发达国家建立一家分公司。该分公司的基本运营模式是，从母公司进口家用电器零部件，组装成最终产品，并在当地销售。在运营中，该分公司要保留一定数量的货币资金，并将货币资金用于在商业银行存款、购买公司债券和股票等；同时，也会向当地商业银行进行短期和中长期借款。该发达国家有发达的金融市场，能够进行所有的传统金融交易和现代金融衍生品交易。

根据以上资料，回答下列问题：

1. 该分公司在商业银行存款和购买公司债券时，承受的金融风险是（　　）。
   A.信用风险　　　　　　　　　　　　　B.投资风险
   C.声誉风险　　　　　　　　　　　　　D.国别风险中的主权风险

2. 该分公司为了控制在购买公司债券和向商业银行进行中长期借款中的利率风险，可以采取的方法是进行（　　）。
   A.远期外汇交易　　　B.利率期货交易　　　C.利率期权交易　　　D.股指期货交易

3. 该分公司为了控制从母公司进口零部件的汇率风险，可以采取的方法是（　　）。
   A.做远期利率协议　　B.进行远期外汇交易　C.做利率上下限　　　D.进行"3C"分析

4. 在市场风险的管理中，做远期外汇交易用于（　　）管理。
   A.信用风险　　　　　B.利率风险　　　　　C.汇率风险　　　　　D.投资风险

（二）

我国某汽车公司并购了某一发达国家的汽车公司。该发达国家具有发达的金融市场，能够进行所有的传统金融交易和现代金融衍生品交易。该汽车公司在并购中的运作行为和并购后的运营模式如下：

（1）为了补充并购资金的不足，从国内商业银行取得了5年期浮动利率的美元贷款；

（2）被并购的公司依然在该发达国家生产原有品牌的汽车，有部分汽车零部件转从我国进口，有部分汽车对我国出口；

（3）被并购的公司会将暂时闲置的货币资金在当地进行股票投资。

根据以上资料，回答下列问题：

1. 在从国内商业银行借入浮动利率的美元贷款中，该汽车公司承受的金融风险有（　　）。
   A.信用风险　　　　　B.利率风险　　　　　C.汇率风险　　　　　D.投资风险

2. 被并购的公司对我国出口汽车时，承受的金融风险有（　　）。
   A.利率风险　　　　　　　　　　　　　B.汇率风险
   C.投资风险　　　　　　　　　　　　　D.国别风险中的主权风险

3. 为了控制从我国进口汽车零部件时的汇率风险，被并购的公司可以采取的方法有（　　）。
   A.进行远期外汇交易　　　　　　　　　B.进行利率期货交易
   C.进行货币期货交易　　　　　　　　　D.进行利率期权交易

4.为了控制股票投资风险,被并购的公司可以采取的方法是( )。
  A.进行缺口管理	B.分散投资
  C.进行"5C"分析	D.购买股票型投资基金

(三)

某年6月,我国某银行在迪拜、新加坡、中国台湾地区、中国香港地区和伦敦发行等值40亿美元的"一带一路"债券,该债券采用固定的利率和浮动的利率两种计息方式,覆盖7个期限,包括人民币(50亿)、美元(23亿)、新加坡元(5亿)、欧元(5亿)4个币种。筹集的资金主要用于满足沿线分行资金需求,支持码头、电力、交通、机场建设等共建"一带一路"项目融资。

根据以上资料,回答下列问题:

1.作为该债券的发行者,我国某银行的金融风险有( )。
  A.信用风险	B.利率风险	C.汇率风险	D.投资风险

2.该债券的迪拜投资者承担的金融风险有( )。
  A.信用风险	B.利率风险	C.汇率风险	D.声誉风险

3.该银行在将所有筹集的资金用于共建"一带一路"的项目融资中时,要承担信用风险,为控制该风险,该银行可以采取的方法有( )。
  A.信用风险缓释	B.进行缺口管理	C.进行套期保值	D.信用风险转移

4.该银行在将所筹集的资金用于共建"一带一路"的项目融资中时,要承担国别风险中的转移风险。为控制该风险,该银行可以采取的方法有( )。
  A.进行利率衍生品的套期保值	B.评估借贷人所在国的国别风险
  C.采用辛迪加形式的联合贷款	D.保持负债的流动性

(四)

资产安全性监管是监管机构对银行机构监管的重要内容,监管重点是银行机构风险的公布、资产集中程度和关系人贷款。我国金融监管的重要依据是《商业银行风险监管核心指标(试行)》。我国某商业银行2019年年末的相关数据如下表所示。

(单位:亿元)

序号	项目	期末余额
1	资产净额	100
2	资产总额	1 200
3	信用资产总额	1 100
4	贷款总额 其中:正常贷款 关注贷款 次级贷款 可疑贷款 损失贷款	1 000 900 55 15 20 10
5	最大一家集团客户授信总额	15
6	最大一家客户贷款总额	12
7	全部关联授信总额	48

根据以上资料,回答下列问题:
1. 该银行的不良资产率为( )。
   A.1% B.1.8% C.3.75% D.5%
2. 监管机构规定的银行不良贷款率不得高于( )。
   A.4% B.5% C.6% D.8%
3. 计算授信集中度、贷款集中度和全部关联度的基础是( )。
   A.资产总额 B.贷款总额
   C.资本净额 D.授信总额
4. 该银行资产安全性指标没有达到规定标准的有( )。
   A.不良贷款率 B.不良资产率
   C.全部关联度 D.单一客户贷款集中度

（五）

近年来,我国某商业银行的经营环境不断改善,资产质量日益提高。截至2019年12月31日,该商业银行按照贷款五级分类口径统计的各项贷款余额及提取的贷款损失准备数据如下:正常类贷款800亿元(人民币,下同)、关注类贷款200亿元、次级类贷款25亿元、可疑类贷款15亿元、损失类贷款5亿元、提取的损失贷款准备90亿元。

根据以上资料,回答下列问题:
1. 2019年年底,该商业银行的不良贷款总额是( )亿元。
   A.20 B.45 C.5 D.40
2. 2019年年底,该商业银行的不良贷款率是( )。
   A.1.91% B.4.31% C.5.51% D.0.48%
3. 2019年年底,该商业银行的拨备覆盖率是( )。
   A.200% B.180% C.225% D.450%
4. 根据我国《商业银行风险监管核心指标(试行)》和《商业银行贷款损失准备管理办法》,下列说法中正确的是( )。
   A.该银行的贷款拨备覆盖率在监管指标要求范围内
   B.该银行的不良贷款率达到监管指标要求
   C.该银行的贷款拨备覆盖率不在监管指标要求范围内
   D.该银行的不良贷款率未达到监管指标要求

参考答案与全解全析

第1章 金融学基础

基础必刷

一、单项选择题

1. D 解析 凯恩斯货币需求理论 凯恩斯货币需求理论认为,货币需求的变动取决于公众的流动性偏好。公众的流动性偏好动机包括交易动机、预防动机和投机动机。其中,**投机动机形成的投机需求与利率呈负相关关系**。故选D。

2. C 解析 单利与复利 单利是指不论借贷期限的长短,仅按本金计算利息,上期本金产生的利息不计入下期本金计算利息的计息方式。故选C。

3. A 解析 利率决定理论 古典利率理论认为,利率取决于储蓄和投资的相互作用。故选A。

4. B 解析 利率的分类 按利率的决定方式不同,利率可分为固定利率与浮动利率;**按利率的真实水平不同,利率可分为名义利率与实际利率**;按计算利率的期限单位不同,利率可分为年利率、月利率、日利率。故选B。

5. D 解析 分割市场理论 分割市场理论假定不同到期期限的债券根本无法相互替代。因此,持有某一到期期限债券的预期回报率对于其他到期期限的债券的需求不产生任何影响。这种期限结构理论与假定不同到期期限的债券是完全替代品的预期理论完全相反。故选D。

6. B 解析 流动性偏好理论 在"流动性陷阱"区间,货币政策是完全无效的,此时只能依靠财政政策。"流动性陷阱"发生后,货币需求曲线的形状是一条平行于横轴的直线。故选B。

7. D 解析 汇率决定理论 根据绝对购买力平价理论,两国货币的汇率等于两国物价水平之比(物价水平之比实际上可以看作是两国货币购买力之比的倒数)。故选D。

8. C 解析 现值的计算 $P = F/(1+r)^n = 100/(1+5\%)^2 = 90.70$(万元)。故选C。

9. A 解析 利率的期限结构 预期理论认为,长期债券的利率等于长期债券到期日之前各时间段内人们所预期的短期利率的平均值。故选A。

10. C 解析 国际货币体系 在国际金本位制下,各国货币之间的汇率由它们各自的法定含金量决定。当时国际上存在两种并行的国际结算方式,一种是以汇票为支付手段的非现金结算,另一种是以黄金为基础的直接结算。当采用非现金结算方式对其中一方不利时,则会采用直接支付或收取黄金的方式来进行结算,因此各国货币之间的汇率波动范围很小,从而就形成了自发的固定汇率制度。故选C。

11. A 解析 汇率变动的影响因素 当市场因外汇供不应求,外汇汇率上涨幅度超出政策目标范围时,货币当局会向市场投放外汇,收购本币,使外汇汇率下调。故选A。

12. C 解析 流动性陷阱的概念 凯恩斯把货币供应量的增加并未带来利率的相应降低,而只是引起人们手持现金增加的现象叫流动性陷阱。故选C。

13. D 解析 利率的风险结构 到期期限相同的债券利率不同,由三个因素引起,即违约风险、债券的流动性和所得税。故选D。

14. B 解析 汇率的标价方法 汇率的直接标价法又称应付标价法,是以一定整数单位(1、100、10 000等)的外国货币为标准,折算为若干单位的本国货币。目前,我国和世界其他绝大多数国家和地区都采用直接标价法。故选B。

15. A 解析 利率的期限结构 流动性溢价理论认为,长期债券的利率应等于两项之和,第一项是长期债券到期前短期利率的平均值,第二项是随债券供求状况变动而变动的流动性溢价(又称期限溢价)。故选A。

16. A 解析 流动性偏好理论 在"流动性陷阱"区间,货币政策是完全无效的,此时只能依靠财政政策。**流动性陷阱发生后,货币需求曲线的形状是一条平行于横轴的直线**。故选A。

17. **A** 解析 **现值与终值** 现值又称在用价值,是指把未来的一笔支付或支付流折算为现在的价值。故选A。

18. **C** 解析 **可贷资金理论** 可贷资金理论认为利率的决定取决于商品市场和货币市场的共同均衡。故选C。

19. **D** 解析 **预期理论** 预期理论认为长期债券的利率等于长期利率到期之前人们所预期的短期利率的平均值,该理论还表明,长期利率的波动小于短期利率的波动。故选D。

20. **D** 解析 **流动性陷阱** 因为发生流动性偏好时,利率通常是非常低的,而投机性需求$M_{d2}(i)$与i是成反比的,所以此时的货币的投机性需求是非常大的。故选D。

21. **B** 解析 **利率决定理论** 在流动性陷阱区间,货币政策是完全无效的,此时只能依靠财政政策。流动性陷阱发生后,货币需求曲线的形状是一条平行于横轴的直线。故选B。

22. **C** 解析 **国际金本位制的形成** 国际金本位制于19世纪中后期形成。故选C。

23. **D** 解析 **复利本利和的计算** $F=P\times(1+r/m)^{nm}$,其中,P为现值,r为年利率,m为每年的计息次数,n为期限。年利率是6%,每半年支付一次利息,那么两年的本利和就是$10\times(1+6\%/2)^4=11.26$(万元)。故选D。

24. **C** 解析 **汇率的分类** 按照外汇交易的交割期限,汇率可以分为即期汇率与远期汇率。故选C。

25. **D** 解析 **古典利率理论** 储蓄$S>$投资I,利率会下降;储蓄$S<$投资I,利率会上升;储蓄$S=$投资I,利率便达到均衡水平。故选D。

26. **D** 解析 **利率的期限结构** 预期理论认为,长期债券的利率等于长期债券到期日之前各时间段内人们所预期的短期利率的平均值。该理论认为,长期利率的波动小于短期利率的波动。故选D。

27. **A** 解析 **国际货币体系** 铸币平价构成各国货币的中心汇率。在国际金本位制下,**市场汇率受外汇市场供求关系的影响而围绕铸币平价上下波动,波动幅度受黄金输送点的限制**。故选A。

28. **A** 解析 **利率的风险结构** 流动性与风险性成反比,流动性越差,风险性越大;流动性与收益性成反比,流动性越差,所要求的收益回报会越高,所以

利率相对较高。故选A。

29. **C** 解析 **单利与复利** 一年算4次利息的复利下,1年后的本息和$=20\,000\times(1+8\%/4)^{1\times4}=21\,648.64$(元)。故选C。

30. **D** 解析 **影响汇率制度选择的主要因素** 选项A错误、选项D正确,**经济开放程度高,经济规模小,或者进出口集中在某几种商品或某一国家的国家,一般倾向于实行固定汇率制或钉住汇率制**。选项BC错误,经济开放程度低,进出口商品多样化或地域分布分散化,同国际金融市场联系密切资本流出入较为可观和频繁,或国内通货膨胀率与其他主要国家不一致的国家,则倾向于实行浮动汇率制或弹性汇率制。故选D。

二、多项选择题

1. **AD** 解析 **利率** 按利率的决定方式不同,利率可分为固定利率与浮动利率。故选AD。

2. **ACE** 解析 **现值与终值** 每年的计息次数越多,现值越小。贴现率越高,现值越小。随着计息间隔的缩短,现值以递减的速度减小,最后等于连续复利条件下的现值。故选ACE。

3. **ABC** 解析 **利率期限结构的理论** 目前,主要有三种理论解释利率的期限结构,即预期理论、分割市场理论和流动性溢价理论。故选ABC。

4. **AC** 解析 **利率决定理论** 根据流动性偏好理论,如果不存在流动性陷阱,投机动机形成的货币需求与利率负相关,利率下降,投机动机形成的货币需求增加。交易动机和预防动机形成的货币需求与收入正相关,与利率无关。故选AC。

5. **ABCD** 解析 **单利与复利的基本内容** 选项ABCD正确,定期存款、定活两便、零存整取、整存整取、整存零取等其他储蓄存款是按单利计息的。选项E错误,根据中国人民银行规定的计息规则,在我国,活期储蓄存款按复利,每个季度计息。故选ABCD。

6. **BCE** 解析 **流动性偏好的动机的组成** 流动性偏好的动机包括交易动机、预防动机和投机动机。故选BCE。

7. **ACD** 解析 **利率风险结构的影响因素** 到期期限相同的债券利率不同是由三个原因引起的:违约风险、流动性和所得税。故选ACD。

8. **AC** 解析 **汇率的标价方法** 目前,我国和世界其他绝大多数国家和地区都采用直接标价法,只有

135

英国、美国等少数几个国家采用间接标价法。故选AC。

9. BCDE 解析 牙买加体系的内容 "牙买加协议"规定:①浮动汇率合法化;②黄金非货币化;③扩大特别提款权的作用;④扩大发展中国家的资金融通且增加会员国的基金份额。故选BCDE。

10. ABCE 解析 利率风险结构的相关内容 选项D错误,短期限的债券流动性强于期限较长的债券。故选ABCE。

11. ABCE 解析 布雷顿森林体系的特征 布雷顿森林体系的特征是:①美元与黄金挂钩,取得了等同于黄金的地位,成为最主要的国际储备货币。②实行以美元为中心的、可调整的固定汇率制度。但是,游戏规则不对称,美国以外的国家需要承担本国货币与美元汇率保持稳定的义务。③国际货币基金组织作为一个新兴机构成为国际货币体系的核心。故选ABCE。

12. ADE 解析 利率决定理论 预期理论、流动性溢价理论和期限优先理论都可以解释:随着时间的推移,不同到期期限的债券利率有同向运动的趋势。故选ADE。

13. ABCD 解析 汇率变动的影响 汇率变动的影响因素有物价水平的相对变动、国际收支差额的变化、市场预期的变化以及政府干预汇率。故选ABCD。

14. ACDE 解析 汇率变动的影响因素 选项AC正确,**物价水平下降,则会刺激出口,限制进口;国民收入相对萎缩,则会减少进口。两者都会产生国际收支顺差,外汇供过于求,外汇汇率下跌,本币升值**。选项B错误,利率水平下降,会促进资本流出,阻碍资本流入,导致国际收支逆差,外汇供不应求,外汇汇率上升。选项D正确,预期本币升值,会在外汇市场上抢购本币,导致本币现在的实际价值升高,而外汇汇率下跌。选项E正确,国际收支顺差,外汇供过于求,则外汇汇率下跌,本币升值。故选ACDE。

15. ACE 解析 利率概述 选项ACE正确,**按计算利率的期限单位可划分为年利率、月利率、日利率;按利率的决定方式分为固定利率与浮动利率;按利率的真实水平分为名义利率与实际利率。故选ACE。

提升必刷

一、单项选择题

1. B 解析 汇率变动的经济影响 当本币贬值以后,以外币计价的本国出口商品与劳务的价格下降,而以本币计价的本国进口商品与劳务的价格上涨,从而刺激出口,限制进口,增加经常项目收入,减少经常项目支出。故选B。

2. B 解析 利率决定理论 公众的流动性偏好动机包括交易动机、预防动机和投机动机。其中,交易动机和预防动机形成的交易需求与收入正相关,与利率无关。投机动机形成的投机需求与利率负相关。故选B。

3. D 解析 国际货币体系 1978年,根据"牙买加协议",《国际货币基金协定》再次修订并被通过,从此,国际货币体系迈入了一个新的时代——牙买加体系时代。故选D。

4. A 解析 一年多次付息方式下的现值计算公式 $PV = A_n / (1 + r/m)^{nm} = 300/(1 + 8\%/4)^{3 \times 4} = 236.55$(元)。式中,$A_n$ 表示第 n 年末的现金流量,n 表示时间,m 为年计息次数,r 为贴现率(年利率)。故选A。

5. B 解析 古典利率理论 古典学派认为,利率取决于储蓄与投资的相互作用。**储蓄为利率的递增函数,投资为利率的递减函数**。故选B。

6. D 解析 期限优先理论 与流动性溢价理论密切相关的是期限优先理论,它采取了较为间接的方法来修正预期理论,但得到的结论是相同的。它假定投资者对某种到期期限的债券有着特别的偏好,即更愿意投资于这种期限的债券(期限优先)。故选D。

7. B 解析 汇率制度 布雷顿森林货币体系下的汇率制度是以美元为中心的固定汇率制度。故选B。

8. C 解析 汇率的分类 根据衡量货币价值的需要,汇率可以划分为名义汇率、实际汇率和有效汇率。故选C。

9. C 解析 汇率的概念 根据汇率形成的机制,可以将汇率划分为官方汇率与市场汇率。故选C。

10. A 解析 国际货币体系 牙买加体系的特征如下:①国际储备货币多元化。美元仍是主导性国际储备货币,执行国际支付和储藏职能,1999年欧元的诞生推动了国际储备货币的多元化。②汇率制度安排多元化。牙买加体系认可浮动汇率制度与固定汇率制度的暂时并存。③黄金非货币化。黄金不再是各国货币平价的基础,也不能用于官方之间的国际偿付。④国际收支调节机制多样化。面对国际收支失衡,各国的调节机制更加灵活多样,如采取促进国际收支平衡的宏观经济政策、对国际贸易和国际资本流动进行管制、调整本国汇率制度等。故选 A。

11. C 解析 **本币贬值的影响** "本币贬值以后,以外币计价的出口商品与劳务的价格下降",所以会使本国出口的商品在国际市场上更有竞争力,从而可以刺激出口;"以本币计价的进口商品与劳务的价格上涨",商品进口价格上升,所以会使进口减少。"出口的增加,进口的减少"会使经常项目逆差减少或者经常项目顺差增加。故选 C。

12. A 解析 **利率的期限结构** 选项 A 说法错误,预期理论表明,长期利率的波动小于短期利率的波动。选项 BC 正确,预期理论可以解释以下事实:①随着时间的推移,不同到期期限的债券利率有同向运动的趋势。②如果短期利率较低,收益率曲线倾向于向上倾斜;如果短期利率较高,收益率曲线倾向于向下倾斜。选项 D 正确,预期理论认为,长期债券的利率等于长期债券到期日之前各时间段内人们所预期的短期利率的平均值。故选 A。

13. C 解析 **单利与复利** 本息和 = 10 000×(1+4% ÷ 2)² = 10 404(元)。故选 C。

14. A 解析 **汇率的分类** 根据汇率制度的性质,汇率可被划分为固定汇率与浮动汇率。故选 A。

15. A 解析 **汇率标价方法** 目前,我国和世界上绝大多数国家和地区采用的外汇标价方法是直接标价法。故选 A。

16. A 解析 **汇率变动的影响因素** 如果一国的物价水平与其他国家的物价水平相比相对上涨,即该国相对通货膨胀,则该国货币对其他国家货币贬值。故选 A。

17. C 解析 **汇率变动的影响因素** 汇率变动的影响因素包括:①国际收支差额的变化;②物价的相对变动;③市场预期的变化;④政府干预汇率。选项 C 正确,根据购买力平价理论,**物价水平是决定汇率长期趋势中的主导因素**。国际物价水平的相

对变动,也可以看作是相对通货膨胀率的变化,选项 ABD 错误,虽然也属于汇率变动的影响因素,但并不是主导因素。故选 C。

18. A 解析 **利率的期限结构** 流动性溢价理论认为,长期债券的利率应当等于两项之和,**第一项是长期债券到期之前预期短期利率的平均值;第二项是随债券供求状况变动而变动的流动性溢价**。3 年期债券利率为 (2% +3% +4%)/3 +0.5% = 3.50%。故选 A。

二、多项选择题

1. ACDE 解析 **货币的时间价值** 货币时间价值的影响因素包括利率、通货膨胀率、风险和投资机会。故选 ACDE。

2. ABDE 解析 **分割市场理论** 选项 C 错误,到期期限不同的每种债券的利率取决于该债券的供给与需求。故选 ABDE。

3. ABDE 解析 **利率决定理论** 选项 C 错误,在"流动性陷阱"区间,货币政策是完全无效的,此时只能依靠财政政策。故选 ABDE。

4. ADE 解析 **利率的期限结构** 选项 B 错误,根据预期理论,典型的收益率曲线应当是平坦的,而非向上倾斜的。选项 C 错误,分割市场理论可以解释收益率曲线通常向上倾斜的原因。故选 ADE。

5. ABD 解析 **国际货币体系概述** 国际货币体系的核心内容包括汇率制度的确定、规定国际收支的调节方式和国际储备资产的确定。故选 ABD。

6. BCD 解析 **国际货币体系的演变与发展** 选项 A 错误,在国际金本位制下,银行券代替黄金流通,可以自由兑换黄金,黄金可以自由输出、输入,黄金和银行券都可以对外支付。选项 E 错误,国际金本位制下市场汇率受外汇市场供求关系的影响而围绕铸币平价上下波动,波动幅度为黄金输送点。故选 BCD。

7. ABCE 解析 **汇率制度的概念** 汇率制度构成的主要内容包括:①确定合理汇率的原则和依据;②确定维持和调整汇率的原则和办法;③管理汇率所参考的法律、法令等规章制度;④确定进行汇率管理和维持的金融机构。故选 ABCE。

8. BCE 解析 **影响汇率制度选择的主要因素** 经济开放程度低,经济规模小,或者进出口集中在某几

137

种商品或某一国家的国家,一般倾向于实行固定汇率制或钉住汇率制。故选BCE。

9.**BDE** 解析 **利率平价理论** 选项A错误,忽略了外汇交易成本是利率平价理论的缺陷。购买力平价理论的局限包括:①只考虑经常账户,忽略了资本流动(选项B正确);②假设自由贸易,未考虑贸易成本(选项E正确);③主要考虑贸易品,忽视了非贸易品(选项C错误);④存在技术难题,以消费价格指数代表一般物价水平,但CPI篮子存在国别差异;⑤该理论未得到实证的支持(选项D正确)。故选BDE。

10.**ABDE** 解析 **国际收支说** 选项C错误,汇率的变动与本国国民收入的变化成反比,与外国国民收入的变化成正比。故选ABDE。

综合必刷

(一)

1.**D** 解析 **单利方式下利息的计算** 甲银行为单利计息,所以,到期应付利息=100 000×5×5%=25 000(元)。故选D。

2.**D** 解析 **年复利方式下本息和的计算** 乙银行为年复利计息,所以到期本利和=100 000×(1+5%)^5=127 628.16(元)。故选D。

3.**B** 解析 **半年复利方式下本息和的计算** 丙银行为半年计息,所以,到期本息和=100 000×(1+5%/2)$^{5×2}$=128 008.46(元)。故选B。

4.**AB** 解析 **复利的计算结论** 每年的计息次数越多,最终本息和越大。随着计息间隔的缩短,本息和以递减的速度增加。故选AB。

(二)

1.**B** 解析 **铸币平价的计算** 金本位制下,汇率决定的标准是铸币平价。铸币平价是指两国单位货币的含金量之比。113.0016÷23.22=4.8666。故选B。

2.**B** 解析 **黄金输送点的计算** 黄金输送点的计算公式为:黄金输送点=铸币平价±黄金运送费用。黄金输出点=4.8666+0.02=4.8866。故选B。

3.**D** 解析 **铸币平价的计算** 金本位制下,汇率决定的标准是铸币平价。铸币平价是指两国单位货币的含金量之比。3.58134÷0.888671=4.03。故选D。

4.**A** 解析 **固定汇率制** 金本位制下,汇率决定的

标准是铸币平价。而金本位制属于固定汇率制度。故选A。

(三)

1.**ABC** 解析 **汇率制度选择"经济论"的观点** 经济开放程度高,进出口商品多样化或地域分布分散化,同国际金融市场联系密切,资本流出流入较为可观和频繁,或国内通货膨胀率与其他主要国家不一致的国家,倾向于实行浮动汇率制或弹性汇率制。故选ABC。

2.**A** 解析 **人民币汇率制度** 在2005年人民币汇率形成机制改革中,人民币汇率中间价的形成参考上一交易日的收盘价,**人民币对其他货币的买卖价格围绕中间价在一定幅度内浮动**。故选A。

3.**CD** 解析 **人民币汇率制度** 在2005年人民币汇率形成机制改革中,增加外汇交易品种,扩大外汇交易主体,改进人民币汇率中间价形成机制,引入询价模式和做市商制度,人民币汇率弹性和市场化水平进一步提高。故选CD。

4.**AC** 解析 **导致人民币升值的因素** 选项A正确,国际收支顺差,则外汇供过于求,外汇汇率下跌,而人民币升值。选项C正确,提高本国利率水平,则会限制资本流出,刺激资本流入,从而导致国际收支顺差,造成人民币升值。故选AC。

(四)

1.**D** 解析 **年利率的计算** 根据年复利本息和计算公式 $FV = P(1+r)^n$,可得:$100 = 80 \times (1+r)^2$,解得 $r \approx 11.80\%$。故选D。

2.**B** 解析 **半年复利方式下年利率的计算** 根据一年算 m 次利息的复利下,第 n 年末的本息和计算公式:$FV_n = p(1+r/m)^{nm}$ 可得:$100 = 80(1+r/2)^{2 \times 2}$ 解得 $r \approx 11.47\%$。故选B。

3.**B** 解析 **连续复利下的年利率计算** 根据连续复利本息和的计算公式 $FV_n = P \cdot e^{rn}$,可得:$100 = 80 \cdot e^{2r}$,解得 $r \approx 11.16\%$。故选B。

4.**AC** 解析 **年利率的变化趋势** 在本金及本息和既定的条件下,随着计息间隔的缩短,年利率呈下降趋势。故选AC。

第2章 金融体系

基础必刷

一、单项选择题

1. D 解析 **金融工具的性质** 金融工具的性质包括期限性、流动性、收益性和风险性。故选D。

2. C 解析 **契约性金融机构** 选项C说法错误,资金的流动性较弱。故选C。

3. B 解析 **金融市场主体** 企业是金融市场运行的基础,是重要的资金供给者和需求者。此外,企业还是金融衍生品市场上重要的套期保值主体。故选B。

4. C 解析 **金融工具的性质** 金融工具的性质包括:期限性、流动性、收益性和风险性。一般而言,金融工具的期限性与收益性、风险性呈正相关关系,与流动性呈负相关关系。故选C。

5. B 解析 **公开市场的概念** 公开市场是指众多买主和卖主公开竞价形成金融资产的交易价格的市场。故选B。

6. B 解析 **债权凭证的概念** 债权凭证是发行人依法定程序发行,并约定在一定期限内还本付息的有价证券。**债权凭证反映了证券发行人与持有人之间的债权债务关系**。故选B。

7. B 解析 **金融机构体系** 金融机构具有规模化经营的特点,可以通过专业化、规模化、集中化的优势,为借贷双方牵线搭桥,从而有效地降低交易成本。同时金融机构也可以通过各种业务、技术来管理、分散、转移、控制、减轻各种风险。例如,利用各种金融风险合约的有效组合,以最低成本在不同参与者之间重新分配风险,达到管理风险的目的。故选B。

8. A 解析 **开发性金融机构和政策性金融机构** 政策性金融机构是指为贯彻实施政府的政策意图,由政府或政府机构发起、出资设立、参股或保证,不以营利为目的,在特定的业务领域内从事政策性金融活动的金融机构。商业性金融机构是一般性金融业务的经营机构,其经营目标是利润最大化。故选A。

9. D 解析 **金融机构的职能** 金融机构由于具有规模经济的优势、专业技术以及风险分担机制,因而能有效地降低交易成本。故选D。

10. D 解析 **金融机构体系的构成** 存款类金融机构主要包括商业银行、储蓄银行、信用合作社和财务公司等。故选D。

11. C 解析 **投资银行** 投资银行与商业银行不同,其资金来源主要依靠发行自己的股票和债券筹资,有的国家投资银行也被允许接受定期存款。故选C。

12. B 解析 **投资性金融机构** 证券投资基金的优势是投资组合、分散风险、专家理财和规模经济。故选B。

13. D 解析 **契约型金融机构** 契约型金融机构包括保险公司和养老基金等。养老基金是以契约形式组织预交资金,再以年金形式向参加养老金计划者提供退休收入的金融组织形式。故选D。

14. B 解析 **我国的金融机构体系** 中国邮政储蓄银行属于商业银行。中国农业发展银行属于政策性银行。国家开发银行属于开发性金融机构。故选B。

15. C 解析 **金融工具体系** 通货是指中央银行或政府发行的具有固定名义价值的票据和铸币,通常指用于流通使用的纸币和硬币。故选C。

16. D 解析 **我国的金融机构体系** 金融资产管理公司是指专门从事不良资产承接、管理和处置的金融机构。目前由监管机构颁发金融许可证的有5家,分别是中国中信金融资产管理股份有限公司、中国长城资产管理股份有限公司、中国东方资产管理股份有限公司、中国信达资产管理股份有限公司、中国银河资产管理有限责任公司。故选D。

17. D 解析 **金融市场体系的构成要素** 按与实际金融活动关系的不同,金融工具可分为基础金融工具和金融衍生工具。基础金融工具是指商业票据、股票、债券、基金等金融工具。金融衍生工具是指一种金融合约,其价值取决于一种或多种基础资产或指数,合约的基本种类包括期货、期权、掉期(互换)、远期,还包括具有期货、期权、掉期(互换)、远期中一种或多种特征的混合金融工具。故选D。

18. D 解析 **政策性金融机构** 政策性金融机构是由政府出资创立、参股或保证的,以配合、贯彻政府社会经济政策或意图为目的,在特定的业务领域内,规定有特殊的融资原则、不以营利为目的的金融机构。选项 D 正确,中国农业发展银行属于政策性金融机构。故选 D。

19. A 解析 **金融机构体系** 金融机构主要具有以下五种职能:促进资金融通、便利支付结算、降低交易成本和风险、减少信息成本、反映和调节经济活动。促进资金融通功能中,间接金融机构借助于信用,一方面通过负债业务,动员和集中社会闲散货币资金;另一方面通过资产业务把这些资金投向有关经济部门,实现资金盈余方和资金短缺方的资金融通。故选 A。

20. B 解析 **投资基金的概念** 投资基金是通过向投资者发行股份或受益凭证募集资金,再以适度分散的组合方式投资于各类金融产品,为投资者以分红的方式分配收益,并从中谋取自身利润的金融机构。故选 B。

21. B 解析 **金融机构的功能** 题干中描述的情形属于金融机构职能中的便利支付结算功能。故选 B。

22. B 解析 **金融工具体系** 金融工具的流动性是指金融工具在金融市场上能够转化为现金的能力,它主要通过买卖、承兑、贴现与再贴现等交易来实现。金融工具的收益率高低和发行人的资信程度是决定流动性强弱的重要因素。故选 B。

23. B 解析 **金融基础设施体系** 选项 B 说法错误,一般认为,狭义的金融基础设施是指以中央银行为主体的支付清算系统;广义的金融基础设施还包括确保金融市场有效运行的法律程序、会计与审计体系、信用评级、监管框架以及相应的金融标准与交易规则等。故选 B。

24. A 解析 **金融机构的功能** 选项 A 正确,在金融交易做出决策时,时常存在因不了解交易的对方而导致的信息不对称。在交易之前这种信息不对称会导致逆向选择。选项 B 错误,描述的是道德风险。选项 CD 错误,金融机构可以降低交易成本和风险,没有金融交易之前交易成本和之后交易成本的区分。故选 A。

25. A 解析 **金融调控体系** 金融调控的主体主要是中央银行,金融监管机构有配合中央银行实施宏观调控的职责,商业银行和非银行金融机构等有服从法定的金融调控、监管与规制的义务。故选 A。

26. D 解析 **金融工具体系** 按与实际金融活动关系的不同,金融工具可分为基础金融工具和金融衍生工具。**基础金融工具是指商业票据、股票、债券、基金等金融工具**。金融衍生工具是指一种金融合约,其价值取决于一种或多种基础资产或指数,合约的基本种类包括期货、期权、掉期(互换)、远期,还包括具有期货、期权、掉期(互换)、远期中一种或多种特征的混合金融工具。故选 D。

27. C 解析 **存款类金融机构** 与其他金融机构相比,吸收活期存款和创造信用货币是商业银行最明显的特征。故选 C。

二、多项选择题

1. ACDE 解析 **金融市场的含义** 选项 B 错误,金融市场是进行金融资产交易的场所。这个场所有时是有形的,有时是无形的。故选 ACDE。

2. ABD 解析 **金融工具的性质** 金融工具的收益性是指金融工具的持有者可以获得一定的报酬和价值增值,包括两个方面:①金融工具定期的股息和利息收益;②投资者出售金融工具时获得的价差收益。故选 ABD。

3. AE 解析 **金融工具的性质** 金融工具的风险一般来源于两个方面:一是信用风险;二是市场风险。故选 AE。

4. AB 解析 **议价市场** 议价市场是指买卖双方通过协商形成金融资产交易价格的市场,该市场没有固定场所,相对分散。选项 CDE 错误,都属于公开市场的特点。故选 AB。

5. ABC 解析 **金融市场的构成要素** 金融市场包含三个基本的构成要素:金融市场主体、金融市场客体和金融市场价格。故选 ABC。

6. ABCE 解析 **金融机构的功能** 金融机构的职能包括:①促进资金融通;②便利支付结算;③降低交易成本和风险;④减少信息成本;⑤反映和调节经济活动。故选 ABCE。

7. ABDE 解析 **金融调控体系** 金融调控的职能有维护经济稳定、维护金融稳定、控制通货膨胀、促进经济增长、应对外部冲击、促进就业。故选 ABDE。

8. ABCD 解析 **金融基础设施体系** 我国金融基础设施统筹监管范围包括金融资产登记托管系统、清算结算系统(开展集中清算业务的中央对手方)、交易设施、交易报告库、重要支付系统、基础征信系统等六类设施及其运营机构。故选 ABCD。

9.ACD 解析 金融市场体系的构成要素 资本市场工具是指期限在一年以上、代表债权或股权关系的金融工具，包括中长期国债、企业债券和股票等。故选 ACD。

10.ABC 解析 金融市场的分类 选项 ABC 正确，货币市场主要包括同业拆借市场、回购协议市场、商业票据市场、银行承兑汇票市场、短期政府债券市场和大额可转让定期存单市场等。选项 DE 错误，属于资本市场。故选 ABC。

11.BE 解析 投资银行 选项 A 错误，**投资银行资金来源主要依靠发行自己的股票和债券**。选项 C 错误，为了维护金融稳定，大多数国家限制投资银行吸收活期存款。选项 D 错误，投资银行的基本特征是综合性强。故选 BE。

12.AB 解析 契约型金融机构 契约型金融机构包括保险公司、养老基金。故选 AB。

13.ABCE 解析 投资基金的优势 投资基金的优势是投资组合、分散风险、专家理财、规模经济。故选 ABCE。

提升必刷

一、单项选择题

1.B 解析 金融机构的分类 选项 B 说法错误，**按照业务特征不同，金融机构可分为银行业金融机构、保险业金融机构、证券业金融机构**。金融机构按是否承担政策性业务可以分为政策性金融机构和商业性金融机构。故选 B。

2.A 解析 金融市场的功能 资金融通是金融市场的首要功能。故选 A。

3.C 解析 金融基础设施体系的内容 选项 C 说法错误，中国证券登记结算有限责任公司在交易所债券质押式回购中充当中央对手方。故选 C。

4.B 解析 开发性金融机构和政策性金融机构 选项 B 说法错误，农业部门对资金的需求具有季节性强、单笔资金需求数额小、期限长、利息负担能力低等特征。故选 B。

5.D 解析 金融机构体系的构成 经济开发政策性金融机构分为国际性、区域性和本国性三种。国际性开发银行以联合国下属的世界银行集团为代表，世界银行集团由国际复兴开发银行（简称世界银行）、国际开发协会、国际金融公司、多边投资担保机

构和国际投资争端解决中心等组成。故选 D。

6.D 解析 我国的金融改革历程及成效 2022 年，党的二十大对我国金融改革提出了明确的战略定位，强调了金融改革的三项内容：①建设现代中央银行制度；②加强和完善现代金融监管，强化金融稳定保障体系；③健全资本市场功能，提高直接融资比重。故选 D。

7.C 解析 利率市场化与贷款市场报价利率改革 2013 年，中国人民银行创设常备借贷便利（SLF），通过常备借贷便利（SLF）利率发挥利率走廊上限功能。故选 C。

8.B 解析 金融机构的功能 在金融交易做出准确决策时，时常存在因不了解交易的对方而导致的信息不对称。**在交易之前这种信息不对称会导致逆向选择，在交易之后这种信息不对称会导致道德风险**。故选 B。

9.B 解析 储蓄银行的概念 储蓄银行是专门吸收居民储蓄存款，将资金主要投资于政府债券和公司股票、债券等金融工具，并为居民提供其他金融服务的金融机构。故选 B。

10.B 解析 契约性金融机构 养老基金是第二次世界大战后在西方国家迅速发展起来的金融形式。故选 B。

11.C 解析 商业银行的性质 在所有金融机构中，商业银行是历史最悠久、资本最雄厚、体系最庞大、业务范围最广、掌握金融资源最多的金融机构。故选 C。

二、多项选择题

1.ABC 解析 区域性开发银行 区域性开发银行的服务对象限于某一区域的会员国。如亚洲开发银行、非洲开发银行和美洲开发银行。故选 ABC。

2.ABDE 解析 金融调控体系 选项 C 错误，金融调控的主体主要是中央银行，金融监管机构有配合中央银行实施宏观调控的职责，商业银行和非银行金融机构等有服从法定的金融调控、监管与规制的义务。故选 ABDE。

3.ACE 解析 开发性金融机构和政策性金融机构 选项 B 错误，开发性投资具有投资量大、时间长、见效慢、风险较大的特点。选项 D 错误，1951 年成立的日本开发银行属于本国性开发银行。故选 ACE。

4.CDE 解析 存款类金融机构 存款类金融机

是吸收个人和机构存款并发放贷款的金融机构,主要包括商业银行、储蓄银行、信用合作社和财务公司等。故选CDE。

5. **ACDE** **解析 我国的金融机构体系** 选项B错误,开发性金融和政策性金融的差异在于,开发性金融的投资周期更长,风险更高,项目选择有自主性;而政策性金融以政策性融资为主,主要服务外贸、"三农"等领域。故ACDE。

6. **ABDE** **解析 我国的金融机构体系** 选项C错误,大型银行现有6家,包括中国工商银行、中国农业银行、中国银行、中国建设银行、交通银行和中国邮政储蓄银行。除中国邮政储蓄银行,其余5家大型银行均入选2023年全球系统重要性银行名单。故选ABDE。

7. **ABDE** **解析 类金融机构** 选项C错误,"村镇银行"属于商业银行,不属于影子银行。故选ABDE。

8. **ABCD** **解析 利率市场化与贷款市场报价利率改革** 在推进利率市场化改革的过程中,还存在诸多问题和挑战:①存在存贷款基准利率和市场利率并存的"利率双轨"问题;②银行内部的利率传导机制不畅;③存款利率管制放开后存款利率存在上行压力;④央行政策利率体系不够清晰。故选ABCD。

9. **ABCE** **解析 金融"五篇大文章"** 小微企业、农民、城镇低收入人群、贫困人群和残疾人、老年人等特殊群体是当前我国普惠金融重点服务对象。故选ABCE。

10. **ABCE** **解析 养老金融** 选项D错误,养老金融具有明显的双重属性:一是具有盈利性,即获取目标投资收益率;二是具有普惠性,发挥着稳定社会保障体系的作用。故选ABCE。

第3章 商业银行

基础必刷

一、单项选择题

1. **A** **解析 商业银行负债业务** 影响商业银行存款经营的因素包括支付机制的创新、存款创造的调控、政府的监管措施。故选A。

2. **D** **解析 资产负债管理的基本原理** 资产负债管理的基本原理包括规模对称原理、结构对称原理、速度对称原理、目标互补原理、利率管理原理、比例管理原理。故选D。

3. **C** **解析 新业务运营模式** 商业银行新型业务运营模式的核心是前台与中后台分离。故选C。

4. **B** **解析 我国商业银行的资产负债管理** 流动性压力测试,以定量分析为主,测算遇到小概率事件等极端不利情况下可能发生的损失。选项A错误,久期分析是商业银行衡量利率变动对全行经济价值影响的一种方法。选项C错误,缺口分析是商业银行衡量资产与负债之间重新定价期限和现金流量到期期限匹配情况的一种方法。选项D错误,敏感性分析是商业银行衡量汇率变动对全行财务状况影响的一种方法。故选B。

5. **D** **解析 商业银行的中间业务** 中间业务是指不构成银行表内资产、表内负债,形成银行非利息收入的业务,包括收取服务费或代客买卖差价的理财业务、咨询顾问、基金和债券的代理买卖、代客买卖资金产品、代理收费、托管、支付结算等业务。故选D。

6. **C** **解析 商业银行贷款业务** 采取必要措施和实施必要程序之后,商业银行可根据相关制度规定实施呆账核销,核销是指商业银行经过内部审核确认后,动用准备金将无法收回或长期难以收回的贷款或投资从账面上冲销的行为。故选C。

7. **B** **解析 资产负债管理的基本内容** 贷款是商业银行最主要的资产和最主要的资金运用,贷款管理是商业银行资产管理的重点,其主要内容有贷款风险管理、贷款利率管理、贷款期限结构管理、信用贷款和抵押贷款比例管理、关联交易管理等。故选B。

8. **A** **解析 资产负债管理的方法** 久期分析是商业银行衡量利率变动对全行经济价值影响的一种方法。商业银行通过改变资产、负债的久期,实现资产负债组合的利率免疫,提高全行的市场价值和收益水平。故选A。

9. **B** **解析 商业银行的贷款业务** 商业银行贷款客户的选择主要考虑:客户所在的行业和客户自身情况及贷款用途方面。其中,客户的资信状况是最重要的,客户的信用记录和个人品德将决定贷款最终能否回收。故选 B。

10. C 解析 **资本的含义与分类** 从保护存款人的利益和提高商业银行体系安全性的角度看，商业银行资本的核心功能是吸收损失，一是在银行清算条件下吸收损失，其功能是为高级债权人和存款人提供保护；二是在持续经营条件下吸收损失，体现为随时用来弥补银行经营过程中发生的损失。故选 C。

11. B 解析 **资产负债管理的方法与工具** 利率敏感性缺口分析中，如果某一时期内到期或需重新定价的资产大于负债，则为正缺口。反之则为负缺口。故选 B。

12. A 解析 **监管资本要求** 核心一级资本是指在银行持续经营条件下无条件用来吸收损失的资本工具，具有永久性、清偿顺序排在所有其他融资工具之后的特征，包括实收资本或普通股、资本公积、盈余公积、一般风险准备、未分配利润、累计其他综合收益、少数股东资本可计入部分。故选 A。

13. C 解析 **财务管理及运营管理** 商业银行作为信用中介，借入资金是商业银行最主要的资金来源，商业银行通过吸收存款、同业业务、向中央银行借款、发行债券等形式向不同的交易对象借入资金，为此而承担按期还本付息的责任。故选 C。

14. C 解析 **资产负债管理理论** 资产负债管理理论认为，在商业银行经营管理中，不能偏重资产和负债的某一方，高效的商业银行应该是资产和负债管理双方并重的。这一理论的基本要求是通过资产、负债结构的共同调整，协调资产、负债项目在利率、期限、风险和流动性方面的合理搭配，以实现安全性、流动性、效益性的最佳组合。故选 C。

15. C 解析 **缺口分析** 若某商业银行在未来一段时期内需要重新定价的资产大于负债，则为正缺口。**在利率下降的情况下，正缺口会减少利差，对银行不利。**在利率上升的环境下，保持正缺口对商业银行有利，利差会增加。故选 C。

16. D 解析 **公司治理的一般原则** 选项 D 说法错误，商业银行在治理机制的选择上要偏重内部治理，外部治理放在次要的位置。故选 D。

17. D 解析 **监管资本要求** 风险加权资产＝信用风险加权资产＋(市场风险资本要求＋操作风险资本要求)×12.5。故选 D。

18. D 解析 **商业银行财务管理的目标** 选项 D 说法错误，实现企业价值最大化是商业银行财务管理的目标。故选 D。

19. C 解析 **商业银行的经营对象** 商业银行是以货币和信用为经营对象的金融中介机构。故选 C。

20. B 解析 **经济资本管理的内容** 商业银行经济资本管理主要包括三项内容：经济资本的计量、经济资本的分配、经济资本的评价。故选 B。

21. B 解析 **商业银行运营模式的未来发展** 选项 B 说法错误，互联网金融本质仍属于金融，并没有改变金融风险隐蔽性、传染性和突发性的特点。故选 B。

22. B 解析 **商业银行经营的原则** 安全性原则要求银行在经营活动中必须保持足够的清偿能力，经得起重大风险和损失，能够随时应付客户提存。故选 B。

23. B 解析 **商业银行中间业务和表外业务** 商业银行中间业务具有以下特点：不运用或不直接运用银行的自有资金；不承担或不直接承担市场风险；以接受客户委托为前提，为客户办理业务；以收取服务费(手续费、管理费等)、赚取价差的方式获得收益；种类多、范围广，在商业银行营业收入中所占的比重日益上升。故选 B。

24. D 解析 **现金管理** 存款经营的衍生服务是现金管理。故选 D。

25. C 解析 **商业银行管理的概念** 商业银行的经营是指对其所开展的各项业务活动的组织和营销。**商业银行的管理是指商业银行对所开展的各种业务活动的控制与监督**。故选 C。

26. C 解析 **财务管理的内容** 按照税后净利润的 10% 提取法定盈余公积金，法定盈余公积金已达注册资本的 50% 时可不再提取。法定盈余公积金除可用于弥补亏损外，还可用于转增资本金，但法定盈余公积金弥补亏损和转增资本金后的剩余部分不得低于注册资本的 25%。故选 C。

27. B 解析 **商业银行资产负债管理的基本原理** 规模对称原理是指商业银行资产运用的规模必须与负债来源的规模相对称、相平衡。这种对称并非简单的对等，而是一种建立在合理效益增长基础上的动态平衡。故选 B。

28. D 解析 **商业银行的特点** 商业银行的特点主

要体现为:①募集公众资金、高负债经营;②通过经营风险、提供金融服务获取利润;③特许性和严格监管。故选 D。

二、多项选择题

1. ACE 解析 商业银行的特点 商业银行的特点主要体现为:①募集公众资金、高负债经营;②通过经营风险、提供金融服务获取利润;③特许性和严格监管。故选 ACE。

2. ABD 解析 商业银行新型的业务运营模式 与传统的运营模式相比,新型业务运营模式具有实现前台营业网点业务操作的规范化和工序化、实现业务处理的集约化、实现运营效率有效提升、实现风险防范能力提高以及实现成本大幅降低等优点。故选 ABD。

3. ABE 解析 贷款管理 目前,我国商业银行信贷管理一般实行集中授权管理、统一授信管理、审贷分离、分级审批、贷款管理责任制相结合,以切实防范、控制和化解贷款业务风险。故选 ABE。

4. BDE 解析 选择贷款客户的相关知识 要完成对客户自身及项目的了解,通常银行的信贷人员要完成三个步骤:①贷款面谈;②信用调查;③财务分析。故选 BDE。

5. ABCD 解析 商业银行经营与管理的含义 选项 ABCD 正确,**按照客户类型,商业银行业务可以分为公司金融业务、零售金融和财富管理业务、资产管理业务、金融市场业务**。选项 E 错误,中间业务和表外业务是按照业务性质划分的。故选 ABCD。

6. ABCD 解析 商业银行的审慎经营规则 商业银行的审慎经营规则包括风险管理、内部控制、资本充足率、资产质量、损失准备金、风险集中、关联交易、资产流动性等内容。故选 ABCD。

7. ABC 解析 商业银行监管资本的构成 需要从核心一级资本中全额扣除以下项目:商誉、其他无形资产(土地使用权除外)、由经营亏损引起的净递延税资产、贷款损失准备缺口、资产证券化销售利得、确定受益类的养老金资产净额、直接或间接持有本银行的股票、对资产负债表中未按公允价值计量的项目进行套期形成的现金流储备和商业银行自身信用风险变化导致其负债公允价值变化带来的未实现损益。故选 ABC。

8. ACDE 解析 商业银行资产负债管理的基本原理 商业银行资产负债管理的基本原理有:结构对称原理、规模对称原理、利率管理原理、目标互补原理、速度对称原理、比例管理原理。故选 ACDE。

9. ABD 解析 存款管理的内容 存款管理的内容包括对吸收存款方式的管理、存款利率管理和存款保险管理。故选 ABD。

10. ABDE 解析 公司治理机制的起源和发展 选项 C 错误,确立银行价值至上的理念。故选 ABDE。

11. ABE 解析 贷后管理 对客户的授信后检查对象包括借款人及其主要关联企业、担保人以及抵(质)押物、项目贷款对应的项目等。故选 ABE。

12. ABDE 解析 商业银行的中间业务 商业银行的中间业务包括收取服务费或代客买卖的理财业务、咨询顾问、基金和债券的代理买卖、代客买卖资金产品、代理收费、托管、支付结算等业务。故选 ABDE。

13. AD 解析 资产负债管理的方法和工具 商业银行采用敞口限额管理和资产负债币种结构管理等方式控制外汇敞口产生的汇率风险。故选 AD。

14. BCE 解析 我国商业银行的现金资产 我国商业银行的现金资产主要包括库存现金、存放中央银行款项和存放同业及其他金融机构款项。故选 BCE。

15. ABCE 解析 资本管理 选项 D 错误,经济资本又称风险资本,是指商业银行在一定的置信水平下,为了应对未来一定期限内的经济损失(非预期损失)而应该持有的资本,是银行抵补风险所要求拥有的资本。故选 ABCE。

16. ADE 解析 商业银行中间业务和表外业务 中间业务是指不构成银行表内资产、表内负债,形成银行非利息收入的业务,包括收取服务费和代客买卖业务,如理财、咨询顾问、基金和债券的代理买卖、代客买卖资金产品、代理收费、托管和支付结算等业务。表外业务是指按照现行的会计准则虽不反映在资产负债表中,但同资产负债表内业务关系密切,在一定条件下会转变为资产负债表内业务的业务,需要在表外对其进行记载,以便对其进行反映、核算和监管。故选 ADE。

17. ADE 解析 影响存款经营的因素 影响存款经营的因素包括:①支付机制的创新;②存款创造的调控;③政府的监管措施。故选 ADE。

18. BDE 解析 资产管理理论形成的理论基础

资产管理理论产生于商业银行经营的初级阶段,是在"商业性贷款理论""资产转移理论""预期收入理论"基础上形成的。故选BDE。

19.ABD 解析 **短期借款** 商业银行的借入款包括短期借款和长期借款。其中,短期借款主要包括同业拆借、证券回购和向中央银行借款等。故选ABD。

20.ABDE 解析 **商业银行成本管理的基本原则** 在成本管理中要遵守以下基本原则:①成本最低化原则;②全面成本管理原则;③成本责任制原则;④成本管理的科学化原则。故选ABDE。

21.ACDE 解析 **财务管理的内容** 选项B错误,商业银行按照税后净利润的10%提取法定盈余公积金,法定盈余公积金已达注册资本的50%时可不再提取。故选ACDE。

22.ACDE 解析 **商业银行的经营与管理** 按照业务性质,商业银行经营的业务可以分为负债业务、资产业务、中间业务和表外业务。故选ACDE。

23.CDE 解析 **商业银行经营与管理原则** 为满足流动性要求,商业银行要做以下三点:①调整资产结构,维持流动性较好资产的适度比例;②加强负债管理,注重从负债方面来满足银行经营的流动性要求;③加强流动性管理,实现流动性管理目标。选项A属于商业银行追求效益的提高要做到的方面。选项B属于为实现安全性目标,商业银行应该做到的方面。故选CDE。

提升必刷

一、单项选择题

1.A 解析 **商业银行经营与管理原则** 在商业银行经营管理的三大原则中,安全性是前提,流动性是条件,效益性是目的。故选A。

2.D 解析 **商业银行资产负债管理的方法** 缺口分析是商业银行衡量资产与负债之间重新定价期限和现金流量到期期限匹配情况的一种方法,主要用于利率敏感性缺口和流动性期限缺口分析。故选D。

3.D 解析 **商业银行金融创新原则** 商业银行开展金融创新活动,应当遵循以下原则:①合法合规的原则,遵守法律、行政法规和规章的规定。商业银行不得以金融创新为名,违反法律规定或变相逃避监管。②公平竞争原则,不得以排挤竞争对手为目的,进行低价倾销、恶性竞争或其他不正当竞争。③充分尊重他人的知识产权,不得侵犯他人的知识产权和商业秘密;商业银行应制定有效的知识产权保护战略,保护自主创新的金融产品和服务。④成本可算、风险可控、信息充分披露的原则。故选D。

4.A 解析 **商业银行经营的概念** 商业银行的经营是对其开展的各种业务活动的组织和营销。故选A。

5.C 解析 **外汇敞口分析和敏感性分析的概念** 外汇敞口与敏感性分析是商业银行衡量汇率变动对全行财务状况影响的一种方法。故选C。

6.B 解析 **商业银行运营模式的未来发展** 选项B说法错误,互联网金融本质仍属于金融,并没有改变金融风险隐蔽性、传染性、广泛性和突发性的特点。故选B。

7.B 解析 **商业银行利润分配** 商业银行税后利润按以下顺序进行分配:①抵补已缴纳的、在成本和营业外支出中无法列支的有关惩罚性或赞助性支出;②弥补以前年度亏损;③按照税后净利润的10%提取法定盈余公积金;④提取公益金;⑤向投资者分配利润。故选B。

8.A 解析 **商业银行的利润分配** 商业银行法定盈余公积弥补亏损和转增资本后的剩余部分不得低于注册资本的25%。故选A。

9.A 解析 **商业银行新型的业务运营模式** 选项A属于前台的主要职责。中后台主要职责是风险管理、合规管理、核心业务系统运行维护、集中处理非实时业务批量交易、财务核算以及业务稽核监督,包括集中运行、集中录入、集中交易、集中核算、集中金库和集中监督等事项。故选A。

10.C 解析 **商业银行资本的功能** 商业银行资本的核心功能是吸收损失。故选C。

11.B 解析 **公益金** 公益金是指商业银行用于集体福利事业的资金,主要用于职工集体福利设施的支出。故选B。

二、多项选择题

1.BCD 解析 **债券投资管理** 我国商业银行债券投资的对象主要包括国债,地方政府债券、金融债券、中央银行票据、资产支持证券、企业债券和公司债券等。故选BCD。

2.ACDE 解析 **资产负债管理的方法** 选项B错误,目前,国际银行业较为通行的资产负债管理方法主要包括三种:风险计量方法、风险对冲方法和结构调节方法。**风险计量和风险对冲方法主要面向利率、汇率和流动性等资产负债业务相关的市场风险,不包括信用风险、操作风险等**。故选 ACDE。

3. **AC** 解析 资产负债管理的方法 缺口分析是商业银行衡量资产与负债之间重新定价期限和现金流量到期期限匹配情况的一种方法,主要用于利率敏感性缺口和流动性期限缺口分析。前者衡量一定时期内到期或需重新定价的资产与负债之间的差额,后者用于定期计算和监测同期限内到期的资产与负债差额。以利率敏感性缺口为例,如果某一时期内到期或需重新定价的资产大于负债,则为正缺口。在利率上升的环境中,保持正缺口对商业银行有利。故选 AC。

4. **ABCD** 解析 核心一级资本的构成 核心一级资本包括实收资本或普通股、资本公积、盈余公积、一般风险准备、未分配利润、累计其他综合收益、少数股东资本可计入部分。故选 ABCD。

5. **BDE** 解析 商业银行负债业务 影响存款经营的因素很多,主要有三个方面:支付机制的创新、存款创造的调控、政府的监管措施。故选 BDE。

6. **ABE** 解析 我国商业银行资本充足率的计算公式 根据我国商业银行资本充足率的计算公式,商业银行风险加权资产包括信用风险加权资产、市场风险加权资产、操作风险加权资产。故选 ABE。

7. **ABCD** 解析 商业银行的审慎经营规则 选项 E 错误,审慎经营规则又称审慎性经营规则,包括风险管理、内部控制、资本充足率、资产质量、损失准备金、风险集中、关联交易、资产流动性等内容。故选 ABCD。

8. **ABCE** 解析 商业银行分业经营的原则 选项 D 错误,《中华人民共和国商业银行法》规定,商业银行在中华人民共和国境内不得从事信托投资和证券经营业务,不得向非自用不动产投资或者向非银行金融机构和企业投资,但国家另有规定的除外。故选 ABCE。

9. **ABCE** 解析 不良金融资产处置 选项 ABCE 正确,传统不良资产处置方式包括清收、以贷款重组、转让卖断、债转股等。选项 D 错误,不良资产证券化不属于传统不良资产处置方式。故选 ABCE。

综合必刷

(一)

1. **ACD** 解析 资产负债管理理论 资产负债管理的基本原理:①规模对称原理(资产运用规模应与负债来源的规模对称);②结构对称原理(资产结构与负债结构的相互对称);③速度对称原理(偿还期对称原理,资产分配根据资金来源的流转速度决定,银行资产与负债偿还期保持一定的对称);④目标互补原理(三性之间可以互补);⑤利率管理原理;⑥比例管理原理。故选 ACD。

2. **B** 解析 资产负债管理方法的分析 资产负债管理的基本原理:速度对称原理即偿还期对称原理,是指资产分配应根据资金来源的流转速度决定,银行资产与负债偿还期应保持一定的对称。作为对称原理的具体运用,这种原理提供了一个计算方法:平均流动率=资产的平均到期日/负债的平均到期日,平均流动率>1,资产运用过度;平均流动率<1,资产运用不足。依据题意可得,平均流动率 = 300/360 = <1,故 A 银行资产运用不足。故选 B。

3. **C** 解析 资产负债管理方法中的缺口分析 该银行负债大于资产,属于负缺口。市场利率下降环境中,资产收入利息减少(利润降低),同时负债支付利息也减少(相当于成本降低)。因为负债大于资产(负缺口),故负债支付出去的利息减少(成本降低)将大于收入利息的减少(利润降低)即增加利差,所以对银行是有利的。故选 C。

4. **D** 解析 资产负债管理方法中的流动性压力测试 流动性压力测试是一种以定量分析为主的流动性风险分析方法,商业银行通过流动性压力测试测算全行在遇到小概率事件等极端不利情况下可能发生的损失,从而对银行流动性管理体系的脆弱性做出评估和判断,进而采取必要措施。故选 D。

(二)

1. **A** 解析 商业银行核心一级资本的计算 根据本题中的数据,核心一级资本=实收资本+资本公积+盈余公积+未分配利润 = 160 + 60 + 55 + 35 = 310(万元)。故选 A。

2. **B** 解析 核心一级资本充足率的计算 核心一级资本充足率=(核心一级资本-对应资本扣除项)/风险加权资产×100% = (310 − 30)/10 000×100% = 2.8%。故选 B。

3. **C**　解析　**不良贷款率的计算**　不良贷款率=不良贷款/贷款总额×100% =(50+70+40)/(900+700+50+70+40)×100% =9.09%。故选C。

4. **C**　解析　**资本充足率的计算**　资本充足率=(总资本-对应资本扣除项)/风险加权资产×100% =(310+180-30)/10 000=4.6%。故选C。

（三）

1. **D**　解析　**商业银行的资产管理**　商业银行的资产余额=各项贷款+债券投资+现金及存放中央银行款项+存放同业款项=15 000+6 250+5 500+1 125=27 875(亿元)。故选D。

2. **A**　解析　**商业银行的资产管理**　我国商业银行的现金资产主要包括：①库存现金；②存放中央银行款项；③存放同业及其他金融机构款项。本题中商业银行的现金资产余额=5 500+1 125=6 625(亿元)。故选A。

3. **B**　解析　**商业银行的负债管理**　短期借款是指期限在一年或一年以下的借款，主要包括同业拆借、证券回购和向中央银行借款等。故选B。

4. **BD**　解析　**商业银行的负债管理**　选项A错误，贷款是商业银行最主要的资产和最主要的资金运用。选项C错误，应当分散借入款的偿还期和偿还金额，以减轻流动性过于集中的压力。故选BD。

第4章　保险公司

基础必刷

一、单项选择题

1. **B**　解析　**保险的定义和功能**　保险的核心目的是为被保险人提供风险保障，确保他们在不幸事件发生时得到一定的经济赔偿。这种保障可以涵盖生命、财产、健康、车辆等多个方面，帮助被保险人避免因意外事件导致的生活困境。故选B。

2. **B**　解析　**保险经营的基本原则**　保险公司经济核算的主要内容包括成本核算、资金核算和利润核算。保险公司的资金核算，主要是核算各种资金的占有量、利用率、周转速度等指标。故选B。

3. **B**　解析　**保险经营的特殊原则**　风险大量原则是指保险人在可保风险的范围内，应根据自己的承保能力，争取承保尽可能多的危险单位。故选B。

4. **B**　解析　**保险营销的概念和特点**　保险营销的最终目的是为保险公司组织和争取保险业务。故选B。

5. **B**　解析　**保险营销的基本要素**　保险营销的主体包括保险公司和保险中介公司。一般来说，保险公司是保险市场上的承保人。保险中介公司是保险市场上的中间人，是客户与保险公司之间的业务联系纽带。保险中介公司与保险公司是业务合作关系。故选B。

6. **B**　解析　**承保人的职能**　承保的总目标是选择和保持能够使公司利润迅速增长的业务。故选B。

7. **B**　解析　**承保过程、承保管理和续保**　续保是在一份保险合同即将期满时，投保人向保险人提出申请，要求延长该保险合同的期限，保险人根据投保人当时的实际情况，对原合同条款可能做出某些修改后继续对投保人承保的行为。故选B。

8. **B**　解析　**再保险的定义和特征**　再保险又称保险分保，是指保险人对自己承担的风险和责任向其他保险人进行保险的一种保险。故选B。

9. **B**　解析　**再保险的自留额与分保额、业务种类**　选项A错误，危险单位划分的关键是要与每次保险事故最大可能损失范围的估计联系起来考虑，而不一定和保单份数相等同。选项C错误，危险单位划分的标准并不是一成不变的。选项D错误，危险单位的划分有时需要非保险领域的专业知识。故选B。

10. **A**　解析　**再保险业务的安排方式**　临时再保险是指对于保险业务的分出和分入，分出公司和分入公司均无义务约束的一种再保险安排方式。故选A。

11. **D**　解析　**保险理赔的程序**　查勘损失事实的内容包括确定损失状况、认定求偿权利及估计损失金额。故选D。

12. **C**　解析　**保险理赔监管要求**　2008年11月，中国保险监督管理委员会发布《关于公布保险理赔（给付）程序进一步做好理赔服务工作的通知》，对保险公司做好理赔（给付）服务工作提出要求。故选C。

13. **C**　解析　**保险资金及保险公司的资金运用特点**

保险公司的资金流动方向是收入在先,支出在后,基本不需要垫付资金来保证成本和费用的支出。故选 C。

14. B 解析 **保险投资及投资资产** 保险公司是保险投资的主体,保险资金构成了保险投资活动中的客体,保险公司投资的目标是通过保险资金的有偿营运,创造最大的投资价值。故选 B。

15. B 解析 **保险经营的特殊原则** 保险人控制风险的方法主要有以下三种:控制保险金额、规定免赔额或免赔率和实行比例承保。规定免赔额或免赔率即对一些保险风险造成的损失规定一个额度或比率,由被保险人自负这部分损失,保险人对于该额度或比率内的损失不负责赔偿。故选 B。

16. A 解析 **保险营销的概念和特点** 保险营销是保险经营活动中最基本的工作。故选 A。

17. A 解析 **保险营销的基本要素** 保险营销的对象即保险营销的指向者、实施营销的目标和对象,又称准投保人,包括各类自然人和法人。保险营销成功与否,最终取决于准投保人的投保情况。故选 A。

18. C 解析 **承保人的职能** 如果一个被保险人的风险因素增加了,那么承保人就要对该被保险人重新归类。故选 C。

19. C 解析 **再保险的自留额与分保额、业务种类** 分出公司根据偿付能力所确定的自行承担的责任限额称为自留额或自负责任额;经过分保由分入公司承担的责任限额称为分保额、分保责任额或接受额。故选 C。

20. D 解析 **保险投资及投资资产** 不动产类资产是指购买或投资的土地、建筑物及其他依附于土地上的定着物等,以及主要价值依赖于上述资产价值变动的资产。故选 D。

二、多项选择题

1. ABCD 解析 **保险的定义和功能** 保险的主要功能包括提供风险保障、分散风险、提供经济补偿、融资功能和促进社会稳定。故选 ABCD。

2. ABD 解析 **保险经营的基本原则** 保险公司经济核算的主要内容包括成本核算、资金核算和利润核算。故选 ABD。

3. BC 解析 **保险经营的特殊原则** 承保后的风险分散原则以再保险和共同保险为主要手段。再

是指保险人将其所承担的业务中超出自己承受能力之外的风险转移给再保险人承担。共同保险是由两个或两个以上保险人共同承保某个风险较大的保险标的。故选 BC。

4. ABCD 解析 **承保人的职能** 承保人的职能包括确定保险供给规模、确定保险价格、确定保单条件和承保分析等四项内容。故选 ABCD。

5. BCDE 解析 **承保过程、承保管理和续保** 承保信息的来源主要包括中介人、地区销售经理、消费者调查报告、体检报告。有时保险公司可以从被保险人所保存的一些单据中获得某些信息,如珠宝鉴定书的复印件、购买货物的账单等。对企业来说,反映企业经营状况和未来计划的年度报告以及财务报表,也可以提供许多有用的信息。故选 BCDE。

6. ACDE 解析 **保险理赔的程序** 保险理赔的程序通常包括确定理赔责任、确定损失原因、查勘损失事实、赔偿给付、损失处理和代位求偿等。故选 ACDE。

7. ABCD 解析 **保险资金及保险公司的资金运用特点** 保险资金是指保险集团(控股)公司、保险公司以本外币计价的资本金、公积金、未分配利润、各项准备金及其他资金。故选 ABCD。

8. CD 解析 **再保险的自留额与分保额、业务种类** 自留额与分保额可以用百分比表示,也可以用绝对值表示。自留额与分保额可以以保险金额为计算基础,也可以以赔款金额为计算基础。故选 CD。

9. BCE 解析 **保险经营的基本原则** 保险经营的基本原则包括经济核算原则、随行就市原则和薄利多销原则。故选 BCE。

10. ABC 解析 **承保过程、承保管理和续保** 对承保人来说,经常面临以下三种抉择:接受投保;拒绝投保;接受投保,但要做出一些变动。故选 ABC。

提升必刷

一、单项选择题

1. B 解析 **保险经营的特殊原则** 对物的选择是指对保险标的及其利益的评估与选择。例如,对投保财产保险的建筑物应了解和检查其结构、使用情况以及坐落地点等;对投保的机动车辆、船舶、飞机等运输工具应了解其是否属于超龄服役的老车、老船、老飞机,以及它们的用途和运输区域等。故选 B。

2. A 解析 **保险经营的基本原则** 保险经营的基

本原则包括经济核算原则、随行就市原则和薄利多销原则。**薄利多销是保险公司迅速占领市场、提高市场竞争力的有效手段**。故选A。

3. A 解析 保险营销的概念和特点 广义的保险营销即保险市场营销,就是在变化的市场环境中,以保险为商品,以市场交换为中心,以满足被保险人的需要为目的,为实现保险公司管理目标而进行的一系列整体活动,包括保险市场需求的调查研究、保险市场细分、保险商品的开发设计、保险促销策略、保险销售渠道及售后服务的计划与实施等。故选A。

4. B 解析 保险营销的基本要素 保险营销的客体即保险商品,保险商品属于无形的服务商品。故选B。

5. B 解析 承保人的职能 选项A错误,非标准保单总体上与标准保单没有太大的区别,只是在某些方面做了一些改变。选项C错误,一般来说,大多数被保险人都适合使用标准保单。选项D错误,各保险公司也可以根据自己的情况,使用非标准保单,即保险公司自己制定的保单。故选B。

6. C 解析 再保险的定义和特征 再保险的基础是原保险,**再保险的产生是基于原保险人经营中分散风险的需要**。故选C。

7. D 解析 再保险的自留额与分保额、业务种类 与比例再保险不同,在非比例再保险中,分出公司和分入公司的保险责任和有关权益与保险金额之间没有固定的比例关系,因此其被称为非比例再保险。故选D。

8. D 解析 再保险业务的安排方式 预约再保险是指分出公司对合同约定的业务是否分出,可自由安排而无义务约束,而分入公司对合同约定的业务必须接受且无权选择的一种再保险安排方式。**其对分出公司而言,具有临时再保险性质;对分入公司而言,具有合同再保险性质**。故选D。

9. D 解析 保险理赔的程序 在财产保险中,保险利益不仅关系到哪些人能够成为投保人的问题,而且关系到哪些人享有赔偿请求权的问题。故选D。

10. B 解析 保险资金及保险公司的资金运用特点 保险公司资金来源有一部分是资本金,大部分是保险费收入。故选B。

11. A 解析 保险投资及投资资产 上市权益类资产是指在证券交易所或符合国家法律法规规定的金融资产交易场所公开上市交易的、代表企业股权或者其他剩余收益权的权属证明,以及主要价值依赖于上述资产价值变动的资产。故选A。

12. C 解析 保险经营的特殊原则 实行比例承保即保险人按照保险标的实际金额的一定比例确定承保金额,而不是全额承保。故选C。

13. A 解析 保险理赔的程序 在财产保险中,受灾的财物有时还具有一定的残余价值,保险公司在完成全部赔付后,有权处理受损物资,也可将损余物资折价给被保险人,以充抵部分赔偿金。故选A。

14. A 解析 保险资金及保险公司的资金运用特点 **保险资金具有流入的确定性和流出的不确定性的特点**。保险公司是先获得保险费收入,后发生成本费用。在保险合同签订、保险费收取后即可基本确定资金流入量,但是未来资金的流出则具有不确定性。故选A。

15. A 解析 承保人的职能 保险公司的承保能力是指基于保险法律规定和保险公司自身资本实力及风险资产配备管理的要求,在某个业务领域或某笔业务所能承受的最大风险金额。故选A。

二、多项选择题

1. ABC 解析 保险经营的特殊原则 遵循风险大量原则的原因包括:保险人只有承保尽可能多的危险单位,才能建立起雄厚的保险基金,以保证保险经济补偿职能的履行;保险经营以大数法则为基础,只有承保大量的危险单位,才能使风险发生的实际情形更接近预先计算的风险损失概率,以确保保险经营的稳定性;保险人承保的危险单位越多,保险费收入就越多,营业费用则相对较少。故选ABC。

2. BCDE 解析 保险营销的概念和特点 保险营销的特点包括保险营销的服务性、保险营销的专业性、保险营销的竞争性和保险营销的数字化。故选BCDE。

3. ABD 解析 保险营销的基本要素 保险营销的主体(保险公司和保险中介公司)、客体(保险商品)和对象(准投保人)构成保险营销工作中的三个基本要素。故选ABD。

4. BCE 解析 承保人的职能 保险公司可通过三种方法来提高其承保能力和扩大保险供给,**分别是合理配置业务、充分利用现有资源和运用再保险**。

故选BCE。

5. ABCD 解析 **承保过程、承保管理和续保** 保险公司的承保管理有四项主要任务：①设立经营目标，以补充或支持公司的总目标；②告诉承保人怎样完成这些特定的目标；③定期检查承保人的工作，以便判断他们是否按照公司制定的"承保指南"要求去做，是否满足了承保的目标要求；④制定并适时修改"承保指南"，以适应客观情况的变化。故选ABCD。

6. BC 解析 **再保险的定义和特征** 再保险具有两个重要特征：一是再保险是保险人之间的一种业务经营活动；二是再保险合同是一种独立的合同。故选BC。

7. ABCD 解析 **再保险业务的安排方式** 这种再保险安排方式比较灵活，但由于业务要逐笔安排，手续烦琐，增加了营业费用开支。**临时再保险一般适**用于新开办的或不稳定的业务。故选ABCD。

8. ABCD 解析 **保险理赔监管要求** 选项E错误，各保险公司应建立并完善理赔（给付）服务责任人制度，从总公司到地市级分支机构均应指定一名高管人员为理赔（给付）服务责任人，**指定一个部门为理赔（给付）服务的责任部门，该部门主要负责人为理赔（给付）服务的联系人**。故选ABCD。

9. BCDE 解析 **保险资金及保险公司的资金运用特点** 保险费率主要是依据以前年度的平均保险事故发生率、平均费用率的统计数据以及利率和资金运用收益率的预测来制定的。故选BCDE。

10. BCDE 解析 **保险投资及投资资产** 保险公司投资资产（不含独立账户资产）可分为流动性资产、固定收益类资产、权益类资产、不动产类资产和其他金融资产。故选BCDE。

第5章 证券公司与基金管理公司

基础必刷

一、单项选择题

1. C 解析 **混合基金** 选项AB错误，混合基金的风险低于股票基金，预期收益则要高于债券基金。选项C正确、选项D错误，它为投资者提供了一种在不同资产类别之间进行分散投资的工具，比较适合较为保守的投资者。故选C。

2. B 解析 **证券投资基金的参与主体** **基金市场服务机构包括基金管理人、基金托管人、基金销售机构、基金注册登记机构、律师事务所和会计师事务所、基金投资咨询机构和基金评级机构**。故选B。

3. A 解析 **货币市场基金** 货币市场基金合计投资于现金、国债、中央银行票据、政策性金融债券占基金资产净值的比例合计不得低于5%。故选A。

4. C 解析 **直接金融机构** 投资银行、证券公司等属于直接金融机构。故选C。

5. B 解析 **证券经纪业务** 选项ACD正确，证券公司办理经纪业务，不得接受客户的全权委托而决定证券买卖、选择证券种类、决定买卖数量或者买卖价格；不得允许他人以证券公司的名义直接参与证券的集中交易；不得对客户证券买卖的收益或者赔偿证券买卖的损失做出承诺。选项B说法错误，证券公司的从业人员不得私下接受客户委托买卖证券，其在证券交易活动中，执行所属的证券公司的指令或者利用职务违反交易规则的由所属的证券公司承担全部责任。故选B。

6. A 解析 **商业银行理财产品** 合格投资者是指具备相应风险识别能力和风险承受能力，投资于单只理财产品不低于一定金额且符合下列条件的自然人、法人或者依法成立的其他组织：①具有2年以上投资经历，且家庭金融净资产不低于300万元人民币，或者家庭金融资产不低于500万元人民币，或者近3年本人年均收入不低于40万元人民币；②最近1年末净资产不低于1 000万元人民币的法人或者依法成立的其他组织。故选A。

7. D 解析 **基金交易费** 选项D说法错误，佣金由证券公司按成交金额的一定比例向基金收取。故选D。

8. C 解析 **基金管理公司的主要业务** 选项C说法错误，基金管理公司应当确保集合资产管理计划开放退出期内，其资产组合中7个工作日可变现资产的价值，不低于该计划资产净值的10%。故选C。

9. D 解析 **基金管理公司专户业务运作规范** 合格投资者投资于单只固定收益类资产管理计划的金额不低于30万元，投资于单只混合类资产管理计划的金额不低于40万元，投资于单只权益类、商品及金融衍生品类资产管理计划的金额不低于100万元。资产管理计划投资于非标准化资产的，接受单个合格投资者委托资金的金额不低于100万元。故选D。

10. D 解析 **封闭式基金与开放式基金的区别** 开放式基金的买卖价格以基金份额净值为基础，不受市场供求关系的影响。故选D。

11. A 解析 **商业银行理财产品** 商品及金融衍生品类理财产品投资于商品及金融衍生品的比例不低于80%。故选A。

12. D 解析 **基金的投资管理** 投资管理业务是基金管理公司最核心的一项业务。基金管理公司之间的竞争在很大程度上取决于其投资管理能力的高低。故选D。

13. A 解析 **封闭式基金的概念** 封闭式基金也称固定型基金，是指在基金发行前就已经确定基金资本总额、发行数量和存续期限，在基金存续期内基金资本总额以及发行数量都保持固定不变的基金类型。故选A。

14. A 解析 **公司型基金的特点** 公司型基金依据基金公司章程设立，基金投资者是基金公司的股东，享有股东权利，按所持的股份承担有限责任，分享投资收益。选项A说法错误，契约型基金是依据基金合同设立的基金。故选A。

15. D 解析 **货币市场基金的概念** 货币市场基金以货币市场工具为投资对象。**根据中国证监会对基金类别的分类标准，仅投资于货币市场工具的为货币市场基金**。本题中商业票据为货币市场工具。故选D。

16. D 解析 **公募基金的特征** 公募基金主要具有如下特征：①可以面向社会公众公开发售基金份额和宣传推广，基金募集对象不固定；②投资金额要求低，适宜中小投资者参与；③必须遵守基金法律和法规的约束，并接受监管部门的严格监管。故选D。

17. D 解析 **基金运作费** 基金运作费是指为保证基金正常运作而发生的可以由基金承担的费用，包括审计费、律师费、上市年费、信息披露费、分红手续费、持有人大会费、开户费和银行汇划手续费等。故选D。

18. C 解析 **基金管理公司专户业务** 集合资管理计划的建仓期自产品成立之日起不得超过6个月。故选C。

19. C 解析 **证券研究报告** 证券研究报告主要包括涉及证券及证券相关产品的价值分析报告、行业研究报告、投资策略报告等。故选C。

20. A 解析 **集合资产管理计划** 集合资产管理计划的投资者人数不少于2人，不得超过200人。故选A。

21. D 解析 **证券公司的设立** 证券公司股东的出资应当是货币或证券公司经营中所必需的非货币财产；证券公司股东的非货币财产出资总额不得超过证券公司注册资本的30%。本题计算后不得超过15亿元。故选D。

22. B 解析 **证券公司** 根据《证券公司股权管理规定》，证券公司股东包括以下三类：①控股股东是指持有证券公司50%以上股权的股东或者虽然持股比例不足50%，但其所享有的表决权足以对证券公司股东(大)会的决议产生重大影响的股东；②主要股东是指持有证券公司5%以上股权的股东；③持有证券公司5%以下股权的股东。故选B。

23. B 解析 **信用风险的概念** 信用风险是指债券发行人没有能力按时支付利息、到期归还本金的风险。题干中所说"该银行大量贷款出现逾期，由此给T集团带来的风险"这就属于信用风险。故选B。

24. D 解析 **证券投资咨询业务及财务顾问业务** 证券投资咨询机构及其投资咨询人员不得从事下列活动：代理投资人从事证券、期货买卖；向投资人承诺证券、期货投资收益；与投资人约定分享投资收益或者分担投资损失；为自己买卖股票及具有股票性质、功能的证券以及期货；利用咨询服务与他人合谋操纵市场或者进行内幕交易等活动。证券投资咨询机构就同一问题向不同客户提供的投资分析、预测或者建议应当一致。故选D。

25. B 解析 **债券基金的通货膨胀风险** 通货膨胀风险：通货膨胀会吞噬固定收益所形成的购买力，因此债券基金的投资者不能忽视这种风险，必须适当地购买一些股票基金。故选B。

26. D 解析 **货币市场基金** 货币市场基金不得投资的金融工具：①股票；②可转换债券、可交换债券；③以定期存款利率为基准利率的浮动利率债

151

券,已进入最后一个利率调整期的除外;④信用等级在 AA+以下的债券与非金融企业债务融资工具。故选 D。

27.B 解析 **基金的法律形式** 根据组织形式的不同,基金可分为契约型基金与公司型基金。**我国的基金均为契约型基金,公司型基金则以美国的投资公司为代表**。故选 B。

28.B 解析 **融资融券交易** 融资融券交易分为融资交易和融券交易两类,客户向证券公司借资金买证券为融资交易,客户向证券公司借证券卖出为融券交易。故选 B。

29.B 解析 **基金托管费的概念** 基金托管费是指基金托管人为基金提供托管服务而向基金收取的费用。故选 B。

30.B 解析 **自营证券投资的知识** 注册资本不低于 1 亿元人民币,净资本不低于 5 000 万元人民币,并经中国证监会批准经营证券自营的证券公司才能从事证券自营业务。故选 B。

31.A 解析 **投资银行构造证券市场的功能** 证券公司以证券经纪商的身份接受顾客委托,进行证券买卖,提高了交易效率,稳定了交易秩序,使交易活动得以顺利进行。故选 A。

32.C 解析 **基金费用的种类** 基金销售过程中发生的由基金投资者承担的费用,主要包括申购费(认购费)、赎回费及基金转换费等。故选 C。

33.D 解析 **广义并购** 广义的并购包括扩张、售出、公司控制和所有权结构变更。故选 D。

34.A 解析 **证券经纪业务** 经纪关系的建立只是确立了投资者和证券公司直接的代理关系,还没有形成实质上的委托关系。当投资者办理了具体的委托手续之后,即投资者填写了委托单或自助委托及证券公司受理了委托,两者才建立了受法律保护和约束的委托关系。故选 A。

35.A 解析 **证券投资基金的特点** 证券投资基金的特点有:①集合理财,专业管理;②组合投资,分散风险;③利益共享,风险共担;④严格监管,信息透明;⑤独立托管,相互制衡。故选 A。

二、多项选择题

1.ABDE 解析 **证券公司申请融资融券业务资格要具备的条件** 选项 C 错误,财务状况良好,最近 2 年各项风险控制指标持续符合规定,注册资本和净资本符合增加融资融券业务后的规定。故选 ABDE。

2.ADE 解析 **股票基金与单一股票之间的不同点** 选项 B 错误,股票基金份额净值不会由于买卖数量或申购、赎回数量的多少而受到影响。选项 C 错误,股票价格在每一交易日内始终处于变动之中。股票基金净值的计算每天只进行一次,因此每一交易日股票基金只有一个价格。故选 ADE。

3.ABC 解析 **契约型基金与公司型基金的区别** 契约型基金与公司型基金的区别:①**法律主体资格不同**;②**投资者的地位不同**;③**基金营运依据不同**。故选 ABC。

4.BCE 解析 **基金当事人** 我国的证券投资基金依据基金合同设立,基金份额持有人、基金管理人与基金托管人是基金合同的当事人,简称基金当事人。故选 BCE。

5.ABDE 解析 **我国基金的交易费** 我国基金的交易费主要包括印花税、佣金、过户费、经手费、证管费等。故选 ABDE。

6.BDE 解析 **证券承销与保荐业务** 证券承销业务可以采取包销或代销方式。包销分为全额包销和余额包销。故选 BDE。

7.ABCD 解析 **封闭式基金与开放式基金的主要区别** 封闭式基金与开放式基金的主要区别有期限不同、份额限制不同、交易场所不同、价格形成方式不同、激励约束机制与投资策略不同。故选 ABCD。

8.ABCD 解析 **混合基金的类别** 通常可以依据资产配置的不同将混合基金分为偏股型基金、偏债型基金、股债平衡型基金、灵活配置型基金等。故选 ABCD。

9.ABC 解析 **不动产投资信托基金的特征** 不动产投资信托基金的特征包括:①收益主要来源于租金收入和房地产升值;②收益的大部分用于发放分红;③长期回报率较高(不同时间、不同国家和地区的情况并不相同)。故选 ABC。

10.ACD 解析 **证券投资基金的类别** 选项 B 错误,债券基金的收益不如债券的利息固定。选项 E 错误,债券基金的收益率比买入并持有到期的单个债券的收益率更难以预测。故选 ACD。

11.ACD 解析 **基金销售机构的相关知识** 目前可申请从事基金销售的机构主要包括商业银行、证券公司、证券投资咨询机构、独立基金销售机构。

故选 ACD。

12. ABCE 解析 证券投资咨询业务及财务顾问业务 证券投资顾问业务与发布证券研究报告的区别主要体现为:一是立场不同。证券投资顾问业务基于特定客户的立场,遵循忠实客户利益的原则;而证券分析师基于独立、客观的立场,对证券及相关产品价值进行研究分析。二是服务方式与内容不同。证券投资顾问业务根据与客户的合同约定,提供相关工作建议;而发布证券研究报告一般针对不特定客户发布,关注证券定价而不关注买卖时机。三是服务对象不同。证券投资顾问业务一般服务于普通投资者,而发布证券研究报告主要服务于基金管理公司等专业投资者。故选 ABCE。

13. BCD 解析 对冲基金运作特点 选项 AE 错误,对冲基金的主要运作特点是投资策略高度保密,高杠杆操作,主要投资于金融衍生品市场,专门从事各种买空、卖空交易,操作手法多样,更多地呈现全球化特征。故选 BCD。

14. ABC 解析 货币市场基金可以投资的金融工具 货币市场基金应当投资于以下金融工具:①现金;②期限在 1 年以内(含 1 年)的银行存款、债券回购、中央银行票据、同业存单;③剩余期限在 397 天以内(含 397 天)的债券、非金融企业债务融资工具、资产支持证券;④中国证监会、中国人民银行认可的其他具有良好流动性的货币市场工具。故选 ABC。

15. ACD 解析 融资融券业务相关规定 选项 B 错误,证券公司开展融资融券业务须经批准。选项 E 错误,证券公司应当逐日计算客户的担保物价值与其所欠债务的比例,当该比例低于约定的维持担保比例时,应当通知客户在约定的期限内补交担保物。故选 ACD。

16. BCDE 解析 商业银行经营机制 选项 A 错误,商业银行作为间接融资中介,同时具有资金需求者和资金供给者的双重身份。资金存款人与借款人之间并不直接发生权利与义务。故选 BCDE。

17. ABCD 解析 证券公司业务概述 选项 ABCD 正确,为发行新证券提供建议、承销新证券以及为并购提供建议和融资,是证券公司的三项传统业务。故选 ABCD。

18. BCD 解析 证券经纪业务 选项 A 错误,证券

公司办理经纪业务,不得接受客户的全权委托而决定证券买卖、选择证券种类、决定买卖数量或者买卖价格。选项 E 错误,证券公司的从业人员在证券交易活动中,执行所属的证券公司的指令或者利用职务违反交易规则的,由所属的证券公司承担全部责任。故选 BCD。

19. BCDE 解析 财务顾问业务 证券公司参与企业并购需要具备的业务能力包括:①良好的产业分析能力;②强大的金融产品配销能力;③敏锐的经济、社会与政治动向研判能力;④丰富的金融知识和应变能力;⑤正确的设计及执行投资计划的能力;⑥专业的会计、税务与法律方面的知识等。故选 BCDE。

提升必刷

一、单项选择题

1. C 解析 契约型基金 契约型基金依据基金合同成立。故选 C。

2. C 解析 基金的类别 股票基金是指以股票为主要投资对象的基金。根据中国证监会对基金类别的分类标准,基金资产80%以上投资于股票的为股票基金。故选 C。

3. D 解析 证券公司申请中间介绍业务资格 证券公司申请中间介绍业务资格的条件之一是申请日前 6 个月各项风险控制指标符合规定标准。故选 D。

4. A 解析 集合资产管理计划 集合资产管理计划的投资者人数不少于 2 人,不得超过 200 人。故选 A。

5. A 解析 财务顾问业务的概念 财务顾问业务是指与证券交易、证券投资活动有关的咨询、建议、策划业务。故选 A。

6. B 解析 封闭式基金与开放式基金的区别 封闭式基金的交易价格主要受二级市场供求关系的影响。故选 B。

7. B 解析 证券投资基金的参与主体 基金管理人是基金产品的募集者和管理者,其最主要的职责就是按照基金合同的约定,负责基金资产的投资运作,在有效控制风险的基础上为基金投资者争取最大的投资收益。故选 B。

8. B 解析 基金管理公司专户业务 固定收益类产品优先级与劣后级的比例不得超过 3∶1,权益类产品优先级与劣后级的比例不得超过 1∶1,商品及金融衍生品类、混合类产品优先级与劣后级的比例

153

不得超过 2∶1。故选 B。

9. C 解析 **基金管理费** 基金管理费率通常与基金规模成反比,与风险成正比。基金规模越大,风险程度越低,基金管理费率越低。故选 C。

10. A 解析 **融资融券交易** 融资融券交易分为融资交易和融券交易两类,客户向证券公司借资金买证券为融资交易,客户向证券公司借证券卖出为融券交易。故选 A。

11. A 解析 **债券基金的投资风险** 债券基金主要的投资风险包括利率风险、信用风险、提前赎回风险以及通货膨胀风险。选项 B 错误,债券基金的价值受市场利率变动的影响。选项 C 错误,通常,债券的到期日越长,债券的价格受市场利率的影响越大。选项 D 错误,债券的价格与市场利率变动密切相关,且呈反方向变动。故选 A。

12. A 解析 **证券投资基金的概念** 基金投资者是基金的所有者。基金投资收益在扣除由基金承担的费用后的盈余全部归基金投资者所有,并依据各个投资者所购买基金份额的多少在投资者之间进行分配。故选 A。

13. A 解析 **基金管理人的职责** 基金管理人是基金产品的募集者和管理者,其最主要的职责就是按照合同的约定,负责资金资产的投资运作,在有效控制风险的基础上为基金投资者争取最大的投资收益。故选 A。

14. A 解析 **契约型基金** 选项 A 正确,我国的基金均为契约型基金。选项 B 错误,契约型基金依据基金合同成立。选项 C 错误,契约型基金不具有法人资格。选项 D 错误,契约型基金依据基金合同运营基金。故选 A。

15. B 解析 **全额包销的概念** 全额包销是指证券公司将发行人的证券按照协议全部购入。故选 B。

16. D 解析 **证券投资基金业务** 证券投资基金业务主要包括基金募集与销售、基金的投资管理和基金运营服务。故选 D。

17. B 解析 **债券基金** 选项 A 错误,债券基金主要的投资风险包括利率风险、信用风险、提前赎回风险以及通货膨胀风险。选项 B 正确,债券基金没有确定的到期日。选项 C 错误,债券基金的收益不如债券的利息固定。选项 D 错误,债券基金主要以债券为投资对象。故选 B。

18. D 解析 **流动性中介的概念** 流动性中介是投资银行为客户提供各种票据、证券以及现金之间互换的机制。故选 D。

19. B 解析 **证券经纪业务** 在证券经纪业务中,证券公司只收取一定比例的佣金作为业务收入。故选 B。

20. C 解析 **证券公司与商业银行经营机制的区别** 作为直接金融机构代表的证券公司和作为间接金融机构代表的商业银行存在经营机制的根本区别。故选 C。

21. D 解析 **证券公司参与股指期货、国债期货交易的要求** 选项 D 错误,对未进行风险对冲的股指期货、国债期货分别按投资规模的 20% 计算风险资本准备。故选 D。

22. D 解析 **证券交易中投资银行所扮演的角色** 证券发行完以后的一段时间内,为了使该证券具备良好的流通性,证券公司常以证券做市商的身份买卖证券,以维持其承销的证券上市流通后的价格稳定。故选 D。

23. B 解析 **基金监管机构和自律组织** 选项 B 说法错误,我国的证券投资基金依据基金合同设立,基金份额持有人、基金管理人与基金托管人是基金合同的当事人,简称基金当事人。故选 B。

24. B 解析 **增长型基金的定义** 选项 B 正确,增长型基金是指以追求资本增值为基本目标,较少考虑当期收入的基金,主要以具有良好增长潜力的股票为投资对象。故选 B。

25. C 解析 **基金管理费的计提标准及计提方式** 选项 C 正确,我国的基金管理费、基金托管费及基金销售服务费均是按照前一日基金资产净值的一定比例逐日计提,按月支付。基金每日需计提的管理费等于前一日的基金资产净值乘以年管理费率,再除以当年实际天数。故选 C。

二、多项选择题

1. ABCE 解析 **基金费用** 基金管理过程中发生的费用,主要包括基金管理费、基金托管费、持有人大会费用和信息披露费等,这些费用由基金资产承担。故选 ABCE。

2. ABCD 解析 **基金注册登记机构** 基金注册登记机构可以办理投资人基金账户的建立和管理、基金份额注册登记,基金销售业务的确认、清算和结算、代理发放红利、建立并保管基金份额持有人名册等业务。故选 ABCD。

3. ABDE 解析 **公募基金的特征** 公募基金是指可以面向社会公众公开发售的一类基金。选项 C 错误,公募基金的基金募集对象不固定。故选 ABDE。

4. ABD 解析 **收入型基金** 收入型基金是以追求稳定的经常性收入为基本目标的基金,主要以大盘蓝筹股、公司债、政府债券等稳定收益证券为投资对象。故选 ABD。

5. BCDE 解析 **基金托管人的职责** 根据我国法律法规的要求,**基金资产托管业务或者托管人承担的职责主要包括财产保管、资金清算、资产核算、投资运作监督等方面**。故选 BCDE。

6. BD 解析 **证券公司中间介绍业务** 证券公司受期货公司委托从事中间介绍业务,应当提供的服务包括:协助办理开户手续;提供期货行情信息、交易设施;中国证券监督管理委员会规定的其他服务。选项 ACE 错误,证券公司不得代理客户进行期货交易、结算或者交割,不得代期货公司、客户收付期货保证金,不得利用证券资金账户为客户存取、划转期货保证金。故选 BD。

7. ACDE 解析 **证券公司的功能** 证券公司通过以下四个中介作用来发挥其媒介资金供求的功能,即期限中介、风险中介、信息中介和流动性中介。故选 ACDE。

8. ABE 解析 **股票基金的投资风险** 股票基金所面临的投资风险主要包括系统性风险、非系统性风险以及管理运作风险。故选 ABE。

9. BCD 解析 **我国 RETs 试点项目具有的特点** 我国 RETs 试点项目具有的特点包括:聚焦重点区域;聚焦重点行业;聚焦优质项目。故选 BCD。

10. ABC 解析 **并购的概念** 选项 D 错误,兼并是一家企业对另一家企业的合并或吸收行为,至少一家企业法人资格丧失。选项 E 错误,收购是企业控制权的转移,收购企业与被收购企业只形成控制与被控制的关系,两者仍然是各自独立的企业法人。故选 ABC。

综合必刷

(一)

1. A 解析 **股票型基金的概念** **基金资产 80% 以上投资于股票的为股票基金**,与其他类型的基金相比,股票基金的风险较高,但预期收益率也较高。资料中说"2020 年债券基金、理财基金和货币基金收益一般不超过 6%",案例中老张的朋友获得了 20% 以上的收益,最可能为股票型基金。故选 A。

2. D 解析 **购买基金的费用** 选项 A 错误、选项 D 正确,认购首次发行的基金要支付认购费,申购已经发行的基金要支付申购费。案例中指出 A 基金净值为 4.075,说明 A 基金不是首次发行的基金(首次发行的基金净值应为 1.0)。选项 BC 错误,为基金提供服务的基金托管人、基金管理人按规定收取一定比例的托管费、管理费,托管费和管理费通常逐日计提,从基金资产中支付,不另向投资者收取。故选 D。

3. C 解析 **基金托管人** 基金托管人由依法设立并取得基金托管资格的商业银行或者其他金融机构担任,基金托管人主要通过托管业务获取托管费作为其主要收入来源。故选 C。

4. C 解析 **混合基金** 选项 A 错误,A 基金起购金额为 1 万元,且对老张这种普通投资者开放,所以不是私募基金。选项 B 错误,根据已知条件,A 基金交易日开放申购赎回,所以不是封闭式基金。选项 D 错误、选项 C 正确,题干中指出 A 基金的业绩比较基准为 60%×中证 1 000 指数收益率+40%×上证国债指数收益率,其中,中证 1 000 指数是由中证指数有限公司编制,其成分股是选择中证 800 指数样本股之外规模偏小且流动性好的 1 000 只股票组成,而上证国债指数是债券类指数。故选 C。

(二)

1. A 解析 **对增长型基金概念的理解** 根据投资目标的不同,可以将基金分为增长型基金、收入型基金和平衡型基金。**增长型基金是指以追求资本增值为基本目标,较少考虑当期收入的基金,其主要以具有良好增长潜力的股票为投资对象**。此类基金的特征符合小张的投资性格和投资目标。故选 A。

2. B 解析 **对收入型基金概念的理解** 根据投资目标的不同,可以将基金分为增长型基金、收入型基金和平衡型基金。收入型基金是指以追求稳定的经常性收入为基本目标的基金,其主要以大盘蓝筹股、公司债、政府债券等稳定收益证券为投资对象。此类基金的特征符合小李的投资性格和投资目标。故选 B。

3. ABC 解析 **股票基金的投资风险** 股票基金所面临的投资风险主要包括系统风险、非系统风险以及管理运作风险:①系统性风险是指由整体政治、经济、社会等环境因素对证券价格所造成的影响。这种风险不能通过分散投资加以消除,因此又称为不可分散风险;②非系统性风险是指个别证券特有的风险,包括企业的信用风险、经营风险、财务风险等;③管理运作风险是指基于基金经理对基金的主动性操作行为所导致的风险。故选 ABC。

4.C 【解析】证券投资基金的分类 根据投资对象的不同,可以将基金分为股票基金、债券基金、货币市场基金、混合基金等。其中,货币市场基金是以货币市场工具为投资对象的基金。货币市场基金是厌恶风险、对资产流动性和安全性要求较高的投资者进行短期投资的理想工具,或暂时存放现金的理想场所。故选 C。

第 6 章　信托公司与金融租赁公司

基础必刷

一、单项选择题

1.A 【解析】租赁的概念 租赁是以商品形态与货币形态相结合的方式提供的信用活动,具有信用和贸易双重性质。故选 A。

2.C 【解析】信托公司的资本管理 根据《信托公司净资本管理办法》的规定,信托公司净资本不得低于各项风险资本之和 100%。故选 C。

3.D 【解析】信托的设立及管理 设立信托应当具备以下四个条件:一是要有合法的信托目的,这是信托能否成立的前提条件。二是信托财产应当明确合法,这是信托能否设立的基本条件之一。三是信托文件应当采用书面形式。四是要依法办理信托登记。故选 D。

4.C 【解析】信托登记 选项 C 错误,信托登记信息包括信托产品名称、信托类别、信托目的、信托期限、信托当事人、信托财产、信托利益分配等信托产品及其受益权信息和变动情况。故选 C。

5.A 【解析】融资租赁市场的监管体系 2018 年 5 月 8 日,《商务部办公厅关于融资租赁公司、商业保理公司和典当行管理职责调整有关事宜的通知》发布,将制定融资租赁公司、商业保理公司、典当行业务经营和监管规则职责移交给了新成立的中国银行保险监督管理委员会。故选 A。

6.B 【解析】金融租赁公司的业务 根据我国《金融租赁公司管理办法》,金融租赁公司可申请经营融资租赁业务、转让和受让融资租赁资产、固定收益类证券投资业务、接受承租人的租赁保证金、吸收非银行股东 3 个月(含)以上定期存款、同业拆借、向金融机构借款、境外借款、租赁物变卖及处理业务、经济咨询等基本业务。故选 B。

7.D 【解析】信托公司管理 信托产品的管理方式主要有信托产品的现场检查、受益人大会和外派人员管理。故选 D。

8.D 【解析】融资租赁合同的特征 融资租赁合同的特征包括:①融资租赁合同是诺成、要式合同;②融资租赁合同是双务、有偿合同;③融资租赁合同是不可单方解除的合同。故选 D。

9.A 【解析】信托公司管理 信托业务风险控制的核心在于建立符合公司战略定位和发展方向的全面风险管理体系。故选 A。

10.C 【解析】信托公司的资本管理 根据《信托公司净资产管理办法》的规定,信托公司净资本不得低于人民币 2 亿元。故选 C。

11.A 【解析】对信托定义的理解 信托财产是信托关系的核心。故选 A。

12.A 【解析】租赁的功能 租赁的功能包括:①融资与投资是融资租赁的基本功能;②产品促销与资产管理是融资租赁的扩展功能。故选 A。

13.B 【解析】融资租赁合同的签订、变更和解除 融资租赁合同主要是解决承租人对租赁物的需求问题,因此,融资租赁合同的订立一般由承租人发起。故选 B。

14.C 【解析】信托公司管理 信托产品的管理方式主要有信托产品的现场检查、受益人大会和外派人员管理。信托财产交付的方式可以采取现金方式、维持信托终止时财产原状方式或者两者的混合方式。选项 C 属于信托财产交付的方式。故选 C。

15.B 【解析】信托公司的业务风险防范 信托公司控制信托业务风险的核心在于建立符合公司战略定位和发展方向的全面风险管理体系。故选 B。

16.C 【解析】信托行业管理法规 2010 年,中国银行业监督管理委员会发布了《信托公司净资本管理办法》,该办法标志着我国信托业的监管模式在经历了准入监管、业务监管两个阶段后,进入资本监管的新阶段。行业监管将从原先的窗口指导和行政调控转变为市场调控。故选C。

17. C 解析 信托的定义　信任和诚信是信托成立的前提和基础。故选C。

18. C 解析 信托的特征　根据信托的定义可知,信托是指在信任的基础上,委托人将其财产权委托给受托人,受托人按委托人的意愿,以自己的名义,为受益人的利益或者特定目的,对信托财产进行管理或者处分的行为。其中,**受托人以自己的名义管理或者处分信托财产,这是信托区别于一般委托代理关系的重要特征**。故选C。

19. D 解析 我国证券投资信托业务的投资范围　2011年,中国银监会发布了《信托公司参与股指期货交易业务指引》,规定信托公司可直接或间接参与股指期货交易。其中,信托公司固有业务不得参与股指期货交易。故选D。

20. D 解析 租金的计算方法　租金的计算方法有很多种,常见的有年金法、附加率法、成本回收法、浮动利率租金计算法、不规则租金计算法等。在我国融资租赁实务中,租金的计算大多采用等额年金法。故选D。

21. C 解析 租金管理　租金是出租人因转让某种资产的使用权而获得的补偿和收益,即承租人因使用租赁物而支付给出租人的费用。故选C。

22. B 解析 信托的设立方式　以书面形式设立信托有两种常见的方式:信托合同和遗嘱信托。信托合同是信托设立最常见的方式。故选B。

23. B 解析 信托行业管理法规　2010年,中国银监会发布了《信托公司净资本管理办法》,建立了以净资本为核心的风险控制指标体系。故选B。

24. C 解析 融资租赁合同　选项C说法错误,融资租赁合同是融信贷与租赁为一体的一种租赁合同。故选C。

25. A 解析 金融租赁公司业务　金融租赁公司的主营业务是融资租赁业务。故选A。

26. B 解析 租赁的概念与功能　租赁是以商品形态与货币形态相结合的方式提供的信用活动,具有信用和贸易双重性质。故选B。

27. D 解析 金融租赁公司业务　金融租赁自担风险的融资租赁业务包括典型的融资租赁业务(直接租赁)、转租式融资租赁业务(转租赁)和售后回租式融资租赁业务(回租)。故选D。

28. B 解析 信托登记　信托登记的类型包括信托预登记、信托初始登记、信托变更登记、信托终止登记和信托更正登记等。故选B。

29. B 解析 转租赁的概念　转租赁是指以同一固定资产为租赁物的多层次的融资租赁业务。故选B。

30. C 解析 单一客户融资集中度　金融租赁公司对单一承租人的全部融资租赁业务余额不得超过资本净额的30%。故选C。

31. A 解析 信托市场的法律体系　根据《信托公司管理法》,我国信托公司的宗旨是为实现受托人为受益人最大利益服务。故选A。

32. C 解析 信托产品的管理　信托产品的管理是信托公司对信托业务中后端集中运营服务的管理。故选C。

33. A 解析 信托业务信用风险管理策略的内容　信用风险管理策略:严格按照业务流程、制度规定和相应程序开展信托业务,确保决策者充分了解业务涉及的信用风险;对交易对手进行全面、深入的信用调查与分析,形成客观、翔实的尽职调查报告;严格落实担保等措施,注意对抵(质)押物权属有效性、合法性进行审查,客观、公正评估抵押物;提取信托赔偿准备金和计提资产损失准备金。故选A。

二、多项选择题

1. AC 解析 金融租赁公司的监管要求　选项A说法错误,对单一承租人全部融资租赁业务余额不得超过资本净额的30%。选项C说法错误,对一个关联方的全部融资租赁业务余额不得超过资本净额的30%。故选AC。

2. DE 解析 信托特别许可业务的知识　信托特别许可业务主要有私人股权投资信托业务、信贷资产证券化业务、企业年金信托业务等。故选DE。

3. BCDE 解析 信托财产的独立性　信托财产的独立性:①信托财产独立于委托人未设立信托的其他财产;②信托财产独立于受托人的固有财产;③信托财产独立于受益人的固有财产;④原则上对信托产品不得强制执行。故选BCDE。

4. BCD 解析 融资租赁合同出租人的权利与义务 出租人的权利与义务：①购买租赁物的义务；②在租期内享有租赁物的所有权；③按合同规定收取租金的权利；④合同期满，若承租人不续租或留购，有收回租赁资产的权利；⑤根据租赁合同及时支付货款；⑥保证租期内承租人对租赁物的充分使用权。故选BCD。

5. BCD 解析 信托的概念与功能 信托在融资对象上既融资又融物，在信用关系上体现了委托人、受托人和受益人多边关系，在融资形式上实现了直接融资与间接融资相结合，在信用形式上成为银行信用与商业信用的结合点，因此，在许多方面，信托融资比银行信贷融资更具优势。故选BCD。

6. BCD 解析 信托的设立及管理 信托生效后，受托人可以按照信托文件的约定，采取投资、租赁、贷款等方式对信托财产进行合理运用。故选BCD。

7. BCDE 解析 信托公司的财务管理 信托公司财务管理的内容主要包括资产管理、资金管理、成本费用管理、利润及其分配管理、财务会计报告管理等。故选BCDE。

8. BCDE 解析 设立信托的条件 设立信托的条件：①要有合法的信托目的；②信托财产应当明确合法；③信托文件应当采用书面形式；④要依法办理信托登记。故选BCDE。

9. ABCD 解析 信托的构成要素 信托的构成要素包括信托当事人、信托行为、信托财产和信托目的四个基本要素。故选ABCD。

10. BCD 解析 受托人的权利 受托人的权利主要有管理运用和处分信托财产的权利；获取相应报酬的权利；从信托财产中优先受偿信托费用的权利，但因受托人违背管理职责或处理信托事务不当造成的除外。故选BCD。

11. ABCD 解析 信托的功能 信托的功能包括：①财产管理功能；②融通资金功能；③社会投资功能；④风险隔离功能；⑤社会公益服务功能。故选ABCD。

12. ACE 解析 信托公司的业务运营 目前，我国信托公司的业务可以分为信托业务、固有业务和特别许可业务三大类。故选ACE。

13. CDE 解析 信托产品的管理 信托产品的管理方式主要有信托产品的现场检查、受益人大会和外派人员管理。故选CDE。

14. ADE 解析 租赁的特点 租赁的特点包括：①所有权与使用权相分离；②融资与融物相结合；③租金分期支付。故选ADE。

15. ABCD 解析 租金的影响因素 租金的影响因素包括：①租赁期限；②计算方法；③利率；④付租间隔期；⑤保证金的支付数量和方式；⑥营业费用；⑦付租方式；⑧计息日和起租日；⑨税收、支付币种及汇率的变动等因素。故选ABCD。

16. CDE 解析 金融租赁公司面临的最主要风险 金融租赁公司面临的最主要风险类型有信用风险、操作风险和市场风险。故选CDE。

提升必刷

一、单项选择题

1. C 解析 租金支付方式 在融资租赁实践中，承租企业与租赁公司商定的租金支付方式，大多为后付等额年金支付。故选C。

2. B 解析 信托文件的内容 根据我国《中华人民共和国信托法》的规定，信托文件必须载明的事项包括：信托目的；委托人、受托人的姓名或者名称、住所；受益人或者受益人范围；信托财产的范围、种类及状况；受益人取得信托利益的方式、方法。故选B。

3. A 解析 信托财产交付的方式 信托财产交付的方式可以采取现金方式、维持信托终止时财产原状方式或者两者的混合方式。故选A。

4. B 解析 信托公司业务 证券投资信托业务是指信托公司将集合信托计划或者单独管理的信托产品项下资金，投资于依法公开发行并在符合法律规定的交易场所公开交易的证券的经营行为。故选B。

5. B 解析 信托公司管理 信托公司的业务风险主要包括信用风险、市场风险、操作风险、合规与法律风险。其中，**市场风险是指信托公司在业务开展过程中所面临的市场的整体风险，主要包括宏观经济风险**（如财政货币政策风险、利率风险、**经济周期风险**等）、政策风险（突出体现在政府各种经济和非经济政策的变化给业务带来的风险）、**市场供求风险**等。故选B。

6. D 解析 金融租赁公司与融资租赁公司的区别 金融租赁公司按照金融机构的资本充足率进行风险控制，资本净额与风险加权资产的比例不得低于国务院银行业监督管理机构的最低监管要求。故选D。

参考答案与全解全析

7. A 解析 **信托基本法** 《中华人民共和国信托法》是调整信托市场信托关系的最基本法律。故选A。

8. D 解析 **融资租赁市场及其体系** 长期以来，我国融资租赁市场呈现"多头监管"的状况，即金融租赁公司由国务院银行业监督管理机构审批、监管；内资试点融资租赁公司由商务部和国家税务总局共同审批、监管；外商融资租赁公司由商务部审批、监管。故选D。

9. A 解析 **委托人、受托人和受益人的权利和义务** 在信托三方当事人中，受托人处于掌握、管理和处分信托财产的中心位置。故选A。

10. D 解析 **回租的概念** 回租是指出卖人和承租人是同一人的融资租赁。故选D。

11. D 解析 **金融租赁公司的业务内容** 金融租赁公司可以吸收非银行股东3个月（含）以上定期存款。故选D。

12. B 解析 **信托基本特征** 信托财产的独立性表现为：信托财产独立于委托人未设立信托的其他财产、独立于受托人的固有财产、独立于受益人的固有财产，信托财产原则上不得强制执行。故选B。

二、多项选择题

1. DE 解析 **信托公司的业务风险** 根据信托行业特征和信托公司自身特点，除一般风险外，近年来信托公司在开展信托业务时还经常面临流动性风险和声誉风险等。故选DE。

2. ACE 解析 **租赁的概念与功能** 租赁的特点包括：①所有权与使用权相分离；②融资与融物相结合；③租金分期支付。故选ACE。

3. ACE 解析 **融资租赁合同** 按照有关规定，融资租赁合同的变更和解除应注意以下六点：①融资租赁合同中的双方当事人经协商一致，可以变更或解除合同，但不得因此损害国家利益和社会公共利益；②双方当事人协商变更融资租赁合同，应征得担保人的同意或事先通知担保人，担保人表示不同意的，如果融资租赁合同双方仍协商变更合同，则担保人的担保责任因此免除；③未经出租人同意，承租人擅自转租租赁物的，其转租合同无效，出租人有权解除融资租赁合同，因此造成出租人损失的，承租人应负责赔偿损失；④变更或解除融资租赁合同，应采用书面形式；⑤融资租赁合同订立后，不得因承办人法定代表人的变动而变更或解除；⑥融资租赁合同解除，不影响当事人因其所受损失向有过错的对方当事人要求赔偿的权利。故选ACE。

4. BCDE 解析 **租金的影响因素** 选项A错误，保证金是出租人为了减少出租资产的风险而向承租人预收的一笔资金。承租人在租赁开始日按租赁资产价款的一定比例支付保证金。一般情况下，支付的保证金越多，租金总额越小，反之则越大。故选BCDE。

5. ABCD 解析 **信托财产的处分** 信托财产的处分分为事实上的处分和法律上的处分。事实上的处分是对信托财产进行消费，包括生产和生活的消费。**法律上的处分既包括各种处分财产所有权的行为，如买卖、赠予等，也包括处分债权和其他财产权的行为，如转让债权、免除债务等，还包括对财产权作出限制或设定负担的行为，如在某些财产上设立抵押、质押等**。故选ABCD。

6. ABCD 解析 **金融租赁公司信用风险的防范措施** 金融租赁公司通过加强风险管理控制，要求交易对手保持足够的抵押品、支付保证金和在合同中规定净额结算条款等程序，来最大限度降低信用风险。故选ABCD。

7. ACDE 解析 **信托公司的会计核算** 选项B错误，按照会计信息质量的实质重于形式原则，信托公司只是形式上的会计主体，委托人才是真正的会计主体。故选ACDE。

8. ABD 解析 **信托登记** 信托机构开展信托业务，应当办理信托登记，否则该信托不产生效力。信托登记由信托机构提供申请，信托登记公司接受信托机构提出的信托登记申请，依法办理信托登记业务。故选ABD。

9. BE 解析 **信用风险管理策略** 选项AC错误，属于是操作风险管理策略。选项D错误，属于合规与法律风险管理策略。故选BE。

10. ABCD 解析 **信托的概念与功能** 信托当事人是指与信托有直接利害关系或权利义务关系的人，包括委托人、受托人和受益人，他们是信托活动的主体。委托人是以一定目的将其财产以信托的方式委托给受托人经营的人，应当是具有完全民事行为能力的自然人、法人或者依法成立的其他组织；受托人是接受信托财产，按约定的信托合同对信托财产进行经营的人,应当是具有完全民事行为能力的自然人、法人;受益人是在信托中享有信托受益权的人,可以是自然人、法人或者依法成立的其他组织。故选ABCD。

综合必刷

1. A 解析 **直接租赁的定义** 直接租赁是指金融租赁公司以收取租金为条件,按照用户企业确认的具体要求,向该用户企业指定的出卖人购买固定资产,并出租给该用户企业使用的业务。直接租赁分直接购买式和委托购买式两种类型。故选A。

2. B 解析 **回租的定义** 回租是指出卖人和承租人是同一人的融资租赁。在回租交易中,金融租赁公司以买受人的身份,同作为出卖人的用户企业订立以用户企业的自有固定资产为标的物的买卖合同或所有权转让协议。同时,金融租赁公司又以出租人的身份,同作为承租人的该用户企业订立融资租赁合同。故选B。

3. C 解析 **金融租赁公司的监管要求** 租赁公司对单一承租人的全部融资租赁业务余额不得超过资本净额的30%。故选C。

4. AC 解析 **融资租赁业务的三方当事人** 回租是指出卖人和承租人是同一人的融资租赁。在回租交易中,金融租赁公司以买受人的身份,同作为出卖人的用户企业订立以用户企业的自有固定资产为标的物的买卖合同或所有权转让协议。同时,金融租赁公司又以出租人的身份,同作为承租人的该用户企业订立融资租赁合同。故选AC。

第7章 金融市场与金融工具

基础必刷

一、单项选择题

1. C 解析 **货币市场构成** 商业票据的发行一般采用贴现方式。发行价格=票面面额-贴现金额。贴现金额=票面面额×年贴现率×期限÷360。该商业票据的发行价格=10 000-10 000×6%×60÷360=9 900(美元)。故选C。

2. C 解析 **我国货币市场及其工具** 质押式回购是交易双方进行的以证券为权利质押的一种短期资金融通业务,指资金融入方(正回购方)在将债券出质给资金融出方(逆回购方)融入资金的同时,双方约定在将来某一日期由正回购方按约定回购利率计算的资金额向逆回购方返还资金,逆回购解除出质证券上质权的融资行为。故选C。

3. C 解析 **我国商业票据市场的发展历程** 2016年12月8日,中国人民银行批准设立的全国统一的票据交易平台——上海票据交易所正式开业。故选C。

4. B 解析 **质押式回购的概念** 质押式回购是交易双方进行的以证券为权利质押的一种短期资金融通业务,是指资金融入方(正回购方)在将证券出质给资金融出方(逆回购方)融入资金的同时,双方约定在将来某一日期由正回购方按约定回购利率计算的资金额向逆回购方返还资金,逆回购方解除出质证券上质权的融资行为。故选B。

5. B 解析 **基金的类型** 从基金的运作方式来看,基金可分为开放式基金和封闭式基金。开放式基金规模不固定,封闭式基金份额固定不变。故选B。

6. B 解析 **套利者概念** 套利者是利用不同市场的价格差异,同时在两个或两个以上市场进行衍生品交易,以获取无风险收益。故选B。

7. B 解析 **商业票据发行价格的计算** 商业票据发行价格=票面金额-贴现金额=5 000-5 000×6%×120÷360=4 900(美元)。故选B。

8. D 解析 **短期融资券** 短期融资券期限较短,本质上是一种融资性商业票据,对企业短期流动性资金管理意义较为重大。故选D。

9. C 解析 **我国的金融衍生品市场** 中国外汇交易中心于2015年2月16日在银行间外汇市场推出标准化人民币外汇掉期交易。这不仅为银行间外汇掉期市场提供了一种崭新的成交渠道,而且标志着银行间外汇市场产品和交易机制不断创新,有助于促进我国银行间外汇衍生品市场健康发展。故选C。

10. A 解析 **货币市场工具的特点** 货币市场中交易的工具一般具有期限短、流动性强、对利率敏感等特点,具有"准货币"特性。故选A。

11. D 解析 **回购协议市场的相关知识** 我国买断式回购的期限为1天到365天。故选D。

12. A 解析 **我国股票市场** "三板市场"是我国有

组织的股份转让市场。**主板市场是我国股票市场的最重要的组成部分,以沪、深两市为代表**。故选A。

13.B 解析 资本市场及其构成 通常只有普通股股东有权参与投票决定公司的重大事务。故选B。

14.D 解析 短期政府债券市场 选项D说法错误,短期政府债券以国家信用为担保,几乎不存在违约风险。故选D。

15.A 解析 外汇市场及其构成 目前的外汇市场有两种基本的交易方式:一种是欧洲大陆式外汇市场,通常称为有形市场,以法兰克福、巴黎、阿姆斯特丹等为代表;另一种是英美式外汇市场,这类外汇市场没有具体的交易场所,以新加坡、伦敦、纽约、东京、苏黎世、香港等为代表。故选A。

16.C 解析 外汇交易工具 外汇期货交易采用保证金制度,维持保证金是交易过程中必须保持的一个最低数额,一般为初始保证金的75%。故选C。

17.C 解析 资本市场的概念 资本市场是融资期限在一年以上的长期资金交易市场。选项ABD错误,都属于货币市场。选项C正确,股票市场属于资本市场,融资期限在一年以上。故选C。

18.B 解析 主要的金融衍生品 金融衍生品的信用风险是指合约的一方出现违约所引起的风险。金融衍生品交易具有跨期性,是对未来交易的约定,因此存在违约的风险。金融衍生品的信用风险包括交割前风险和交割时风险两种。故选B。

19.D 解析 商业票据的概念 商业票据是公司为了筹措资金,以贴现方式出售给投资者的一种短期无担保的信用凭证。故选D。

20.B 解析 银行承兑汇票 银行承兑汇票是由银行作为汇票的付款人,承诺在汇票到期日支付汇票金额的票据。故选B。

21.A 解析 我国同业存单市场 同业存单是指由银行业存款类金融机构法人在全国银行间市场上发行的记账式定期存款凭证,是一种货币市场工具。故选A。

22.B 解析 股票市场 我国股票市场上可交易的股票包括A股和B股。A股即人民币普通股票,是由中国境内公司发行,供机构、组织或个人以人民币认购和交易的普通股股票。B股即人民币特种股票,是以人民币标明面值,以外币买卖、在

中国境内证券交易所上市交易的外资股。故选B。

23.D 解析 A股的概念 A股是由中国境内公司发行,供境内机构、组织和个人以人民币认购和交易的普通股股票。故选D。

24.B 解析 我国的金融衍生品市场 2006年9月8日,中国金融期货交易所在上海挂牌成立。作为中国内地成立的首家金融衍生品交易所,中国金融期货交易所的成立正式拉开了我国金融衍生品市场发展的大幕。故选B。

25.A 解析 主要的金融衍生品 套期保值者又称风险对冲者,他们从事金融衍生品交易是为了减少未来的不确定性,降低甚至消除风险。故选A。

26.D 解析 资本市场及其构成 选项D说法错误,在融资企业破产时,债券持有者享有优先于股票持有者对企业剩余资产的索取权。故选D。

27.C 解析 投资基金的类型 股债平衡型基金指的是股票与债券的配置比例较为平衡,通常分别为40%~60%。故选C。

28.A 解析 金融期权的相关知识 对于看跌期权的买方来说,当市场价格低于合约的执行价格时,他会行使期权,取得收益;当市场价格高于执行价格时,他会放弃期权,亏损金额为期权费。故选A。

29.C 解析 金融互换 普通互换指固定利率支付与浮动利率支付之间的定期互换,有时也称之为固定-浮动利率互换。故选C。

二、多项选择题

1.BCE 解析 货币市场构成 同业拆借市场的特点包括期限短、参与者广泛、信用拆借。故选BCE。

2.ABCD 解析 利率互换 利率互换是交易双方同意交换利息支付的协议。**最普遍的利率互换有普通互换、远期互换、可赎回互换、可退卖互换、可延期互换、零息互换、利率上限互换和股权互换**。故选ABCD。

3.ABCE 解析 货币市场及其工具 同业存单具有以下几个特点:①投资和交易主体均为银行间市场成员;②市场化的定价原则;③发行方式标准化、透明化;④具有较好的二级市场流动性。故选ABCE。

4.ABDE 解析 资本市场及其构成 普通股是最常见的一种股票。通常,只有普通股股东有权参与投票决定公司的重大事务,如董事会的选举、批准发

行新股、修改公司章程以及采纳新的公司章程等。故选 ABDE。

5. AB 解析 **外汇市场及其构成** 外汇银行从事的外汇交易主要分为两个部分：①代客买卖外汇，赚取买卖差价，同时从各种服务中收取一定的手续费；②出于调整外币头寸和规避汇率风险的需要买卖外汇，并进行一定的外汇投机活动。故选 AB。

6. ABCD 解析 **融资融券交易的功能** 2010 年 3 月 31 日，我国股票市场融资融券交易正式启动。融资融券交易具有价格发现功能、市场稳定功能、增强流动性功能和风险管理功能，优化了股票市场的交易结构，对我国股票市场的发展完善有着重要的意义。故选 ABCD。

7. ACE 解析 **债券的分类** 根据债券券面形态的不同，债券可分为实物债券、凭证式债券和记账式债券。故选 ACE。

8. ABCE 解析 **普通股** 选项 A 正确，通常只有普通股股东有权参与投票决定公司的重大事务，优先股股东没有投票权。选项 BC 正确，普通股的股利随公司盈利高低而变化，普通股股东在公司盈利和剩余财产的分配顺序上列在债权人和优先股股东之后，故其承担的风险也相应较高。选项 D 错误，优先股是指股东享有某些优先权利（如优先分配公司盈利和剩余财产）的股票。选项 E 正确，优先股股东和普通股股东一样分享公司所有权，但只有在公司有收益时才能得到补偿。故选 ABCE。

9. ACD 解析 **主要的金融衍生品** 目前比较常见的远期合约主要有远期利率协议、远期外汇合约、远期股票合约。故选 ACD。

10. ABC 解析 **金融期权** 选项 A 正确、选项 D 错误，金融期权实际上是一种契约。选项 E 错误，金融远期合约是一种非标准化的合约类型，金融期权不是。故选 ABC。

11. ABC 解析 **我国的外汇市场** 银行间外汇市场包括人民币外汇市场、外币对市场和外币拆借市场，是机构之间进行外汇交易的市场，实行会员制管理和做市商制度，参与者包括银行、非银行金融机构和非金融机构等。故选 ABC。

12. CD 解析 **银行承兑汇票市场的构成** 银行承兑汇票市场主要由一级市场和二级市场构成。一级市场即发行市场，主要涉及汇票的出票和承兑行为。二级市场即流通市场，主要涉及贴现和再贴现行为。故选 CD。

13. ABCE 解析 **我国回购协议市场** 目前，具有债券交易资格的商业银行及其授权分支机构、农村信用合作社县级联合社、城市信用合作社等存款类金融机构，保险公司、证券公司、基金管理公司、财务公司等非银行金融机构，以及经营人民币业务的外资金融机构，均可进入回购协议市场进行交易。故选 ABCE。

提升必刷

一、单项选择题

1. D 解析 **同业拆借市场** 同业拆借市场有以下特点：期限短、参与者广泛、信用拆借。选项 D 正确，灵活性强是银行承兑汇票的特点。故选 D。

2. A 解析 **科创板** 科创板是指设立于上交所的创业板。**设立科创板并试点注册制是提升服务科技创新企业能力、增强市场包容性、强化市场功能的一项资本市场重大改革举措**。故选 A。

3. B 解析 **我国货币市场及其工具** 作为企业短期直接债务融资产品，超短期融资券属于货币市场工具范畴，产品性质与国外短期商业票据相似，具有信息披露简洁、注册效率高、发行方式高效、资金使用灵活等特点。故选 B。

4. C 解析 **股票市场** B 股，即境内上市外资股，是以人民币标明面值，以外币认购和买卖，在中国境内证券交易所上市交易的外资股。故选 C。

5. A 解析 **本票的概念** 本票是出票人签发的，承诺自己在见票时无条件支付确定的金额给收款人或持票人的票据。故选 A。

6. C 解析 **金融衍生品** 金融衍生品的基本特征主要包括：跨期性、杠杆性、联动性、高风险性、零和性。金融衍生品的高风险性指的是金融衍生品交易的后果取决于交易者对基础工具未来价格的预测和判断的准确程度。基础工具价格的变幻莫测决定了金融衍生品交易盈亏的不稳定性。故选 C。

7. D 解析 **质押式回购** 质押式回购的期限为 1～365 天。故选 D。

8. C 解析 **混合基金** 股债平衡型基金股票与债券的配置比例较为均衡，比例均为 40%～60%。故选 C。

9. D 解析 **大额可转让定期存单** 大额可转让定

期存单产生于美国,由花旗银行首先推出。故选 D。

10. **B** 解析 **我国的资本市场及其工具** 个人投资者不能直接参与银行间债券市场。故选 B。

11. **D** 解析 **货币市场及其构成** 同业拆借市场的特点包括:①期限短。②参与者广泛。商业银行、非银行金融机构等都是主要参与者。③信用拆借。故选 D。

12. **B** 解析 **我国的资本市场及其工具** 1997 年银行间债券市场成立后,我国逐渐形成了以银行间债券市场为主、交易所债券市场和商业银行柜台债券市场为辅的多层次债券市场。故选 B。

13. **A** 解析 **看涨期权** 看涨期权的买方有权在某一确定的时间或确定的时间之内,以确定的价格购买相关资产。故选 A。

14. **B** 解析 **我国股票市场** 在运行中小企业板市场取得丰富经验后,我国开始着手设立服务于高新技术或新兴经济企业的创业板市场。故选 B。

二、多项选择题

1. **ABE** 解析 **货币市场的构成** 货币市场是指交易期限在一年以内,以短期金融工具为媒介进行资金融通和借贷的交易市场,主要包括同业拆借市场、回购协议市场、票据市场、银行承兑汇票市场、短期政府债券市场和大额可转让定期存单市场等。货币市场中交易的金融工具一般都具有期限短、流动性强、对利率敏感等特点,具有"准货币"特性。故选 ABE。

2. **BCDE** 解析 **金融衍生品的概念与特征** 选项 A 错误,金融衍生品又称金融衍生工具,是指建立在基础产品或基础变量之上,其价格取决于基础金融产品价格(或数值)变动的派生金融产品。故选 BCDE。

3. **ABDE** 解析 **股票市场** 选项 C 错误,目前,我国的股票交易所包括上交所、深交所和北交所,我国的股票市场包括主板市场、创业板市场和科创板市场等。故选 ABDE。

4. **ABDE** 解析 **金融衍生品的特征** 金融衍生品具有以下基本特征:跨期性、杠杆性、联动性、高风险性、零和性。故选 ABDE。

5. **AE** 解析 **银行承兑汇票市场** 银行承兑汇票市场主要由一级市场和二级市场构成。一级市场即发行市场,主要涉及汇票的出票和承兑行为;二级市场相当于流通市场,涉及汇票的贴现与再贴现过程。

故选 AE。

6. **ABDE** 解析 **外汇市场及其构成** 选项 C 错误,目前世界上绝大多数外汇交易都是通过英美式外汇市场这种无形市场进行的。故选 ABDE。

7. **ABCD** 解析 **超短期融资券的特点** 作为企业短期直接债务融资产品,超短期融资券属于货币市场工具范畴,产品性质与国外短期商业票据相似,具有信息披露简洁、注册效率高、发行方式高效、资金使用灵活等特点。故选 ABCD。

8. **ABE** 解析 **外汇交易方式** 传统外汇交易方式主要包括即期外汇交易、远期外汇交易和掉期交易。故选 ABE。

9. **ABCD** 解析 **我国的外汇市场** 选项 E 错误,中国外汇交易中心为银行间外汇市场提供统一、高效的电子交易系统,该系统提供集中竞价与双边询价两种交易模式。故选 ABCD。

10. **ABDE** 解析 **混合基金的种类** 根据资产配置比例的不同,混合基金分为偏股型基金、偏债型基金、股债平衡型基金、灵活配置型基金等。故选 ABDE。

---- 综合必刷 ----

1. **ABC** 解析 **我国货币市场及其工具** 按照《中华人民共和国票据法》,我国的票据包括支票、本票和汇票。故选 ABC。

2. **B** 解析 **我国货币市场及其工具** 贴现金额=票面金额-票面金额×年贴现率×期限÷360=100-100×3%×180÷360=98.5(万元)。故选 B。

3. **A** 解析 **我国货币市场及其工具** 质押式回购是交易双方进行的以证券为权利质押的一种短期资金融通业务,指资金融入方(正回购方)在将证券出质给资金融出方(逆回购方)融入资金的同时,双方约定在未来某一日期由正回购方按约定回购利率计算的资金额向逆回购方返还资金,逆回购方解除出质证券质权的融资行为。质押式回购利息=10 000×1.8%×7÷360=3.50(万元)。故选 A。

4. **BD** 解析 **我国货币市场及其工具** 2013 年 9 月 6 日,国债期货正式上市交易。目前已经推出的国债期货品种包括 2 年期、5 年期、10 年期和 30 年期国债期货。故选 BD。

5. **C** 解析 **我国货币市场及其工具** 选项 A 错误,根据中国人民银行有关规定,同业存单的期限不超过1年。选项B错误,同业存单按照市场化的定价原则,同业存单的发行价格以市场化方式来确定,可按固定利率或浮动利率计息,并参考同期限上海银行间同业拆放利率定价。选项D错误,同业存单具有较好的二级市场流动性,公开发行的同业存单可进行交易流通,并可作为回购交易标的物。故选C。

第8章　金融资产定价

基础必刷

一、单项选择题

1.D　【解析】**远期合约的价值**　远期合约的价值即买卖双方在交易远期合约时买方应该向卖方支付的现金,即产品本身的价值。故选D。

2.A　【解析】**金融期货**　由于期货是在场内进行的标准化交易,其逐日盯市制度、每日结清浮动盈亏的制度决定了期货在每日收盘后的理论价值为0,即期货的报价相当于远期合约的协议价格,故期货的报价理论上等于标的资产的远期价格。故选A。

3.B　【解析】**垂直价差套利的概念**　相同标的资产、相同期限、不同协议价格的看涨期权的价格或看跌期权的价格之间存在一定的不等关系,一旦在市场交易中存在合理的不等关系被打破,则存在套利机会,这种套利称为垂直价差套利。故选B。

4.D　【解析】**金融期权的价值结构**　对于看涨期权来说,内在价值相当于标的资产现价与执行价格的差;而对于看跌期权来说,内在价值相当于执行价格与标的资产现价的差。故选D。

5.C　【解析】**远期价格**　无红利股票的远期价格为 $F_t = S_t e^{r(T-t)}$。故选C。

6.B　【解析】**金融互换的套利**　金融互换的套利运用的是比较优势原理。故选B。

7.A　【解析】**水平价差套利的概念**　水平价差套利是利用相同标的资产、相同协议价格、不同期限的看涨期权或看跌期权价格之间的差异来赚取无风险利润。故选A。

8.D　【解析】**金融期权**　期限越长的期权,基础资产价格发生变化的可能性越大,因而期权的时间价值越大。故选D。

9.B　【解析】**货币互换的概念**　货币互换是买卖双方将一种货币的本金和利息与另一货币的等价本金和利息进行交换的协议。故选B。

10.B　【解析】**远期利率协议**　远期利率协议的买方是名义借款人,其订立远期利率协议的目的是规避利率上升的风险。远期利率协议的卖方是名义贷款人,其订立远期利率协议的目的是规避利率下降的风险。故选B。

11.C　【解析】**跨期套利**　跨期套利依赖的指标就是基差,当基于同一标的资产的不同期限的期货合约报价产生的基差差异超过正常范围时,可以通过跨期套利获取无风险利润。故选C。

12.D　【解析】**远期合约的套期保值**　基于远期外汇合约的套期保值:空头套期保值就是通过卖出远期外汇合约来避免汇率下降的风险,它适用于在未来某日期将收到外汇的机构和个人,如出口商品、提供劳务、现有的对外投资、到期收回的贷款等。故选D。

13.B　【解析】**基差风险与套期保值工具**　对大多数金融期货而言,实物交割的成本不高,这种情况下,通常应尽量选择与套期保值到期日相一致的交割月份,从而使得基差风险最小。故选B。

14.C　【解析】**远期利率协议的表示**　远期利率协议涉及三个时间点:协议生效日、交割日和到期日。远期利率协议的表示通常是交割日×到期日,6×12的远期利率协议,该协议表示的是6个月之后开始的期限为6个月贷款的远期利率。故选C。

15.D　【解析】**远期利率协议**　选项D错误,参考利率<协议利率,交割额为负,买方向卖方支付交割额。故选D。

16.D　【解析】**套期保值效果的影响因素**　套期保值效果的影响因素有:①需要避险的资产与期货标的资产不完全一致;②套期保值者不能确切地知道未来拟出售或购买资产的时间,因此不容易找到时间完全匹配的期货;③需要避险的期限与避险工具的期限不一致。故选D。

17.A　【解析】**金融期权的时间价值**　当期权临近到期日时,在其他条件不变的情况下,其时间价值下降速度加快,并逐渐趋向于0,一旦到达到期日期权的时间价值将为0。故选A。

参考答案与全解全析

18. C 解析 收益率及风险溢价 资金加权平均收益率是通过把投资的现金流看作公司财务中的资本预算来计算得出的内部收益率。故选 C。

19. B 解析 资本资产定价模型 预期收益率 = 1.3×(0.15−0.07)+0.07=0.174>0.12,预期收益率大于实际收益率,市场高估了该证券的价格,应该卖出。故选 B。

20. B 解析 债券估值 在债券价值分析中,收入资本化法是最为常见的方法,收入资本化法简称收入法或资产基准法,又称现金流贴现法,包括股息(或利息)贴现法和自由现金流贴现法,认为任何资产的内在价值均取决于该资产预期的未来现金流的现值。故选 B。

二、多项选择题

1. BCD 解析 远期利率协议的相关知识 远期利率协议涉及三个时间点,分别是:①协议生效日;②名义贷款起息日,即交割日;③名义贷款到期日,即到期日。故选 BCD。

2. BD 解析 基于远期外汇合约的套期保值 类似的多头套期保值就是通过买入远期外汇合约来避免汇率上升的风险,它适用于在未来某日期将支出外汇的机构和个人,如进口商品、出国旅游、到期偿还外债、计划进行外汇投资等。选项 ACE 错误,空头套期保值是通过卖出远期外汇合约来避免汇率下降的风险,它适用于在未来某日期将收到外汇的机构和个人,如出口商品、提供劳务、现有的对外投资、到期收回贷款等。故选 BD。

3. ACDE 解析 影响期权价格的因素 影响期权价格的因素有标的资产价格、标的资产的波动率、无风险利率、到期期限、执行价格。故选 ACDE。

4. BC 解析 远期利率协议的交割 参考利率>协议利率,交割额为正,卖方向买方支付交割额;参考利率<协议利率,交割额为负,买方向卖方支付交割额。故选 BC。

5. AB 解析 基差风险的相关知识 基差变动所带来的风险就是基差风险。当基差风险存在时,即使在期货到期日,基差也有可能不收敛,这会降低套期保值的效果。为了降低基差风险,就需要选择合适的期货合约,它包括两个方面:①选择合适的标的资产;②选择合约的交割月份。故选 AB。

6. BCDE 解析 收益率及风险溢价 金融资产给持有者带来的收益主要有两类:利息、股息与红利等现金流收益和资产买卖价差收益,其中,买卖价差收益也称资本利得。故选 BCDE。

7. ACE 解析 投资组合与分散风险 有效边界具有如下特点:①有效边界是一条向右上方倾斜的曲线,反映了"高风险、高收益"的原则;②有效边界是一条向上凸的曲线;③有效边界曲线上不可能有凹陷的地方。故选 ACE。

8. AD 解析 因素模型 根据影响因素的个数,因素模型可被分为单因素模型和多因素模型。故选 AD。

9. BC 解析 债券估值 信用评级将债券划分为两大类别:一类信誉较高,违约风险较小,属于投资级债券;另一类信誉较低,属于投机级债券。故选 BC。

10. ABDE 解析 公司自由现金流模型 公司自由现金流模型主要包括四个步骤:计算自由现金流,计算用以代理贴现率的资本成本,利用公司自由现金流模型进行公司总体价值估值,基于公司总体价值计算权益价值。故选 ABDE。

提升必刷

一、单项选择题

1. D 解析 期权的时间价值 期权的时间价值即期权费减去内在价值后剩余的部分。故选 D。

2. B 解析 远期合约的套期保值 当投资者担心利率下降给自己造成损失时,可以通过卖出远期利率协议进行套期保值,其结果是将未来投资的收益固定在某一水平上。它适用于打算在未来进行投资的公司或者未来要发行短期债券的金融机构。故选 B。

3. A 解析 美式看跌期权价格的合理范围 美式看跌期权价格的合理范围为:$max[X−St,0] \leq p \leq X$,依题意得到 $max[62−65,0] \leq p \leq 62, 0 \leq p \leq 62$。故选 A。

4. A 解析 金融期货的套利 金融期货可以利用基差的变动规律进行期现套利、跨期套利和跨市场套利。故选 A。

5. B 解析 利率互换 利率互换是指买卖双方同意在未来一定期限内根据同种货币的同样的名义本金交换现金流。其中一方的现金流根据浮动利率计算,而另一方的现金流根据固定利率计算,通常双方只交换利息差,不交换本金。本题中,该单位要收入的固定利息是不变的,但是随着利率的不断上升,它要支付的浮动利息是不断上升的,所以,该单位的利息收益会不断减少。故选B。

6. **A** 解析 金融期权的内在价值 在实务中,所有期权的出售方都无一例外地要求买方支付的期权费高于期权的内在价值。故选A。

7. **A** 解析 互换的期限 互换的期限通常在1年以上,有时甚至在15年以上。故选A。

8. **D** 解析 利率互换的概念 利率互换是指买卖双方同意在未来一定期限内根据同种货币的同样的名义本金交换现金流,其中一方的现金流根据浮动利率计算,而另一方的现金流根据固定利率计算,通常双方只交换利息差,不交换本金。故选D。

9. **D** 解析 利用期权为现货资产套期保值 当未来需要卖出现货资产,担心未来价格下跌降低资产收益时,可以买入看跌期权进行套期保值。故选D。

10. **B** 解析 基差风险 选择标的资产的标准是标的资产价格与保值资产价格的相关性。相关性越好,基差风险就越小。故选B。

11. **A** 解析 滚动套期保值 滚动套期保值指建立一个期货头寸,待这个期货合约到期前将其平仓,再建立另一个到期日较晚的期货头寸直至套期保值期限届满。故选A。

12. **C** 解析 收益率及风险溢价 最大回撤是另一个常见的刻画下行风险的指标,是指在某一投资组合的特定时间段内,从高点到低点的最大跌幅。故选C。

13. **B** 解析 投资组合与分散风险 投资者都是厌恶风险的,因此投资者会在风险水平相同的情形下选择预期收益率最高的投资组合,或在相同的预期收益下选择风险最小的组合,即对应于可行集区域左上方的曲线,这条曲线也称有效边界,处于有效边界上的组合称有效组合。故选B。

14. **A** 解析 套利定价模型 在均衡状态下,证券的期望收益率与因素敏感度存在线性关系。故选A。

15. **D** 解析 债券估值 根据持有者不同,附加权利可以分为债券持有人权利和债券发行人权利,其中,债券持有人权利是指债券赋予了债券持有人的一些权利,如可转换权、可交换权和可回售权;债券发行人权利是指债券赋予了债券发行人的一些权利,如可赎回权。故选D。

二、多项选择题

1. **ABD** 解析 远期价格的公式 远期价格的公式表明资产的远期价格仅与当前的现货价格有关,与未来的资产价格无关,因此远期价格并不是对未来资产价格的预期。故选ABD。

2. **ACDE** 解析 金融期货 由于期货是在场内进行的标准化交易,其逐日盯市结算、每日结清浮动盈亏的制度决定了期货在每日收盘后的理论价值归为0,即期货的报价相当于远期合约的协议价格,故货的报价理论上等于标的资产的远期价格。事实上由于交易制度的规定,理论报价在远期价格的基础上需要进行一定的调整。故选ACDE。

3. **BD** 解析 收益率及风险溢价 为了让收益率能够在相同期限下具有可比性,常见的处理方法主要有三种。**使用三种方法,分别得到算术平均法计算的收益率、几何平均法计算的收益率以及资金加权平均收益率**。故选BD。

4. **ABC** 解析 套利定价模型 根据套利的定义,套利组合要满足以下三个条件。条件一:套利组合要求投资者不追加资金,即套利组合属于自融资组合。条件二:套利组合对任何因素的敏感度为0,即套利组合没有因素风险。条件三:套利组合的预期收益率应大于0。故选ABC。

5. **ABCE** 解析 债券估值 债券价值的影响因素包括贴现率、信用等级、息票率、剩余期限、税收待遇、含权条款、流通性、通货膨胀等。故选ABCE。

综合必刷

(一)

1. **C** 解析 蝶式价差期权 通过购买一个执行价格为26美元的看涨期权,购买一个执行价格为34美元的看涨期权,同时出售两个执行价格为30美元的看涨期权,投资者就可以构造一个蝶式价差期权。故选C。

2. **D** 解析 蝶式价差期权 构造这个蝶式价差期权组合的成本为:12+6-2×8=2(美元)。故选D。

3. **A** 解析 蝶式价差期权 通过购买一个执行价格为26美元的看涨期权,购买一个执行价格为34美元的看涨期权,同时出售两个执行价格为30美元的看涨期权,投资者就可以构造一个蝶式价差期权。构造这个期权组合的成本为:12+6-(2×8)=2(美元)。如果股票价格为 27 美元,26<27<30,此时执行价格为 26 美元的看涨期权,此时收益为:27-26-2=-1(美元)。故选 A。

4.C 解析 **蝶式价差期权** 如果在 3 个月后,股票价格高于 34 美元或低于 26 美元,该策略的收益为 0,投资者的净损失为 2 美元。如果在 3 个月后股票价格为 30 美元,投资者会得到最大利润 2 美元。故选 C。

(二)

1.A 解析 **货币互换的套利** 在英镑市场上,A 公司的融资成本为 11.6%,B 公司的融资成本为 12%,A 公司比 B 公司的融资成本低 0.4%(12%-11.6%=0.4%)。故选 A。

2.C 解析 **货币互换的套利** A 公司在美元市场上存在比较优势,因为 A 公司在美元市场上比 B 公司的融资成本低 2%,而在英镑市场上比 B 公司的融资成本低 0.4%,因此 A 公司在美元市场上比在英镑市场上相对 B 公司融资成本优势更大,这里存在 2% -0.4%=1.6% 的套利利润。故选 C。

3.C 解析 **货币互换的套利** 双方通过货币互换交易分享无风险利润,所以 A 公司、B 公司都各节省了 1.6%/2=0.8% 的成本,所以 A 公司的最终融资英镑成本是 11.6%-0.8%=10.8%。故选 C。

4.B 解析 **货币互换的套利** 双方通过货币互换交易分享无风险利润,所以 A 公司、B 公司都各节省了 1.6%/2=0.8% 的成本,B 公司的最终融资美元成本是 10%-0.8%=9.2%。故选 B。

(三)

1.D 解析 **期权的计算** 初始投资成本是 8+10=18(美元),看涨期权到期价值为 0(不行权),看跌期权到期价值为 5 美元(行权),则投资者的盈利=-18+5=-13(美元),即亏损 13 美元。故选 D。

2.A 解析 **期权的计算** 若股票价格为 75 美元,则

看涨期权不行权,亏损 8 美元,看跌期权行权,盈利:95-75-10=10(美元),所以共盈利:10-8=2(美元)。故选 A。

3.A 解析 **期权的计算** 若股票价格为 120 美元,则看跌期权不行权,亏损 10 美元,看涨期权行权,盈利:120-95-8=17(元),所以共盈利:17-10=7(美元)。故选 A。

4.AD 解析 **期权的计算** 初始投资的成本是 8+10=18(美元),投资者可通过看涨或看跌期权实现 18 美元的盈利,可达到盈利平衡。95+18=113(美元),或:95-18=77(美元),即实现看涨期权或看跌期权的盈利,弥补初始投资的成本 18 美元,可实现盈亏平衡。故选 AD。

(四)

1.BC 解析 **金融互换的套利** 金融互换的套利运用的是比较优势原理。根据题干中的表格,B 公司的固定利率为 4.5%,A 公司的固定利率为 5.1%,B 公司在固定利率市场上比 A 公司的融资成本低 0.6%。A 公司的浮动利率为 6 个月期 LIBOR+0.5%,B 公司的浮动利率为 6 个月期 LIBOR+0.3%,B 公司在浮动利率市场上比 A 公司的融资成本低 0.2%。所以,B 公司在固定利率市场上存在比较优势。A 公司在浮动利率市场上存在比较优势。故选 BC。

2.A 解析 **金融利率互换的套利** (5.1%-4.5%)-[(LIBOR+0.5%)-(LIBOR+0.3%)]=0.4%。故选 A。

3.D 解析 **利率互换套利** 利率互换是交易双方同意交换利息支付的协议。两家公司可以选择的套利方案是利率互换。故选 D。

4.C 解析 **利率互换套利** 两家公司总的套利利润是 0.4%。A、B 两家公司各得利 0.2%(0.4%÷2),5.1%-0.2%=4.9%。故选 C。

第 9 章　中央银行与金融调控

基础必刷

一、单项选择题

1.A 解析 **货币政策的最终目标** 在经济学中,充分就业并不等于社会劳动力 100% 就业,通常将摩擦性失业和自愿失业排除在外。故选 A。

2.B 解析 **货币政策体系** 在金融宏观调控中,货币政策的传导和调控机制过程经历两个领域和三个阶段,其中两个领域是金融领域和实体经济领域。故选 B。

3.B 解析 **中央银行的鼻祖** 1694 年成立的英格

兰银行,它虽然成立晚于瑞典银行,但是被公认为是近代中央银行的鼻祖。故选B。

4.A 解析 货币政策的最终目标 货币政策的最终目标是物价稳定、充分就业、经济增长、国际收支平衡。故选A。

5.A 解析 公开市场操作的概念 公开市场操作指中央银行在金融市场上买卖国债或中央银行票据等有价证券,影响货币供应量和市场利率的行为。故选A。

6.C 解析 再贴现的主要缺点 再贴现的主要缺点是:再贴现的主动权在金融机构,而不在中央银行。故选C。

7.D 解析 操作指标的概念 选项ABC错误,操作指标也称近期目标、操作目标,介于货币政策工具和中介目标之间。故选D。

8.B 解析 金融宏观调控机制的构成要素 在金融宏观调控机制的构成要素中,调控主体是中央银行。故选B。

9.B 解析 货币政策的基本特征 选项B说法错误,应该改为"货币政策是调节社会总需求的政策"。故选B。

10.A 解析 货币政策传导机制的理论 凯恩斯学派在货币传导机制的问题上,最大的特点是非常强调利率的作用。与凯恩斯学派不同,弗里德曼的现代货币数量论则强调货币供应量变动直接影响名义国民收入。故选A。

11.C 解析 货币政策工具 货币政策工具主要有一般性货币政策工具和选择性货币政策工具。一般性货币政策工具也称为货币政策的总量调节工具。它通过调节货币和信贷的供应量影响货币供应量,进而对经济活动的各个方面都产生影响。其主要包括存款准备金政策、再贴现政策和公开市场操作。故选C。

12.C 解析 利率限制的概念 利率限制是指中央银行规定或者影响存款利率的上限、贷款利率的下限,以限制商业银行恶性竞争,造成金融混乱、因经营不善而破产倒闭。故选C。

13.C 解析 中央银行的资产业务 中央银行的资产业务主要有贷款、再贴现、证券买卖、管理国际储备和其他资产业务。故选C。

14.B 解析 动态平衡的概念 动态平衡是指以一

15.B 解析 货币政策最终目标之间的矛盾性 菲利普斯曲线说明了货币政策之间存在矛盾的是稳定物价与充分就业的矛盾。故选B。

16.D 解析 降低存款准备金率的影响 货币乘数随法定存款准备金率做反向变化,即法定存款准备金率高,货币乘数则小,信用扩张能力会受到限制;反之,法定存款准备金率低,则说明商业银行信用扩张能力增强,货币供应量将增加。故选D。

17.B 解析 回购交易 正回购是指中国人民银行向一级交易商卖出有价证券,并约定在未来特定日期买回有价证券的交易行为,是中国人民银行从市场收回流动性的操作,正回购到期则为向市场投放流动性的操作。故选B。

18.A 解析 凯恩斯学派的货币政策传导机制理论 凯恩斯学派在货币传导机制的问题上,最大的特点就是非常强调利率的作用,认为货币政策在增加国民收入的效果上,主要取决于投资的利率弹性和货币需求的利率弹性。故选A。

19.B 解析 宏观审慎政策 选项B错误,2008年全球金融危机之后,世界各主要经济体的金融监管开始从以微观审慎为主导转向以宏观微观审慎相结合。故选B。

20.C 解析 中央银行的产生和发展 英格兰银行的演变过程是典型的中央银行的演变过程,即由商业银行转化为中央银行。故选C。

21.D 解析 其他货币政策工具 间接信用控制是指中央银行利用道义劝告、窗口指导等办法间接影响商业银行的信用创造。故选D。

二、多项选择题

1.ADE 解析 中央银行货币政策工具 中央银行一般性货币政策的"三大法宝"包括存款准备金政策、再贴现政策、公开市场操作。故选ADE。

2.CDE 解析 中央银行的中间业务 中央银行的中间业务包括结清交换差额、办理异地资金转移、集中办理票据交换。故选CDE。

3.ABCE 解析 直接信用控制的货币政策工具 直接信用控制的货币政策工具包括贷款限额、利率限制、流动性比率、直接干预。故选ABCE。

4.BCDE 解析 中央银行作为银行的职能 中央银行是银行的银行,指中央银行通过办理存、放、汇等项业务,充当商业银行与其他金融机构的最后贷款人,履行下列职责:集中保管存款准备金;充当最后贷款人;组织全国银行间的清算业务;组织外汇头寸抛补业务。故选BCDE。

5.CE 〖解析〗**公开市场业务作为货币政策工具的主要缺点** 公开市场业务的缺点有:①从政策实施到影响最终目标,时滞较长;②干扰其实施效果的因素比存款准备金、再贴现多,往往带来政策效果的不确定性。故选CE。

提升必刷

一、单项选择题

1.C 〖解析〗**我国的货币政策** 在我国多年的金融宏观调控实践中,我国货币政策目标实际上是以通货膨胀控制为主的多目标制。故选C。

2.D 〖解析〗**稳健的货币政策** 选项BC正确、选项D错误,从实际运作来看,"稳健"体现的是对货币政策所做的原则性规定和总体趋势的把握,是一种指导思想、方针和理念,而不是针对货币政策操作层面的提法。选项A正确,稳健的货币政策所注重和强调的是货币信贷增长要与国民经济增长大体保持协调关系,但在不同的时期和不同的条件下可以有不同的操作特点和操作方式。故选D。

3.A 〖解析〗**我国的货币政策工具** 为了保障金融支持实体经济的可持续性,提高银行永续债(含无固定期限资本债券)的流动性,支持银行发行永续债补充资本,2019年1月,中国人民银行宣布创设央行票据互换工具。故选A。

4.B 〖解析〗**中央银行的独立性问题** 目前国际上中央银行独立性的模式主要有三种:①独立性强的模式。中央银行可以独立制定货币政策及采取相应的措施,政府不得直接对它发布命令、指示,不得干涉货币政策。美联储、曾经的德意志联邦银行和欧洲中央银行都属于这一模式。②独立性居中的模式。中央银行名义上隶属于政府,而实际上保持着较强的独立性。有些国家法律规定,财政部直辖中央银行,可以发布指令,事实上并不使用这种权力。中央银行可以独立地制定、执行货币政策。英格兰银行、日本银行属于这一模式。③独立性弱的模式。中央银行接受政府的指令,货币政策的制定及采取的措施要经政府批准,政府有权停止、推迟中央银行决议的执行,如意大利银行、法兰西银行等。故选B。

5.A 〖解析〗**货币政策的目标与工具** 再贴现政策的优点主要有:①有利于中央银行发挥最后贷款人的作用;②比存款准备金政策的调节更机动、灵活,可通过对贴现对象和贴现票据的选择,发挥结构性调节的作用;③以票据融资,风险较小,且作用相对温和;④释放市场信号,引导市场利率变化。故选A。

6.A 〖解析〗**我国的货币政策** 逆回购操作是向市场上投放流动性的操作,其短期内会增加货币供应量。逆回购到期则为从市场收回流动性的操作,其会减少货币供应量。故选A。

7.A 〖解析〗**公开市场业务的优点** 公开市场业务的优点:①主动权在中央银行,不像再贴现那样被动;②富有弹性,可对货币进行微调,也可大调,但不会像存款准备金政策那样作用猛烈;③中央银行买卖证券可同时交叉进行,故很容易逆向修正货币政策,可以连续进行,能补充存款准备金、再贴现这两个非连续性政策工具实施前后的效果不足;④根据证券市场供求波动,主动买卖证券,可以起稳定证券市场的作用。故选A。

8.D 〖解析〗**常备借贷便利的概念** 中国人民银行在2013年年初正式设立常备借贷便利,作为正常的流动性供给渠道,主要功能是满足金融机构期限较长的大额流动性需求。对象主要为政策性银行和全国性商业银行。故选D。

9.D 〖解析〗**我国存款准备金制度** 选项D说法错误,服务县域的银行达到新增存款一定比例用于当地贷款考核标准的,可享受1个百分点存款准备金率优惠。故选D。

10.C 〖解析〗**央行互换票据** 选项C错误,**央行票据互换操作的期限原则上不超过3年,互换的央行票据不可用于现券买卖、买断式回购等交易**。故选C。

二、多项选择题

1.ABDE 〖解析〗**中央银行的独立性问题** 判断一国中央银行独立性程度,一般以下方面着手:①建立独立的货币发行制度,稳定货币;②独立制定货币政策;③独立实施政策和业务运行;④调控管理金融市场和金融活动;⑤法律充分保障。故选ABDE。

2.BCD 〖解析〗**选择性的货币政策工具** 选择性的货币政策工具有消费者信用控制、不动产信用控制、优惠利率。故选BCD。

169

3.ABD 解析 货币政策的传导机制与中介指标 除内生性为货币政策中介目标的内涵要求外，一般将货币政策中介目标选择的标准概括为可控性、可测性和相关性。故选ABD。

4.ABDE 解析 货币政策的基本特征 货币政策的基本特征：①货币政策是宏观经济政策；②货币政策是调节社会总需求的政策；③货币政策主要是间接调控政策；④货币政策是长期连续的经济政策。故选ABDE。

5.ACD 解析 中央银行的资产 选项ACD正确，**中央银行的资产是指中央银行在一定时点所拥有的各种债权，包括国外资产、对金融机构债权、政府债券和其他资产等**。选项BE错误，属于中央银行的负债。故选ACD。

综合必刷

（一）

1.B 解析 公开市场操作 中国人民银行的逆回购操作和正回购操作在性质上属于公开市场操作。故选B。

2.AD 解析 正回购和逆回购的概念 正回购指卖出有价证券，并约定在未来特定日期买回有价证券的行为；逆回购指买入有价证券，并约定在未来特定日期卖出有价证券的行为。故选AD。

3.AB 解析 逆回购 逆回购指买入有价证券，并约定在未来特定日期卖出有价证券的行为。故选AB。

4.BCD 解析 公开市场操作条件 中央银行运用公开市场操作的条件有：中央银行和商业银行都须持有相当数量的有价证券；要具有比较发达的金融市场；信用制度健全。故选BCD。

（二）

1.C 解析 存款准备金率的相关计算 86万亿×0.5%＝4 300（亿元）。故选C。

2.C 解析 我国货币政策目标 在多年的我国宏观金融调控实践中，我国货币政策的目标实际上是以防通货膨胀为主的多目标制。故选C。

3.BC 解析 存款准备金政策的操作 下调存款准备金率和利率，使商业银行的信用扩张能力增强，即商业银行的可贷款数量增加，同时使企业向银行贷款的成本降低。故选BC。

4.D 解析 我国的货币政策 根据题干所述，下调存款准备金率和利率属于宽松的货币政策，宽松的货币政策是指中央银行通过降低利率、扩大信贷，增加货币供给，从而增加投资，扩大总需求，刺激经济增长的货币政策。由此可见，促进经济增长是接下来货币政策的首要目标。故选D。

（三）

1.A 解析 我国的货币政策工具 从交易品种看，中国人民银行公开市场操作债券交易主要包括回购交易（分为正回购和逆回购两种）、现券交易和发行中央银行票据三种。故选A。

2.A 解析 中期借贷便利 中国人民银行创设中期借贷便利，向符合宏观审慎管理要求的商业银行、政策性银行提供中期基础货币。故选A。

3.B 解析 逆回购 逆回购为中国人民银行向市场上投放流动性的操作，逆回购到期则为从市场收回流动性的操作。材料中，"当日有500亿元央行逆回购到期"为回笼资金500亿元；"开展了700亿元7天期、200亿元14天期、100亿元28天期逆回购操作"为投放资金1 000亿元；最终结果为投放资金500亿元。故选B。

4.AD 解析 逆回购 选项A正确，逆回购是指中国人民银行向一级交易商购买有价证券，并约定在未来特定日期将有价证券卖给原一级交易商的交易行为。选项D正确，逆回购操作会引起货币供给增加。故选AD。

（四）

1.AC 解析 宽松的货币政策 央行下调准备金率属于宽松的货币政策。宽松的货币政策就是中央银行通过降低利率、扩大信贷，增加货币供给，从而增加投资，扩大总需求，刺激经济增长。故选AC。

2.BCD 解析 货币政策工具 选项A错误，属于再贴现政策作用于经济的途径。故选BCD。

3.ABC 解析 存款准备金政策 存款准备金政策的主要内容是：规定存款准备金计提的基础；规定法定存款准备金率；规定存款准备金的构成；规定存款准备金提取的时间。故选ABC。

4.A 解析 存款准备金率的缺点 存款准备金的缺点是：①作用猛烈、缺乏弹性，不宜作为央行日常调控货币供给的工具；②政策效果在很大程度上受超额准备金的影响；③对超额准备金率较低的金融机构造成流动性压力，迫使其出售流动性资产或增加中央银行的借款等；④只影响一般利率水平，无法影响利率结构。故选A。

第10章　货币供求与货币均衡

基础必刷

一、单项选择题

1. A 解析 **对流动性偏好的理解** 凯恩斯用流动性偏好解释人们持有货币的需求,他认为货币流动性偏好是人们喜欢以货币形式保持一部分财富的愿望或动机。故选A。

2. A 解析 **凯恩斯货币需求函数** 凯恩斯货币需求函数认为,货币需求行为是由交易动机、预防动机和投机动机三种动机决定的,由交易动机和预防动机决定的货币需求取决于收入水平;基于投机动机的货币需求取决于利率水平。故选A。

3. C 解析 **弗里德曼货币理论** 凯恩斯主义与现代货币主义在货币政策传导变量的选择上有分歧,凯恩斯主义认为应该是利率,现代货币主义坚持是货币供应量。弗里德曼是现代货币主义的代表人物。故选C。

4. D 解析 **货币层次** 各国中央银行在确定货币供给的统计口径时,以金融资产的流动性的大小作为标准,并根据自身政策目的的特点和需要,划分货币层次。故选D。

5. D 解析 **货币均衡的实现机制** 在完全市场经济条件下,货币均衡最主要的实现机制是利率机制。故选D。

6. B 解析 **成本推进通货膨胀的具体情形** 垄断性企业为了获取垄断利润而人为提高产品价格,由此引起"利润推进型通货膨胀",它属于成本推进通货膨胀的一种。故选B。

7. B 解析 **紧缩性从严的收入政策** 紧缩性收入政策主要针对成本推动型通货膨胀,通过对工资和物资的上涨进行直接干预来遏制通货膨胀。故选B。

8. B 解析 **收入指数化的相关知识** 收入指数化政策是针对成本推动型通货膨胀而采取的一种治理通货膨胀的方法,它更大的作用在于降低通货膨胀在收入分配上的影响。故选B。

9. B 解析 **存款货币量的创造** 选项B说法错误,派生出来的存款同原始存款的数量成正比、同法定存款准备金率成反比。故选B。

10. D 解析 **通货膨胀治理的对策** 紧缩性的货币政策包括:提高法定存款准备金率,提高再贷款、再贴现率,公开市场卖出业务(出售政府债券),直接提高利率。故选D。

11. D 解析 **货币均衡最主要的实现机制** 在完全市场经济条件下,货币均衡最主要的实现机制是利率机制。故选D。

12. B 解析 **通货膨胀的含义** 通货膨胀是在一定时间内一般物价水平持续上涨的现象。故选B。

13. C 解析 **LM曲线与货币均衡** 如果总产出为600,则有$600 = 500 + 2\ 000i$,所以均衡利率为5%。由于利率水平是10%,高于均衡利率,人们持有的货币超过意愿持有额,说明存在超额货币供给。故选C。

14. B 解析 **供求混合推进型通货膨胀的概念** 总供给和总需求共同作用情况下的通货膨胀称为供求混合推进型通货膨胀。故选B。

15. C 解析 **凯恩斯的货币需求函数** 凯恩斯认为,在利率极低时,人们的货币需求量无限大,人们宁愿持有货币而不再储蓄,这种情况被称为"流动性偏好陷阱"。故选C。

16. B 解析 **成本推进型通货膨胀** 成本推进型通货膨胀中,经济学家们进一步分析了促使产品成本上升的原因:①在现代经济中有组织的工会对工资成本具有操纵能力;②垄断性大公司也具有对价格的操纵能力,是提高价格水平的重要因素;③汇率变动引起进出口产品和原材料成本上升,以及石油危机、资源枯竭、环境保护政策不当等造成原材料、能源生产成本的提高,都是引起成本推进型通货膨胀的原因。故选B。

17. B 解析 **剑桥方程式的相关知识** 剑桥方程式从用货币形式保有资产存量的角度研究货币需求,重视存量货币占收入的比例,又被称为现金余额说。故选B。

18. D 解析 **对基础货币的理解** 流通中现金和准备金称为中央银行的货币负债,也称基础货币或储备货币。故选D。

19. A 解析 **存款乘数的计算** 存款乘数=1÷(法定存款准备金率+超额存款准备金率+现金漏损率)=

171

$1 \div (10\% + 4\% + 6\%) = 5$。故选A。

20. C 解析 基础货币的相关知识 基础货币又称高能货币、强力货币，在信用货币制度下，高能货币量取决于中央银行的行为。故选C。

21. C 解析 货币供应量的计算 M_s = 基础货币×货币乘数 = $MB \times m = 100 \times 5 = 500$（亿元）。故选C。

22. C 解析 紧缩的财政政策 购买性支出包括政府投资、行政事业费等。转移性支出包括各种福利支出、财政补贴等。故选C。

23. A 解析 购买性支出的内容 购买性支出包括政府投资、行政事业费等。故选A。

24. B 解析 费雪方程式与剑桥方程式的差异 二者差异之一就是：对货币需求分析的侧重点不同。费雪方程式强调的是货币的交易手段功能，而剑桥方程式侧重货币作为一种资产的功能。故选B。

25. D 解析 存款创造 如果用 $\triangle B$ 表示原始存款额，r 代表法定准备金率，e 代表超额准备金率，c 代表现金漏损率，则用公式表示为：派生存款额 $\triangle D = 1\,000 \times [1/(20\% + 2\% + 5\%)] = 3\,704$（万元）。故选D。

26. D 解析 弗里德曼的货币需求函数 弗里德曼强调恒久性收入对货币需求量的重要影响。故选D。

27. B 解析 基础货币 选项A错误，基础货币是非银行公众所持有的通货与银行的准备金之和。选项B正确、选项D错误，基础货币是中央银行通过自身的资产业务供给出来的。选项C错误，基础货币是中央银行的货币性负债，而不是中央银行资产或非货币性负债。故选B。

28. B 解析 存款创造 存款创造具体表现为商业银行以原始存款为基础、在银行体系中繁衍出数倍于原始存款的派生存款。故选B。

29. D 解析 成本推进型通货膨胀 垄断性大公司具有对价格的操纵能力，是提高价格水平的重要力量。垄断性企业为了获取垄断利润会人为地提高产品价格，由此引起"利润推进型通货膨胀"。故选D。

30. B 解析 收入指数化政策 收入指数化政策主要针对成本推动型通货膨胀，它更大的作用在于降低通货膨胀在收入分配上的影响。故选B。

31. A 解析 治理通货膨胀的货币政策 治理通货膨胀需要采用紧缩的货币政策。紧缩的货币政策措施主要包括：①提高法定存款准备金率；②提高再贷款率、再贴现率；③在公开市场上卖出政府债券；④直接提高利率。故选A。

二、多项选择题

1. CDE 解析 货币均衡的实现机制 市场经济条件下货币均衡的实现取决于三个条件，即健全的利率机制、发达的金融市场以及有效的中央银行调控机制。故选CDE。

2. BD 解析 对通货紧缩概念的理解 判断某个时期的物价下降是不是通货紧缩，一看通货膨胀率是否由正变负；二看这种下降是否持续了一定的时限。故选BD。

3. ABC 解析 费雪方程式的相关知识 费雪方程式可以表示为：$P = MV/T$，其中，M 为总货币存量，P 为价格水平，T 为各类商品的交易数量，V 为货币流通速度。这一方程式表明：物价水平的变动与流通中的货币数量的变动和货币的流通速度成正比，而物价水平的变动与商品和服务交易量的变动成反比。故选ABC。

4. DE 解析 凯恩斯的货币需求函数 凯恩斯的货币需求函数可以分为两个部分，一个是消费品的货币需求，一个是投资品的货币需求。其中，消费品的货币需求主要取决于国民收入的水平，而投资品货币需求取决于利率水平的变化。故选DE。

5. ABC 解析 中央银行投放基础货币的渠道 中央银行投放基础货币的渠道有：①对商业银行等金融机构再贷款和再贴现；②收购黄金、外汇等储备资产投放的货币；③通过公开市场业务等投放货币。故选ABC。

6. BCDE 解析 对弗里德曼货币需求函数的理解 弗里德曼把影响货币需求的诸多要素分为三组：第一组，收入及其构成。一个人的总财富是人力资本与非人力资本之和。在总财富中，人力资本比重越大，创造的收入越多，从而对货币的需求量就越大；反之则相反。第二组，各种资产的预期收益和机会成本。第三组，各种随机变量。它包括社会富裕度、取得信贷的难易程度、社会支付体系的状况等。故选BCDE。

7. ABDE 解析 通货膨胀定义的相关知识 选项C错误，通货膨胀所指的一般物价水平上涨，是一定时

参考答案与全解全析

间内的持续的上涨,而不是一次性的、暂时性的上涨。季节性原因或自然灾害等引起的物价上涨和经济萧条后恢复时期的商品价格正常上涨都不能称为通货膨胀。故选ABDE。

8. BCE 解析 **其他治理措施** 为治理通货膨胀而进行的币制改革,是指政府下令废除旧币,发行新币,变更钞票面值,对货币流通秩序采取一系列强硬的保障性措施等。故选BCE。

9. BCDE 解析 **货币需求理论** 选项A错误,是凯恩斯货币需求理论中的观点。故选BCDE。

10. ACDE 解析 **增加供给的政策** 增加供给的政策的主要措施:①减税;②削减社会福利开支;③适当增加货币供给;④精简规章制度。故选ACDE。

11. ACD 解析 **通货膨胀的类型** 根据通货膨胀的成因,通货膨胀可划分为需求拉上型通货膨胀、结构型通货膨胀、成本推进型通货膨胀和供求混合推进型。故选ACD。

12. ACE 解析 **治理通货膨胀的主要政策措施** 治理通货膨胀的主要政策措施有:紧缩总需求的政策、增加供给的政策、紧缩的收入政策以及收入指数化、币制改革等政策措施。故选ACE。

13. AB 解析 **凯恩斯主义的货币需求函数** 凯恩斯主义把人们持有货币的三个动机划分为两类需求:①交易动机与预防动机构成对消费品的需求;②投机动机构成对投资品的需求。故选AB。

14. BCE 解析 **基础货币的构成要素** 通常把流通中现金和准备金称为中央银行的货币负债。准备金又包括法定存款准备金和超额准备金。故选BCE。

15. ABCE 解析 **中央银行投放基础货币的渠道** 中央银行投放基础货币的渠道主要包括:①对商业银行等金融机构的再贷款和再贴现;②收购黄金、外汇等储备资产投放货币;③通过公开市场业务(买入证券)等投放货币。故选ABCE。

16. ACDE 解析 **货币均衡的含义** 选项B错误,货币均衡的实现具有相对性,并不要求货币供应量与货币需求量完全相等。故选ACDE。

17. ABD 解析 **弗里德曼的货币需求函数的相关知识** 选项CE错误,恒久性收入越高,所需货币越多;人力财富比重越大,创造的收入越多,所需准备的货币就越多。因此与货币需求成正比。选项

ABD正确,金融资产的预期收益率越高,持有货币的机会成本就越大,持有货币的数量就会减少。与货币需求成反比。故选ABD。

18. ADE 解析 **流动性金融资产的特征** "流动性"好的金融资产,价格稳定,变现能力强,可随时在金融市场上转让、出售。故选ADE。

19. BC 解析 **费雪方程式** 费雪方程式为$MV=PT$,M是一定时期内流通货币的平均数量,P是价格水平,T为各类商品的交易数量,V是货币流通速度。费雪认为,短期里V和T保持不变,所以M的变化决定了价格水平。故选BC。

20. DE 解析 **货币供应量** 2011年10月,中国人民银行再次修订货币供应量口径,将住房公积金中心存款和非存款类金融机构在存款类金融机构的存款计入M2。故选DE。

提升必刷

一、单项选择题

1. A 解析 **中央银行改变基础货币的途径** 中央银行改变基础货币主要有三种途径:第一,变动其储备资产,在外汇市场买卖外汇或贵金属;第二,变动对政府的债权,进行公开市场操作,买卖政府债券;第三,变动对商业银行的债权,对商业银行办理再贴现业务或发放再贷款。故选A。

2. C 解析 **通货紧缩的治理措施** 选项C说法错误,金融市场资金缺乏时,中央银行通过公开市场操作买进有价证券,从而投放基础货币,引起货币供应量的增加和利率的下降。因此为刺激国民经济增长,不应该卖出国债,而应该买入国债。故选C。

3. B 解析 **货币乘数** 货币乘数=$(1+c)/(r+e+c)$=$1/(10\%+2.5\%)$=8。故选B。

4. C 解析 **弗里德曼的货币需求函数与凯恩斯的货币需求函数的区别** 凯恩斯认为,货币需求量受未来利率不确定性的影响,因此不稳定,货币政策应"相机行事"。故选C。

5. D 解析 **紧缩性财政政策措施** 选项D,扩大赤字规模属于扩张性财政政策。故选D。

6. A 解析 **爬行式通货膨胀的概念** 爬行式通货膨胀是指一般物价水平年平均上涨率不超过2%~3%,并且在经济生活中没有形成通货膨胀的预期。故选A。

7. B 解析 **货币供给行为的概念** 货币供给行为是指银行体系通过自己的业务活动向社会生产生

173

领域提供货币的全过程,包括商业银行通过派生存款机制向流通领域供给货币的过程和中央银行通过调节基础货币量而影响货币供给的过程,研究的是货币供给的原理和机制。故选B。

8. A　**解析**　**货币层次划分的相关知识**　西方学者在长期研究中,一直主张把"流动性"原则作为划分货币层次的主要依据。故选A。

9. A　**解析**　**货币政策操作**　央行上调法定存款准备金率,降低了商业银行的货币创造能力,上调存贷款基准利率,提高企业借贷成本。故选A。

10. B　**解析**　**通货膨胀的类型**　按照通货膨胀的程度进行分类,通货膨胀可分为爬行式、温和式、奔腾式和恶性通货膨胀四种。故选B。

11. A　**解析**　**治理通货紧缩的政策措施**　治理通货紧缩的政策措施中的扩张性财政政策包括减税和增加财政支出。**减税涉及税法和税收制度的改变,不是一种经常性的调控手段,但在对付较严重的通货紧缩时也会被采用**。故选A。

12. A　**解析**　**货币需求理论**　凯恩斯认为,人们的货币需求行为往往是由交易动机、预防动机和投机动机三种动机决定的,由交易动机和预防动机决定的货币需求取决于收入水平。故选A。

13. B　**解析**　**基础货币**　基础货币是中央银行的货币性负债,而不是中央银行资产或非货币性负债,是中央银行通过自身的资产业务供给出来的。故选B。

14. D　**解析**　**LM曲线与货币均衡**　如果经济活动处于LM曲线的左边区域,表示货币供给大于货币需求,存在过度的货币供应。故选D。

15. D　**解析**　**通货膨胀的类型**　恶性通货膨胀又称超级通货膨胀,是指一般物价上涨特别猛烈,且呈加速趋势。此时,货币已完全丧失了价值储藏功能,部分丧失了交易媒介功能,成为"烫手山芋",持有者都设法尽快将其花费出去。货币当局如不采取断然措施,货币制度将完全崩溃。故选D。

16. A　**解析**　**货币需求理论**　费雪认为,短期内货币流通的速度(V)和产出(T)保持不变,所以,总货币存量(M)的变化决定了价格水平。故选A。

二、多项选择题

1. BDE　**解析**　**存款创造**　在存款货币创造过程中,现金漏损率、法定存款准备金率、超额存款准备金率以及存款结构比例的变化,都会对存款创造产生影响。故选BDE。

2. ACD　**解析**　**紧缩的收入政策措施**　紧缩的收入政策主要采取下列措施:工资-物价指导线;以税收为基础的收入政策;工资-价格管制及冻结。故选ACD。

3. BCE　**解析**　**存款创造**　选项A错误,派生存款以原始存款为基础。选项D错误,原始存款与派生存款只能做理论上的区分,现实中无法区分。故选BCE。

4. AB　**解析**　**通货紧缩的治理**　扩张性的财政政策包括减税和增加财政支出两种方法。故选AB。

5. ABCD　**解析**　**通货膨胀的成因**　通货膨胀的成因包括:需求拉上、成本推进、供求混合作用和经济结构变化。故选ABCD。

6. ACE　**解析**　**扩张性货币政策(宽松货币政策)**　选项BD错误,属于紧缩性货币政策措施。故选ACE。

7. ADE　**解析**　**通货膨胀的成因**　成本推动说认为,造成生产成本提高的原因有:①在现代经济中有组织的工会对工资成本具有操纵能力,导致工资"成本推进型通货膨胀";②垄断性企业为了获取垄断利润会人为地提高产品价格,由此引起"利润推进型通货膨胀";③在开放经济条件下,汇率变动引起进出口产品和原材料成本上升,以及石油危机、资源枯竭、环境保护政策不当等造成原材料、能源生产成本的提高,都是引起成本推进型通货膨胀的原因。故选ADE。

8. DE　**解析**　**对通货膨胀概念的深入理解**　通货膨胀是一定时间内一般物价水平的持续上涨的现象。对于这个概念一定要明确以下几个关键词:"一定时间内""一般物价水平""持续上涨"。故选DE。

综合必刷
(一)

1. A　**解析**　**对通货膨胀概念的理解**　根据题干所述,价格普遍上涨,通胀压力依旧较高,明显属于通货膨胀。故选A。

2. ABC　**解析**　**通货膨胀**　通货膨胀的成因:需求拉上;成本推进;供求混合作用;经济结构变化。故选ABC。

3. BC　**解析**　**治理通货膨胀的货币政策措施**　治理通货膨胀需要采取紧缩性的货币政策措施。选项

AD 错误,属于扩张性货币政策。故选 BC。

4.AC 解析 **治理通货膨胀的措施** 常见的治理通货膨胀的措施:紧缩总需求的政策;增加供给的政策;紧缩的收入政策;其他治理措施:如收入指数化、币制改革等。故选 AC。

(二)

1.A 解析 **治理通货紧缩的政策措施** 治理通货紧缩的政策措施是扩张型的财政和货币政策。故选 A。

2.CD 解析 **通货紧缩的标志** 通货紧缩的标志是价格总水平持续下降、经济增长率持续下降。故选 CD。

3.BD 解析 **通货紧缩治理的政策措施** 扩张性的财政政策主要包括减税和增加财政支出两种方法。选项 AC 属于货币政策。故选 BD。

4.AD 解析 **治理通货紧缩的货币政策措施** 治理通货紧缩应该采用扩张性的货币政策;选项 BC 属于紧缩性的货币政策措施。故选 AD。

(三)

1.B 解析 **通货膨胀的类型** 爬行式通货膨胀是指价格总水平上涨的年率不超过 2%~3%,并且在经济生活中没有形成通货膨胀的预期。**温和式通货膨胀指价格总水平上涨比爬行式高,但又不是很快,具体百分比没有一个统一的说法**。奔腾式通货膨胀是价格总水平年平均上涨率在 2 位数以上,且发展速度很快。恶性通货膨胀又称超级通货膨胀,是指价格总水平上涨特别猛烈,且呈加速趋势。故选 B。

2.BD 解析 **通货膨胀的成因** 根据题干信息,"造成市场需求旺盛但有效供给不足"为需求拉上型通货膨胀。"美元泛滥造成国际大宗商品价格猛涨,传导到 H 国造成原材料价格上涨"为成本推进型通货膨胀。故选 BD。

3.B 解析 **治理通货膨胀的财政政策措施** H 国处于通货膨胀状态,所以要采取紧缩的财政政策。选项 B 正确,属于紧缩的财政政策措施。故选 B。

4.D 解析 **治理通货膨胀的货币政策措施** H 国处于通货膨胀状态,所以要采取紧缩的货币政策。选项 D 正确,属于紧缩的货币政策措施。故选 D。

(四)

1.AD 解析 **中央银行操作** 中央银行购入国债和购入中央银行票据,都需要支付相应的货币,所以相当于向社会投放货币,增加流动性。公开市场业务的主要缺点:①从政策实施到影响最终目标,时滞较长;②干扰其实施效果的因素比存款准备金政策、再贴现政策多,往往带来政策效果的不确定性。故选 AD。

2.C 解析 **货币乘数的计算** 货币乘数表示基础货币增加一个单位,货币供给 M2 增加 m 个单位。已知:现金漏损率 $c=5\%$,法定存款准备金率 $r=12\%$,超额准备金率 $e=3\%$。货币乘数 $m=(1+c)/(r+e+c)=(1+5\%)/(5\%+12\%+3\%)=5.25$。故选 C。

3.A 解析 **货币供应量的计算** 货币供应量=基础货币(MB)×货币乘数,$m=700×5.25=3\ 675$(亿元)。根据第 1 题,中央银行向社会投放货币,所以是增加货币供应量。故选 A。

4.D 解析 **中央银行操作** 中央银行购入国债和购入中央银行票据,都需要支付相应的货币,所以相当于向社会投放了 300+400=700(亿元)。故选 D。

(五)

1.C 解析 **存款乘数的计算** 存款乘数=1/(法定存款准备金率+超额存款准备金率+现金漏损率)=1/(5%+5%+10%)=5。故选 C。

2.A 解析 **派生存款的计算** 派生存款=原始存款×存款乘数=200×5=1\ 000(万元)。故选 A。

3.A 解析 **我国的货币层次** 1994 年 10 月,中国人民银行正式编制并向社会公布"货币供应量统计表",将我国的货币供应量划分为以下层次:M0=流通中的现金;M1=M0+单位活期存款;M2=M1+储蓄存款+单位定期存款+单位其他存款;M3=M2+金融债券+商业票据+大额可转让定期存单等。故选 A。

4.CD 解析 **扩张性的货币政策措施** 扩张性的货币政策有多种方式,如扩大中央银行基础货币的投放、增加对中小金融机构的再贷款、加大公开市场操作的力度、适当下调利率、再贴现率和存款准备金率等。适当增加货币供给,促进信用的进一步扩张。选项 AB 错误,属于紧缩的货币政策措施。故选 CD。

(六)

1.AB 解析 **基础货币包括的内容** 基础货币是在中央银行的存款准备金与流通于银行体系之外的通货的总和。故选 AB。

2.B 解析 **货币乘数的计算** $M_s=C+D=1\ 500+D$,C 是通货,D 是存款总额,$D=4\ 000$(亿元),所以 $M_s=$

$C+D=1\ 500+4\ 000=5\ 500$（亿元），$B=C+R=1\ 500+500=2\ 000$（亿元），所以，货币乘数$=5\ 500/2\ 000=2.75$。故选B。

3.C 解析 货币供应量的计算 $M_s=C+D=1\ 500+D$，D是存款总额，$D=4\ 000$（亿元），所以$M_s=C+D=1\ 500+4\ 000=5\ 500$（亿元）。故选C。

4.A 解析 法定存款准备金率对货币供应量的影响 上调法定存款准备金率相当于紧缩型的货币政策，会减少货币供应量。故选A。

第11章　开放经济均衡

基础必刷

一、单项选择题

1.A 解析 开放经济条件下内外均衡政策的冲突 蒙代尔-弗莱明模型的基本结论是：货币政策在固定汇率下对刺激经济毫无效果，在浮动汇率下则效果显著；财政政策在固定汇率下对刺激经济效果显著，在浮动汇率下则效果甚微或毫无效果。故选A。

2.A 解析 国际收支不平衡的调节的必要性 国际收支不平衡的调节的必要性：①国际收支不平衡的调节是稳定物价的要求；②国际收支不平衡的调节是稳定汇率的要求；③国际收支不平衡的调节是保有适量外汇储备的要求。故选A。

3.B 解析 外债结构管理 外债结构管理的核心是优化外债结构。故选B。

4.B 解析 国际储备的管理 国际储备资产结构的优化集中在黄金储备和外汇储备结构的优化上。故选B。

5.A 解析 开放经济条件下内外均衡政策的冲突 米德冲突是指在固定汇率制度下，失业增加与国际收支逆差，或者通货膨胀与国际收支顺差这两种特定的经济状态组合。故选A。

6.A 解析 国际收支不平衡调节的必要性 当国际收支顺差时，货币当局投放本币，收购外汇，补充外汇储备，导致通货膨胀。故选A。

7.C 解析 IS-LM-BP模型 BP曲线的斜率取决于资本流动的利率弹性，利率弹性越大，BP曲线越平坦。故选C。

8.B 解析 国际货币储备的相关知识 储备货币发行国对储备的需求减少。故选B。

9.D 解析 我国的外债管理制度 所谓全口径外债，指的是将人民币外债计入我国外债统计的范围之内的外债。故选D。

10.B 解析 外债债务率的计算公式 外债债务率＝当年未清偿外债余额÷当年货物服务出口总额×$100\%=1\ 200÷1\ 600×100\%=75\%$。故选B。

11.A 解析 国际储备的总量管理 国际储备额与国民生产总值之比一般为10%。故选A。

12.A 解析 国际收支均衡的概念 国际收支均衡是指自主性交易的收入和支出的均衡。故选A。

13.A 解析 负债率的计算公式 负债率即当年未清偿外债余额与当年国内生产总值的比率。故选A。

14.C 解析 我国的外债管理制度 财政部是政府外债的统一管理部门，国家发改委负责1年期以上的中长期外债的管理，国家外汇管理局负责1年期以内(含1年)的短期外债管理。故选C。

15.B 解析 我国国际收支不均衡及其调节 1994年实现人民币经常项目有条件可兑换；1996年12月1日正式接受《国际货币基金协定》第八条款，实现人民币经常项目可兑换。故选B。

二、多项选择题

1.AD 解析 外债总量管理与结构管理 选项AD正确，外债的吸收能力取决于债务国的负债能力和偿债能力两个方面。故选AD。

2.AE 解析 国际储备的范围 国际储备的范围包括黄金储备、外汇储备、在国际货币基金组织的储备头寸和特别提款权。故选AE。

3.BCD 解析 国际收支不平衡调节的微观政策措施 出现国际收支顺差时，可以采用宽松的财政政策、宽松的货币政策、本币法定升值或升值政策，可以放宽乃至取消外贸管制和外汇管制。故选BCD。

4.ACE 解析 国际收支不平衡调节的宏观政策措施 国际收支逆差时，可以采用紧缩性的财政政策、紧缩性的货币政策和本币法定贬值政策。故选ACE。

5.ACDE 解析 外债的概念 根据国家外汇管理局的定义，外债指在我国境内的机关、团体、企业、事业单位、金融机构或其他机构对我国境外的国际金融组织、外国政府、金融机构、企业或其他机构用外国货币承担的具有契约性偿还义务的债务,包括:①国际金融组织贷款;②外国政府贷款;③外国银行和金融机构贷款;④买方信贷;⑤外国企业贷款;⑥发行外币债券;⑦国际金融租赁;⑧延期付款;⑨补偿贸易中直接以现汇偿还的债务;⑩其他形式的对外债务。故选ACDE。

6.AB　**解析**　**外债与外债管理的概念**　外债的构成:①国际金融组织贷款;②外国政府贷款;③外国银行和金融机构贷款;④买方信贷;⑤外国企业贷款;⑥发行外币债券;⑦国际金融租赁;⑧延期付款;⑨补偿贸易中直接以现汇偿还的债务;⑩其他形式的对外债务。外国的股权投资不属于外债。故选AB。

7.ACD　**解析**　**国际储备的作用**　国际储备的功能包括:①弥补国际收支逆差;②稳定本币汇率;③维持国际资信和投资环境。故选ACD。

8.ABCD　**解析**　***IS-LM-BP*模型**　封闭经济条件下的货币需求主要受本国实际总收入、利率、通货膨胀率等因素的影响,而在开放经济条件下,影响货币需求的因素还包括国际收支、汇率水平及汇率预期、国内外利差、国外通货膨胀率等多种经济变量。故选ABCD。

9.ABDE　**解析**　**开放经济条件下内外均衡政策的冲突**　选项C错误,所有IB曲线以上的点均处于通货膨胀的状态,所有IB曲线以下的点均处于通货紧缩的状态。故选ABDE。

10.ACD　**解析**　**开放经济条件下内外均衡政策的协调**　"三元悖论",即固定汇率制度、资本自由流动和货币政策独立这三大目标不能同时实现,一个国家只能三选二,该理论也被称作"不可能三角"。故选ACD。

提升必刷

一、单项选择题

1.B　**解析**　**国际资本流动的原因**　直接投资以获得企业、公司的控制权为标志。故选B。

2.D　**解析**　**测度国际储备总量是否适度的经验指标**　测度国际储备总量是否适度的经验指标包括国际储备额与国民生产总值之比、国际储备额与进口额之比、国际储备额与外债总额之比。故选D。

3.D　**解析**　**国际储备的结构管理**　外汇储备货币结构的优化,为了追求安全性,需要将外汇储备的货币结构与未来外汇支出的货币结构相匹配,从而在未来的外汇支出中,将不同储备货币之间的兑换降低到最低程度;为了追求盈利性,需要尽量提高储备货币中硬币的比重,降低储备货币中软币的比重。故选D。

4.C　**解析**　**国际资本流动的影响**　中长期资本流动的消极效应包括:①可能导致资本输出国产业空心化;②可能引发资本输入国债务危机。故选C。

5.B　**解析**　**开放经济条件下内外均衡政策的冲突**　当一国采取宏观政策调节措施努力实现某一均衡目标时,这一调节措施很可能会同时带来另一均衡问题的改善,也有可能会对另一均衡问题造成干扰或破坏。一般地,前者被称为"内部均衡和外部均衡的相互协调",后者则被称为"内部均衡和外部均衡的相互冲突"。故选B。

6.A　**解析**　**开放经济条件下内外均衡政策的协调**　支出增减政策是指改变社会总需求或国民经济中支出总水平的政策,这类政策旨在通过改变社会总需求或总支出水平来改变对外国商品、劳务和金融资产的需求,达到调节国际收支的目的。这类政策主要包括财政政策和货币政策。故选A。

7.D　**解析**　**我国的外债管理体制**　我国对外债实行登记管理,债务人按照国家有关规定借用外债,并办理外债登记。国家外汇管理局及其分支局负责外债的登记、账户、使用、偿还以及结售汇等管理、监督和检查。故选D。

8.C　**解析**　**国际收支不平衡调节的微观政策措施**　当国际收支出现逆差时,可以采用本币法定贬值或贬值的政策。这样,以外币标价的出口价格下降,从而刺激出口,而以本币标价的进口价格上涨,从而限制进口。故选C。

9.D　**解析**　**我国的国际储备及管理**　2015年11月,国际货币基金组织将人民币纳入特别提款权(SDR)货币篮子,SDR货币篮子扩大至美元、欧元、人民币、日元、英镑五种货币。故选D。

10.D　**解析**　**国际收支不平衡调节的微观政策措施**　价格下跌后,以外币标价的出口价格下降,从而刺激出口,而以本币标价的进口价格上涨,从而限制进口。故选D。

177

二、多项选择题

1. ABCD **解析** **我国的国际收支及调节** 我国对国际收支顺差采取了一些调节政策和措施,包括以下方面:①逐步放宽和取消经常项目下的外汇管制。2012年4月取消强制性结售汇制,改为意愿结售汇制。②逐步放宽资本项目下的外汇管制。③降低对出口的激励力度,改变外贸增长方式,调整外贸出口结构。④优化利用外资结构,限制高能耗、重污染、附加值低的直接投资流入。⑤对国外投机性的热钱流入采取密切监控的高压政策。故选ABCD。

2. ABCE **解析** **国际资本流动的原因** 引发国际资本流动的原因很复杂,概括起来主要有以下几个方面:①过剩资本的存在;②利率、汇率两大经济杠杆的影响;③财政赤字与通货膨胀;④政治、经济风险;⑤发展中国家利用外资战略;⑥跨国公司发展;⑦其他因素,包括资本预期收益率、外汇管制、国际金融市场状况。故选ABCE。

3. AD **解析** **外资与外资管理** 通常所说的外资主要是指国际直接投资和借入外债,随着金融市场的开放,发展中国家越来越多地制定政策放松对外资进入证券领域的限制。故选AD。

4. ACDE **解析** **特别提款权** 2015年11月30日,国际货币基金组织执行董事会将人民币纳入特别提款权(SDR)货币篮子,SDR货币篮子相应扩大至美元、欧元、人民币、日元、英镑5种货币。故选ACDE。

5. BCD **解析** **我国的外债管理制度** 我国对外债实行分类多头管理,财政部、国家发改委和国家外汇管理局为外债管理主体。故选BCD。

综合必刷

(一)

1. A **解析** **负债率的计算** 负债率=当年未清偿外债余额÷当年国内生产总值×100%=5 489÷74 970×100%=7.3%。故选A。

2. C **解析** **债务率的计算** 债务率=当年未清偿外债余额÷当年货物服务出口总额×100%=5 489÷20 867×100%=26.3%。故选C。

3. D **解析** **国际收支平衡表** 我国经常账户收支顺差额与资本和金融账户收支顺差额之和,大于国际存储资产增加额,意味着贷方总额大于借方总额,其差额应当记入误差与遗漏净额账户。故选D。

4. ABC **解析** **国际收支不平衡调节的必要性** 当国际收支顺差时,货币当局投放本币,收购外汇,补充外汇储备,导致通货膨胀。当国际收支顺差时,外汇供过于求,导致外汇汇率下跌,本币升值。故选ABC。

(二)

1. C **解析** **负债率的计算** 负债率=当年未清偿外债余额/当年国内生产总值×100%=580/4 780×100%=12.1%。故选C。

2. B **解析** **负债率的警戒指标** 负债率警戒线是20%,所以未超过。故选B。

3. B **解析** **债务率的计算** 债务率=当年未清偿外债余额/当年货物服务出口总额×100%=580/700×100%=82.9%。故选B。

4. B **解析** **债务率的警戒指标** 债务率的警戒线是100%,所以未超过。故选B。

(三)

1. BCD **解析** **国际储备的管理** 在确定国际储备总量时应依据的因素:①是不是储备货币发行国;②经济规模与对外开放程度;③国际支出的流量;④外债规模;⑤短期国际融资能力;⑥其他国际收支调节政策措施的可用性与有效性;⑦汇率制度。故选BCD。

2. C **解析** **测度国际储备总量是否适度的经验指标** 国际储备与国民生产总值之比一般为10%。7 000∶23 000≈30.43%。所以,国际储备与国民生产总值之比高于经验指标。故选C。

3. B **解析** **国际储备额与外债总额之比** 国际储备额与外债总额之比=7 000∶8 800≈79.55%。故选B。

4. B **解析** **测度国际储备总量是否适度的经验指标** 国际储备额与进口额比一般为25%。如果以月来计量,国际储备额应能满足3个月的进口需求。7 000÷6 000≈116.67%。25%对应的是3个月进口需求。116.67%对应的是14个月进口需求。故选B。

第12章 风险管理与金融监管

基础必刷

一、单项选择题

1. B 解析 折算风险的概念 折算风险，又称会计风险，是为了合并母、子公司的财务报表，将用外币记账的外国子公司的财务报表转变为用母公司所在国货币重新做账，导致账户上股东权益项目的潜在变化所造成的风险。故选B。

2. A 解析 信用风险缓释 信用风险缓释是指商业银行运用合格的抵质押品、净额结算、保证和信用衍生工具等方式转移或降低信用风险。故选A。

3. B 解析 全面风险管理的架构 全面风险管理包括三个维度：企业目标、风险管理的要素、企业层级。风险管理的要素包括内部环境、目标设定、事件识别、风险评估、风险对策、控制活动、信息与沟通和监控八个要素。故选B。

4. B 解析 信用风险的管理 商业银行信用风险的管理机制主要包括审贷分离机制、授权管理机制、额度管理机制。故选B。

5. B 解析 战略风险 战略风险是指金融机构在追求短期商业目的和长期发展目标的过程中，不适当的发展规划和战略决策给金融机构造成损失或不利影响的风险。故选B。

6. B 解析 对利率风险概念的理解 利率风险是指有关主体在货币资金借贷中，因利率在借贷有效期内发生意外变动而蒙受经济损失的可能性。在货币资金借贷中，利率是借方的成本、贷方的收益。如果利率发生意外变动，借方的损失是借入资金的成本提高，贷方的损失是贷出资金的收益减少。故选B。

7. C 解析 对交易风险的理解 交易风险是指有关主体在因实质性经济交易而引致的不同货币的相互兑换中，因汇率在一定时间内发生意外变动而蒙受实际经济损失的可能性。例如，在以外币结算的对外贸易中，如果外币对本币升值，进口商会多支付本币；如果外币对本币贬值，外币债权人会少收入本币。故选C。

8. A 解析 利率风险管理的相关知识 利率风险管理方法主要有：①选择有利的利率；②调整借贷期限；③缺口管理；④久期管理；⑤利用利率衍生产品交易。故选A。

9. D 解析 市场风险的管理 表内对冲通过资产负债结构的有效搭配，使金融机构处于风险免疫状态。故选D。

10. C 解析 市场准入监管 选项C说法错误，为了防止不良单位或者个人幕后操控、规避审批和监管，该条例规定，未经证监会批准，任何单位或者个人不得委托他人或者接受他人委托，持有或者管理证券公司的股权。故选C。

11. D 解析 证券公司市场退出的监管 《证券公司监督管理条例》规定，证券公司停业、解散或者破产的，应当经国务院证券监督管理机构批准，并按照有关规定安置客户、处理未了结的业务。故选D。

12. A 解析 市场准入监管的环节 市场准入监管包括以下环节：审批注册机构、审批注册资本、审批董事和高级管理人员任职资格和审批业务范围。故选A。

13. B 解析 非现场监管的概念 非现场监管是银行监管机构针对单个银行，在并表的基础上收集、分析其经营稳健性和安全性的一种方式。非现场监管包括审查和分析各种报告和统计报表。故选B。

14. D 解析 我国证券发行的审核制度 目前我国证券发行的审核制度是核准制。故选D。

15. A 解析 公共利益论的观点 公共利益论认为监管是政府对公众要求纠正某些社会个体和社会组织的不公正、不公平和无效率或低效率的一种回应。故选A。

二、多项选择题

1. ABDE 解析 商业银行内部控制应遵循的原则 商业银行内部控制应遵循的原则：①全覆盖原则；②制衡性原则；③审慎性原则；④相匹配原则。故选ABDE。

2. BCD 解析 商业银行风险控制的方法 商业银行风险事前控制的主要方法包括限额管理、风险定价、制定应急预案等。故选BCD。

3. **BCDE** 解析 商业银行风险控制的方法 商业银行风险事后控制的方法主要包括风险缓释或风险转移、重新分配风险资本、提高风险资本水平等。故选 BCDE。

4. **BCDE** 解析 商业银行的风险管理流程 商业银行的风险管理基本流程包括风险识别、风险计量、风险监测、风险控制。故选 BCDE。

5. **ABE** 解析 商业银行风险管理的内容与策略 选项 C 错误，商业银行风险事前控制主要方法包括限额管理、风险定价和制定应急预案等。商业银行风险事后控制的主要方法包括风险缓释或风险转移、重新分配风险资本、提高风险资本水平等。选项 D 错误，通过存款保险制度来减少银行风险属于保险补偿。故选 ABE。

6. **ACE** 解析 巴塞尔协议 《巴塞尔协议Ⅲ：危机后改革的最终方案》的核心是重新构造风险加权资产计量监管框架，标志着巴塞尔委员会完成了资本充足率监管的三个基本要素——资本工具合格标准、风险加权资产计量方法和资本充足率监管要求的改革。故选 ACE。

7. **ABC** 解析 全面风险管理 COSO 在《企业风险管理——整合框架》文件中认为：全面风险管理是三个维度的立体系统。这三个维度是企业目标、风险管理的要素和企业层级。故选 ABC。

8. **BCD** 解析 巴塞尔协议Ⅲ 巴塞尔协议Ⅲ将原来的核心资本和附属资本重新界定，并区分为核心一级资本、其他一级资本和二级资本。故选 BCD。

9. **ACE** 解析 信用风险的管理方法 信用风险的管理包括机制管理和过程管理。其中，过程管理又包括事前管理、事中管理和事后管理。事前管理一方面可以直接利用社会上独立评级机构对借款人的信用评级结果，另一方面可以自己单独对借款人进行信用"5C"" 3C"分析。故选 ACE。

10. **ABC** 解析 金融监管的理论 金融监管的理论基础是管制理论。目前管制理论主要有"公共利益论""特殊利益论""社会选择论"等。故选 ABC。

11. **BCDE** 解析 银行业市场准入监管的内容 银行业市场准入监管应当全面涵盖以下几个环节：审批注册机构、审批注册资本、审批董事和高级管理人员的任职资格、审批业务范围。故选 BCDE。

12. **ADE** 解析 银行监管的基本方法 银行监管的基本方法是市场准入、现场检查和非现场监管。故选 ADE。

13. **ACDE** 解析 金融监管基本原则 金融监管基本原则有：①监管主体独立性原则；②依法监管原则；③外部监管与自律并重原则；④安全稳健与经营效率结合原则；⑤适度竞争原则；⑥统一性原则。故选 ACDE。

提升必刷

一、单项选择题

1. **B** 解析 商业银行风险管理的主要策略 银行办理信贷业务时要求用信人提供保证担保，属于典型的非保险转移策略。故选 B。

2. **B** 解析 商业银行的风险预防 风险预防措施包括充足的自有资本和适当的准备金，**商业银行抵御风险的最终防线是保持充足的自有资本**。故选 B。

3. **A** 解析 合同补偿的概念 合同补偿，即在订立合同时将风险因素考虑在内，如将风险可能造成的损失计入价格之中。故选 A。

4. **A** 解析 内部控制的含义 内部控制是商业银行董事会、监事会、高级管理层和全体员工参与的，通过制定和实施系统化的制度、流程和方法，实现控制目标的动态过程和机制。故选 A。

5. **C** 解析 对国别风险概念的理解 国别风险是指由于某一国家或地区经济、政治、社会变化及事件，导致该国家或地区借款人或债务人没有能力或者拒绝偿付金融机构债务，或使金融机构在该国家或地区的商业存在遭受损失，或使金融机构遭受其他损失的风险。故选 C。

6. **B** 解析 贷款五级分类法 贷款分为正常、关注、次级、可疑和损失五个等级。故选 B。

7. **A** 解析 巴塞尔协议Ⅲ 根据巴塞尔协议Ⅲ的规定，应建立 0~2.5% 的逆周期资本缓冲。故选 A。

8. **C** 解析 信用风险的管理 信用风险管理包括事前管理、事中管理、事后管理。**在事中管理阶段，商业银行要进行贷款风险分类**。故选 C。

9. **C** 解析 利率风险 选项 A 错误，以浮动利率条件借入长期资金后利率上升，借方蒙受相对于期初的利率水平而多付利息的经济损失。选项 B 错误，以固定利率条件借入长期资金后利率下降，借方蒙受相对于下降后的利率水平而多付利息的经济损失。选项 D 错误，以浮动利率条件贷出长期资金后利率下降,贷方蒙受相对于期初的利率水平而少收利息的经济损失。故选C。

10.B 解析 **有效银行监管核心原则** 2012年版《有效银行监管核心原则》新增"风险管理体系",主要内容包括:①建立全面风险管理的公司治理与组织架构;②构建全面风险管理的基本要素框架;③风险管理的实际应用。故选B。

11.D 解析 **巴塞尔协议Ⅲ** 巴塞尔协议Ⅲ要求,资本充足率加资本缓冲比率在2019年以前从现在的8%逐步升至10.5%。故选D。

12.C 解析 **信用风险的评估方法** 风险价值法属于市场风险的评估方法。故选C。

二、多项选择题

1.ABCD 解析 **商业银行常用的风险管理策略** 商业银行常用的风险管理策略包括风险预防、风险分散、风险转移、风险对冲、风险抑制和风险补偿。故选ABCD。

2.DE 解析 **金融风险的类型** 按照金融风险是否能分散分类,金融风险分为系统性风险和非系统性风险。故选DE。

3.BD 解析 **利率风险管理的方法** 利率风险管理方法:①选择有利的利率;②调整借贷期限;③缺口管理;④久期管理;⑤利用利率衍生品交易。故选BD。

4.ABCD 解析 **国别风险的管理方法** 选项E错误,该选项属于国家层面的管理方法。故选ABCD。

5.AD 解析 **市场运营监管** 根据《商业银行贷款损失准备管理办法》,设置贷款拨备率和拨备覆盖指标考核商业银行贷款损失准备的充足性。故选AD。

6.ABCE 解析 **我国衡量资产安全性指标的规定** 选项D错误,单一客户贷款集中度,即最大一家客户贷款总额与资本净额之比,不得高于10%。故选ABCE。

7.ABCD 解析 **盈利性指标** 选项E错误,人民币超额备付金率属于关于流动性的指标。故选ABCD。

综合必刷

（一）

1.A 解析 **对信用风险的理解** 狭义的信用风险是指因交易对手未能履行合约而造成经济损失的风险,即违约风险。广义的信用风险则是指由于信用

因素,金融机构的实际收益结果与预期目标发生背离,金融机构在经营活动中遭受损失或获取额外收益的一种可能性。故选A。

2.BC 解析 **利率风险管理的方法** 针对本题的情况,可以利用利率衍生产品交易,即通过做利率期货交易或利率期权交易进行套期保值,通过做利率互换交易把不利于自己的固定利率或浮动利率转换为对自己有利的浮动利率或固定利率,通过买入或卖出远期利率协议提前锁定自己的借款利率水平或未来投资收益。故选BC。

3.B 解析 **汇率风险的管理方法** 汇率风险的管理方法:①选择有利的货币;②提前或推迟收付外币;③进行结构性套期保值;④做远期外汇交易;⑤做货币衍生产品交易。故选B。

4.C 解析 **市场风险管理中的汇率风险的管理** "做远期外汇交易,提前锁定外币兑换为本币的收入或本币兑换为外币的成本"属于汇率风险管理方法。故选C。

（二）

1.BC 解析 **利率风险和汇率风险** 在从国内商业银行借入浮动利率的美元贷款中,该汽车公司承受的金融风险有利率风险和汇率风险。故选BC。

2.B 解析 **汇率风险** 被并购的公司对我国出口汽车时,承受的金融风险是汇率风险。故选B。

3.AC 解析 **并购的方法** 为了控制从我国进口汽车零部件时的汇率风险,被并购的公司可以进行远期外汇交易和货币期货交易。故选AC。

4.BD 解析 **股票的投资风险** 股票投资风险的管理方法主要有:①根据对股票价格未来走势的预测,买入价格即将上涨的股票或卖出价格即将下降的股票;②根据风险分散原理,按照行业分散、地区分散、市场分散、币种分散等因素,进行股票的分散投资,建立起相应的投资组合,并根据行业、地区与市场发展的动态和不同货币的汇率走势,不断调整投资组合;③根据风险分散原理,在存在知识与经验、时间或资金等投资瓶颈的情况下,不进行个股投资,而是购买股票型投资基金;④同样根据风险分散原理,做股指期货交易或股指期权交易,作为个股投资的替代,以规避个股投资相对集中的风险。故选BD。

（三）

1.BC 解析 **金融风险的类型** 选项A错误,狭义的信用风险是指交易对手无力履行合约而造成经济损失的风险,即违约风险。选项D错误,投资风险

是指有关主体在股票市场、金融衍生品市场进行投资时,因股票价格、金融衍生品价格发生意外变动而蒙受经济损失的可能性。本题并不涉及股票或金融衍生品的相关内容。故选BC。

2.**ABC** 〖解析〗**金融风险的类型** 选项A正确,狭义的信用风险是指因交易对手无力履行合约而造成经济损失的风险,即违约风险。选项BC正确,债券的购买者(该债券的迪拜投资者)是债权人,其面临着债务人违反约定的风险,所以对于投资者来说会面临信用风险。根据题干资料"该债券采用固定的利率和浮动的利率两种计息方式""人民币(50亿)、美元(23亿)、新加坡元(5亿)、欧元(5亿)4个币种",投资者会面临利率风险和汇率风险。故选ABC。

3.**AD** 〖解析〗**信用风险管理** 信用风险管理的风险控制方法包括信用风险缓释和信用风险转移。故选AD。

4.**BC** 〖解析〗**国别风险的管理** 金融机构及其他企业管理国别风险的主要方法:将国别风险管理纳入全面风险管理体系;建立国别风险评级与报告制度;建立国别风险预警机制;设定科学的国际贷款的审贷程序,在贷款决策中必须评估借款人的国别风险;对国际贷款实行国别限额管理、国别差异化的信贷政策、辛迪加形式的联合贷款和寻求第三者保证等;在二级市场上转让国际债权;实行经济金融交易的国别多样化;与东道国政府签订"特许协定";投保国别风险保险;实行跨国联合的股份化投资,发展当地举足轻重的战略投资者或合作者等。故选BC。

(四)

1.**C** 〖解析〗**不良资产率的计算** 不良资产率=不良资产÷资产总额=(次级贷款+可疑贷款+损失贷款)÷资产总额=(15+20+10)÷1 200=3.75%。故选C。

2.**B** 〖解析〗**不良贷款率的计算** 不良贷款率是不良贷款与贷款总额之比,不得高于5%。故选B。

3.**C** 〖解析〗**资产安全性的指标** 根据单一集团客户授信集中度、单一客户贷款集中度、全部关联度的计算公式可知,三个指标都涉及资本净额。故选C。

4.**D** 〖解析〗**资产安全性指标的相关规定** 不良资产率=不良资产/资产总额=(15+20+10)÷1 200=3.75%。按规定不良资产率不得高于4%。不良贷款率=不良贷款/贷款总额=(15+20+10)÷1 000=4.5%,按规定不良贷款率不得高于5%。全部关联度=全部关联授信/资本净额=48÷100=48%,按规定全部关联度不应高于50%。单一客户贷款集中度=最大一家客户贷款总额/资本净额=12÷100=12%,按规定单一客户贷款集中度不应高于10%。故选D。

(五)

1.**B** 〖解析〗**不良贷款总额** 国际通行的做法中,贷款分为五类:正常类贷款、关注类贷款、次级类贷款、可疑类贷款、损失类贷款。通常认为后三类贷款为不良贷款。不良贷款总额=25+15+5=45(亿元)。故选B。

2.**B** 〖解析〗**不良贷款率的计算** 不良贷款率=不良贷款/贷款总额=45/(800+200+25+15+5)=4.31%。故选B。

3.**A** 〖解析〗**拨备覆盖率** 拨备覆盖率=贷款损失准备/不良贷款余额=90/45=200%。故选A。

4.**BC** 〖解析〗**拨备覆盖率** 拨备覆盖率基本标准为120%~150%。不良贷款率是不良贷款与贷款总额之比,其不得高于5%。故选BC。